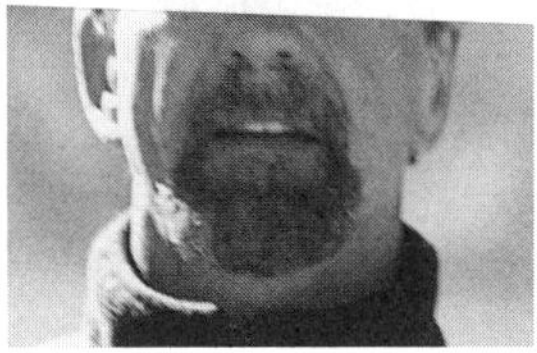

Andrew Stevenson ist ein moderner Nomade aus dem Westen, der seit seiner Kindheit in den unterschiedlichsten Ländern und Kulturen zu Hause ist. Geboren in Kanada, aufgewachsen im Fernen Osten, in Kenia und Schottland, studierte er an Universitäten in Kanada, Frankreich und Norwegen. Er arbeitete auf fast allen Erdteilen in vielen Berufen, zunächst als Banker und Betriebswirt für die Vereinten Nationen und Entwicklungshilfeorganisationen, organisierte dann in Afrika Safaris und gründete in Norwegen eine Agentur für Abenteuertouren. Wenn Andrew Stevenson nicht gerade auf Reisen ist, lebt und schreibt er auf den Bermudas.
www.awstevenson.com

Von Andrew Stevenson bei Frederking & Thaler bereits erschienen:
Rund um den Annapurna
Trekking in Neuseeland

Bibliografische Information Der Deutschen Bibliothek

Die Deutsche Bibliothek verzeichnet diese Publikation in der Deutschen Nationalbibliografie; detaillierte bibliografische Daten sind im Internet über http://dnb.ddb.de abrufbar.

NATIONAL GEOGRAPHIC ADVENTURE PRESS
Reisen · Menschen · Abenteuer
Die Taschenbuch-Reihe von
National Geographic und Frederking & Thaler

1. Auflage August 2005

Titel der Originalausgabe: Travels in Outback Australia
erschienen bei Eye Books Ltd, Shropshire, Großbritannien

Aus dem Englischen von Hans-Werner Schwarz
Text und Fotos: Andrew Stevenson
Titelbild oben: Bill Bachman, Victoria, Australien
Lektorat: Gudrun Honke, Bochum
Karte: Margret Prietzsch, Gröbenzell
Umschlaggestaltung: Dorkenwald Grafik-Design, München
Herstellung: Caroline Sieveking, München
Druck und Bindung: Clausen & Bosse, Leck
Printed in Germany

ISBN 3-89405-255-4
www.frederking-thaler.de

Das Papier wurde aus chlorfrei gebleichtem Zellstoff hergestellt.

ANDREW STEVENSON

MEINE REISE DURCH DAS OUTBACK

Begegnungen mit den Menschen Australiens

Aus dem Englischen von
Hans-Werner Schwarz

NATIONAL GEOGRAPHIC
FREDERKING & THALER

Indischer Ozean
Timor Sea
DARWIN
Katherine
Kimberleys
Victoria Hwy.
Kununurra
Gibb River Road
NORTHE
Broome
Tenna
Cre
Great Northern Hwy.
Port Hedland
Great Sandy Desert
TERRITO
Tanami Track
North West Cape
Exmouth
Canning Stock Route
Haasts Bluff
Mac Donne
Hamersley Range
Docker River
Alice Spring
Ningaloo Marine Park
Pilbara
Great Northern Hwy.
WESTERN AUSTRALIA
Ayers Rock 348 m
North West Coastal Hwy.
Great Victoria Desert
SOUTH
Coober P
Nullarbor Plain
AUSTRA
Eyre
Coolgardie
Kalgoorlie
PERTH
Great Australian Bight
Indischer Ozean
Albany
Cape York
Darwin
Broome
1012
915
1443
1951
1349
Alice Springs
1037
2070
2154
1043
2120
Brisbar
663
Perth
2541
Adelaide
750
778
Sydney
Melbourne
542
Hobart
Entfernungen Luftlinie in Kilometern
N
0
400
800 km

Arafura Sea
Bamaga
Cape York
Cape York Track
Gulf of Carpentaria
Coral Sea
Great Barrier Reef Marine Par
orroloola
Cooktown
Atherton Tablelands
Normanton
Cairns
Gulf Track
Gulf Road
Norfolk Island
Townsville
Barkly Hwy.
Great
ount Isa
Cloncurry
Airlie Beach
Bruce Hwy
Matilda Hwy.
Mackay
Dividing
Boulia
Hwy.
Rockhampton
Birdsville Track
Simpson Desert
QUEENS-LAND
Range
Bundaberg
Fraser Island
Sunshine Coast
odnadatta
Cunnamulla
Brisbane
Strzelecki Track
Surfers Paradise
Gold Coast
Bourke
Broken Hill
Augusta
Port
NEW SOUTH WALES
Pacific Hwy.
SYDNEY
ADELAIDE
Canberra
Princes Hwy.
VICTORIA
Südpazifik
MELBOURNE
Bass Strait
Tasman Sea
Hobart
Tasmanien

Meiner Mutter

I Queensland

Ein biergetränktes Plakat draußen an einem Pub in Cairns:

Feiern bis zum Abwinken!
Freier Eintritt für alle, die Boardshorts tragen.
Feuchte-Unterhosen-&-nasses-T-Shirt-Wettbewerb
500 Dollar zu gewinnen!
Heiße Spiele

Ich meide die an jeder Ecke zu findenden Touristenlokale und suche mir einen Pub für normale, arbeitende Menschen. Die Pubs sind an geräumigen Veranden mit kunstvoll geschmiedeten Ziergittern an den Dachrändern leicht zu erkennen. Der Kellner fragt: »*Howya goin?*« Sein Haar ist oben und an den Seiten kurz, aber am Hinterkopf lang und dauergewellt. Er spreizt die Finger zu einem Kamm, streicht sich die langen Locken von den Schultern und fragt: »Was darf's sein, *mate?*«

Ich bestelle einen *Floater*, eine Fleischpastete, die in einem Meer aus Erbsenpüree schwimmt, und ein Bier, um das Ganze herunterzuspülen. Während ich auf das Essen warte, gerate ich ins Grübeln. Zum ersten Mal seit langer Zeit habe ich weder Verpflichtungen noch Bindungen, erst recht keine romantischen. Ich habe mir selbst drei Monate freigegeben, um quer durch Australien zu reisen. Durch diesen Kontinent zu latschen hat noch etwas Verlockenderes als meine Trips durch Afrika oder Asien: Gerade für einen unverwurzelten Wanderer aus der westlichen Welt, der immer noch auf der Suche nach einem Ort ist, den er sein Zuhause nennen kann, ist Australien eine echte Option.

»*Good eye, mate*«, sagt ein Aussie, als er sich auf einen benachbarten Thekenhocker wuchtet.

»*Good eye*«, antworte ich und frage ihn im hiesigen Dialekt, den ich unterwegs von Sydney entlang an der Ostküste aufgeschnappt habe: »*Howya goin?*«

»Alles klar«, gibt er selbstbewusst zurück, obwohl er schon ein paar Gläser zu viel intus hat. Trotz einiger Jahre offensichtlichen Alkoholmissbrauchs hat er sich ganz gut gehalten. Sein schlanker Körper mit den breiten Schultern, die blauen Augen und eine speckige, schweißfleckige Buschkappe verleihen ihm das Aussehen eines typischen Durchschnittaustraliers. »Heiße Smithy«, sagt er und streckt mir eine schwielige Hand entgegen. »Hab schon alles Mögliche gemacht. Schafscherer, *stockman*, Cowboy. Wenn's um Handarbeit geht, kann ich alles.«

»Woher kommen Sie?«

»Nirgendwoher. Ziehe einfach herum.« Er bemerkt, dass ich mir Notizen mache. »Bist du ein Schreiberling?«

»Ich führe ausführlich Tagebuch, wenn ich unterwegs bin«, antworte ich. »Insbesondere Unterhaltungen schreibe ich auf.«

»Ich bin Dichter.« Er kann vielleicht jeden Job übernehmen, aber mit seiner gebrochenen Nase und seinen tätowierten Unterarmen entspricht er nicht gerade dem Bild, das man von einem Poeten hat.

»Rezitieren Sie eines von Ihren Gedichten«, fordere ich ihn heraus.

»Gib mir 'n Bier aus, dann mach ich's.« Er sieht, dass ich mir sein Angebot überlege. »Ein Guinness«, sagt er mit dem Ton eines Geschäftsmannes, der über ein Spesenkonto verfügt.

Ich bestelle ihm ein Guinness.

»Was für 'ne Art Gedicht willst du hören?«, fragt er, als das Bier serviert wird und seine Pranken sich fest um das Glas schließen.

»Ist mir egal«, antworte ich.

»Wie wär's mit 'nem Liebesgedicht?«

»Von mir aus.«

»Okay. Es heißt *Aus Liebe*. Er beugt sich über den Tresen und nimmt einen Schluck. Dann starrt er mit verschleierten Augen ins Nichts und sucht in seinem Kopf nach dem Werk. Er richtet sich wieder auf, betrachtet, wie auf der Suche nach Inspiration, eine der Frauen im Pub und rezitiert aus dem Gedächtnis:

Aus Liebe
Ich würde den höchsten Berg erklimmen,
die Feuer der Hölle wären ohne Schrecken für mich.
Ich würde durch tosende Meere schwimmen,
nur um dich sagen zu hören, ich liebe dich.

»Nicht übel. Noch eins?«

»Gib mir noch 'n Bier aus, und ich sag dir eins auf, das noch länger ist und sogar noch besser. Über die Aborigines.«

Ich bestelle ein zweites Bier.

Er kippt das erste Guinness runter, und als seine narbige Hand Bier Nummer zwei fest umschließt, rezitiert er mit sicherer Stimme:

Der Australier
In einem einzigartigen Land, das allen gehörte,
führten sie einst ein einfaches Leben.
Sie jagten, um zu essen, nicht zum Vergnügen,
und es schien kaum Unfrieden zu geben.
Als dann eines Tages die großen Schiffe kamen,
hieß das freundliche Volk sie willkommen, und doch –
wie Vieh trieb man die schönen Menschen zusammen
und zwang sie zu tragen des weißen Mannes Joch.

Nun plagen sie unsere Krankheiten und Bazillen,
sie hausen in Missionen, zu schäbig für Hunde;
Alkohol und Drogen schwächen ihren Willen,
und in ihren Herzen klafft eine tiefe Wunde.
Der weiße Mann hat ihnen ihre Welt genommen,
darum verspotte sie nicht, das rate ich dir.
Unseren Reichtum haben wir auf ihre Kosten gewonnen.
Frage dich lieber mal: Wer war zuerst hier?

»Wirklich gut«, sage ich ehrlich beeindruckt.

Mit aggressiver Entschlossenheit führt er das Glas an die Lippen und leert es in einem Zug, als fürchte er, jemand könne es ihm wegschnappen.

»Wer hat die geschrieben?« Die Nummer, die er so perfekt abzieht, könnte ein Schwindel sein, um Touristen ein paar Runden aus den Rippen zu leiern.

»Ich. Wer denn sonst?« Meine offensichtlichen Zweifel entlocken dem hartgesottenen Cowboy mit der Poetenseele ein Lächeln. »Hab den Kopf voll davon.«

Er signiert das Blatt, auf dem ich die Gedichte aufgeschrieben habe: »Smithy«. »Ist eines Tages garantiert 'n Vermögen wert«, sagt er mit absoluter Überzeugung.

Als ich die Anzeigen vor dem Büro eines Immobilienmaklers studiere, öffnet sich die automatische Tür, und ich tue, als sei ich in Gedanken versunken, um in den Genuss des kühlen Luftstromes zu kommen, der sich in die tropisch feuchte Hitze von Cairns ergießt. Mehr von dem künstlichen Klimawechsel gefesselt, als dringend an einer Wohnmöglichkeit interessiert, lese ich:

Ein eigenes Heim in Surfers Paradise
für nur zwei Dollar wöchentlich und ohne Kaution.

Klingt gut. Das könnte selbst ich mir leisten. Um mehr zu erfahren, werfe ich nun einen Blick auf die Zeitungsausschnitte, die am Schaufenster kleben. Die Schlagzeilen der Artikel sind mit fluoreszierendem Gelb hervorgehoben:

Die Bevölkerungsdichte der Goldküste wird innerhalb der nächsten 15 Jahre um 50 % steigen.

58 % der neuen Arbeitsplätze Australiens wurden in Queensland geschaffen.

Wir benötigen jede Woche 94 neue Häuser.

Queensland bietet Investoren die besten Rahmenbedingungen.

Ein Mann in mittleren Jahren tritt aus dem vollklimatisierten Raum und sagt, anstatt mich dafür zu strafen, dass ich sein Büro der kühlen Luft beraube: »Geben Sie mir zehn Minuten, und ich zeige Ihnen, wie Sie fast zum Nulltarif zu einer Immobilie kommen.« Mein T-Shirt ist zerknittert, meine Shorts sind fleckig und meine Sandalen abgetragen, doch er nimmt es mit großem Enthusiasmus auf sich, mich in sein Spinnennetz zu locken. »Die Goldküste ist Australiens Hauptreiseziel für Touristen«, fährt er schnell fort. »Hier gibt es die vielfältigsten Attraktionen: Warner Brother's Movie World, Dreamworld, Tiger Island, Sea World, Wet'n Wild Park, White Water Mountain und Cable Ski Word. Sie können tieftauchen und bungeespringen.« Er drängt mich hinein, hinter uns schließt sich die automatische Tür. »Sie können praktisch alles machen, und es ist nur eine Stunde vom internationalen Flughafen von Brisbane entfernt, und ...«

Der Makler ködert mich mit einer Tasse kostenlosen Kaffees und dirigiert mich geschickt zu einem Computer, während er mich weiter blendet und meine finanziellen Grenzen sprengt.

»Okay, sagen wir mal, Sie haben jährlich ein zu versteuerndes Einkommen von 50.000 Dollar und kaufen ein Haus im Wert von 200.000. Er rückt einen Stuhl an meine Seite und tippt Zahlen in den

Computer. »Also, indem Sie in eine Immobilie investieren und durch das, was wir als Finanzierungskostenbremse bezeichnen, können wir ein Vermögen für Sie aufbauen.« Nur ganz beiläufig erwähnt er die an ihn zu zahlende Provision und die monatlichen Zinsen. Dann ermitteln wir akribisch meine monatlichen Einkünfte, die mir aus dem Immobilienerwerb erwachsen würden, inklusive der Mieteinnahmen und der Steuerersparnisse durch Freibeträge und Abschreibungen. Nun drückt der gewiefte Experte ein paar Tasten, und mit Hilfe programmierter Formeln errechnet der Computer, dass ich wöchentlich mit Ausgaben von zwei Dollar zu rechnen hätte. »Wie finden Sie das?« Er ist stolz wie ein Zauberer, der ein Kaninchen aus dem Hut gezogen hat. »Nur zwei Dollar wöchentlich.«

»Ich würde auch zehn Dollar wöchentlich investieren und fünf Häuser kaufen«, antworte ich wahrheitsgemäß und füge höflich hinzu: »Aber ich erziele kein zu versteuerndes Einkommen in Australien, und daher greift Ihre Finanzierungskostenbremse nicht.« Als er zu Gegenargumenten ausholt, bringe ich ihn auf den Boden der Tatsachen zurück. »Ich enttäusche Sie ungern, aber ich bin nur ein Rucksacktourist und schlafe in einer schäbigen Jugendherberge; eine Übernachtung kostet dort lausige elf Dollar, ein üppiges Abendessen inbegriffen.« Ich zucke hilflos mit den Schultern. »Und in der materiellen Welt werde ich selbst mit gelöster Kostenbremse keine Höhenflüge machen, da ich weder einen Job noch ein zu versteuerndes Einkommen habe.« Daraufhin schiebe ich meinen Stuhl zurück und nehme zögernd seine Visitenkarte und ein Bündel Prospekte entgegen.

»Stellen Sie sich das mal vor – Sie könnten an einem einzigen Tag an der Goldküste surfen, einen Ausflug in den tropischen Regenwald machen, in einem Cabrio die Küstenstraßen runterbrausen und Ihr Abendessen an Bord einer Luxusjacht einnehmen«, schwadroniert er, während er mich nach draußen in die tropische Hitze begleitet und wie eine Krabbe seitwärts auf dem Fußweg neben mir herstakt. »Das Wirtschaftswachstum in Queensland liegt bei über 20 Prozent; das entspricht den Wachstumsraten der asiatischen Tigerstaaten. Der Zuwachs an Arbeitsplätzen in der Region liegt bei siebeneinhalb Prozent, und nach Einschätzungen der Regierung wird diese Zahl in Rekordgeschwindigkeit steigen.« Er bleibt stehen, aber sein Marketinggeplapper sprudelt weiter aus ihm heraus, und laut ruft er mir nach: »Bis zum Jahre 2041 werden in Queensland mehr Menschen leben als in Victoria – ein Viertel der australischen Bevölkerung! Die Grundstückspreise *müssen* folglich steigen; es ist also eine sichere Investition mit einer *hohen* Rendite ...«

Victoria wurde durch den Goldrausch bevölkert.

»Nutzen Sie diese Chance, das ist *die* Investition Ihres Lebens!«.

Die Folgen des Goldrausches waren ein gehöriger Kater.

Ich schlendere die Esplanade hinunter, vorbei an Cafés und Eisdielen, und bleibe vor einem Laden mit Kunsthandwerk stehen, als ich plötzlich einen Schrei höre. Eine junge Frau flieht vor zwei Polizisten, die sie auf Fahrrädern verfolgen. Sie hat nicht die geringste Chance, ihnen zu entkommen. Die Polizisten springen von ihren Rädern, laufen ihr nach und holen sie ein. Als sie nach der Frau greifen, tritt sie mit nackten Füßen nach ihnen und schreit: »Ich habe euch nichts getan, ihr dreckigen Ärsche!« Sie legen ihr Handschellen an. Die Frau ist zerbrechlich und hager, und die Polizisten sind groß und massig, aber sie verteilt weiter Fußtritte. Einer der Polizisten umklammert von hinten ihr Fußgelenk und bringt sie zu Fall. Da ihre Hände auf dem Rücken von Handschellen zusammengehalten werden, kann sie den Fall nicht bremsen, und so knackt es laut, als sie mit einem Wangenknochen aufschlägt. Die Bullen knien auf ihrem Opfer. Sie sieht mich aus tief liegenden, angsterfüllten Augen an, aus ihrer Nase rinnt Blut. »Ihr miesen Ärsche, ich reiße euch die Eier ab und schicke sie in die Hölle!«

»Wie eng willst du die Handschellen haben?«, wird sie von dem jüngeren der beiden Polizisten gefragt. Er ist ungeduldig und aufgebracht, beherrscht sich aber angesichts der Zuschauer. Der andere Polizist ist älter und wirkt gelassener. Teenager mit Baseballkappen und Skateboards unter den Armen beobachten grinsend das Spektakel. Vier schockierte Touristen stehen mit weit aufgerissenem Mund da, als wir mit ansehen müssen, wie sich die Frau unter dem Gewicht der Polizisten windet, die ihr immer noch die Knie in den Rücken pressen. Einer der beiden greift nach dem Funkgerät an seinem Gürtel und ruft Verstärkung herbei.

Innerhalb von Minuten ist ein mit einer Gummizelle ausgestatteter Wagen zur Stelle, aus dem vier weitere Polizisten herausspringen. Sie sind riesig; ihre kraftstrotzenden Bizepse lassen fast die Ärmel der Uniformhemden platzen. Ich würde mich mit keinem von ihnen anlegen, geschweige denn mit allen sechs. Sie heben sie hoch und werfen die schreiende und um sich tretende Frau in die Zelle im hinteren Teil des Wagens. Als sie davonfahren, ist die beängstigende Atmosphäre verflogen, und die Straßen von Cairns sind wieder touristenfreundlich.

Ich weiß nicht, ob die Frau jemanden mit einer Axt erschlagen hat, aber diese Zurschaustellung überwältigender Macht hat meine Gefühle in Aufruhr versetzt.

Ich frage die Verkäuferin, die aus dem Laden mit indigener Kunst auf die Straße geeilt ist: »Was war denn eigentlich los?«

»Ach, die Abos in Cans ...« – sie sagt »Cans« statt Cairns; das Wort klingt bei ihr, als habe sie eine verstopfte Nase –, »sie betteln die Touristen an, und wenn sie keine Zigaretten oder kein Geld bekommen, werden sie ausfallend. Dann kommt die Polizei mit der Grünen Minna und bringt sie weg.«

Obwohl sie weniger als ein Prozent der Bevölkerung Australiens ausmachen, nehmen die Ureinwohner dieses Kontinents in meiner

Wahrnehmung einen unverhältnismäßig großen Raum ein. Ich glaube nicht, dass es mir allein so geht. Für viele Besucher dieses Erdteils sind Australien und die *Aboriginal people* gleichbedeutend. Das liegt nicht nur daran, dass ihre hübsch präsentierte Kunst und ihre Musik extensiv vermarktete Exportschlager sind; sie werden auch als die älteste lebendige Kultur angepriesen, als ein Volk, das 40-, 50-, ja vielleicht 60.000 Jahre vom Rest der Welt isoliert existiert hat. Allein diese Tatsache würde ausreichen, um mich nach Australien zu locken, denn hier begegne ich Menschen, deren kulturelle Wurzeln bis in die Frühgeschichte zurückreichen. Im Vergleich dazu erscheinen die Ursprünge des Christentums wie ein Phänomen der Neuzeit. Bisher war ich zwar nur in Sydney und an der Ostküste, doch ich bin jetzt schon fast einen Monat in Australien und habe noch nicht einen Aborigine kennen gelernt. Es ist fast so, als würde das Australien meiner Träume nicht existieren.

Ich habe Ehrfurcht vor den Ureinwohnern Australiens, in meiner Vorstellung ein sehr altes und würdevolles Volk. Meine vorgefasste Meinung über sie ist ein Produkt von Marketingmythen der Tourismusindustrie und der wenigen Bücher, Dokumentar- und Spielfilme, die ich gelesen oder gesehen habe. Zeuge zu werden, wie eine Frau aus diesem Volk auf solche Weise behandelt wird, konfrontiert mich knallhart mit der heutigen Lebensrealität der Aborigines.

Mein ursprünglicher Plan – von extravaganten Ideen genährt und in meinem wohlbehüteten Zuhause ausgebrütet – bestand darin, ein kleines Flugzeug zu kaufen und kreuz und quer durch Australien zu fliegen. Ich bin von diesem Kontinent fasziniert, seit ich Bruce Chatwins Buch *Traumpfade* gelesen habe, in dem der Autor die australische Tierwelt beschreibt und schildert, wie die Ureinwohner in diesem rauen Land überlebt haben. Als ich Mitte 20 war, habe ich mit einem eigenen Flugzeug fünf Jahre lang Ostafrika erkundet. Die Erinnerungen an das Fliegen und an das damit verbundene Gefühl der Freiheit haben sich mir tief eingeprägt. Die Fotos, die ich von Australien gesehen habe, erinnerten mich sehr an Afrika, und über das leere Hinterland zu fliegen schien mir die beste Möglichkeit zu sein, viel davon zu sehen. In den zwei behaglichen Wochen in Sydney – es ist zweifellos die liebenswerteste Großstadt, die ich je besucht habe – hatte ich die Möglichkeiten geprüft, ein Flugzeug zu finden, zu kaufen und wieder zu verkaufen, und herausgefunden, dass dieses Unternehmen zu teuer und zeitraubend sein würde. Widerwillig ließ ich den Plan fallen.

Stattdessen schlug ich die Gegenrichtung ein und wählte den Weg des geringsten Widerstandes. Ich nahm einen Bus für Rucksacktouristen von Sydney nach Cairns und lehnte mich entspannt zurück. Es war zu einfach und die Versuchung zu groß. Ich musste mich nicht einmal zum Busbahnhof begeben; das »Alternative Busreisenetzwerk für Rucksacktouristen und Gleichgesinnte« verhätschelte mich von Anfang an und holte mich ab. Mein romantischer Ehrgeiz, eigenhändig in die entlegensten Winkel Australiens zu fliegen, blieb zwar unbefriedigt, aber der minimale Aufwand machte mir den Abschied von Sydney leicht.

Der ganzen Busladung aus Europäern und Nordamerikanern, die zumeist aus Endteenagern und Leuten Anfang 20 bestand, wurden die »Aussieland-Erfahrungen« mit einem silbernen Löffel eingeflößt. Man hielt uns in Enklaven für Rucksackreisende; auf der langen Fahrt entlang der Ostküste übernachteten wir auf Rinder- und Schafsfarmen, in verlassenen Goldminen und Ferienanlagen am Strand. Zwei Wochen später erreichten wir in Cairns das Ende der Fahnenstange.

Da ich selbst bei bestem Willen keine Begeisterung für Gruppenreisen aufbringe und der Welt der Rucksacktouristen zu entkommen suche, durchstöbere ich das Ferienwohnungsangebot in einer Zeitung und stoße dort auf ein Inserat für ein Zimmer, das wöchentlich zu vermieten ist. Ein kurzes Telefongespräch später verlasse ich die Jugendherberge. Trevor, mein Vermieter, ist so darauf versessen, das Zimmer loszuwerden, dass er mir großzügig anbietet, mich aus der Herberge abzuholen, bevor ich es mir anders überlege.

Als wir zehn Minuten danach in seinem Wagen sitzen, halten wir an einer Kreuzung im alten Wohngebiet von Cairns, damit eine greise Aborigine die Straße überqueren kann. »Ich bin jetzt fast vier Wochen in Australien«, lasse ich Trevor wissen, »und das ist ungefähr die zweite Aborigine, die mir über den Weg läuft. Gestern habe ich die erste gesehen; sie wurde von ein paar Polizisten über die Esplanade gehetzt.«

»*Aboriginal people*«, nicht Aborigines«, korrigiert Trevor. »Und selbst die Bezeichnung *Aboriginal* ist umstritten. Es ist so, als wenn man eure Sioux, Cherokees oder Navajo als ›Indianer‹ bezeichnet.«

»Ich bin kein Amerikaner.«

»Gut, aber das gleiche gilt für die Ureinwohner Kanadas. Welche Völker gibt es bei euch, Irokesen, Mohikaner?«

»Ich, äh, habe keine Ahnung.«

»Eben.« Wir überqueren die Kreuzung.

»Und was soll ich sagen, wenn ich nicht weiß, wie ein bestimmter Aboriginal-Clan heißt?«

»Macht nichts, ich kenne die Namen auch nicht. Und den meisten Australiern geht's genauso.«

»Okay, ich habe bisher also keine *Aboriginal people* gesehen.«

»Du bist auf dem Weg hierher keinen begegnet?«

»Nicht wirklich. Ich glaube, ich habe von weitem welche gesehen, vom Bus aus, aber nie aus der Nähe.«

»Bist du während deines Aufenthaltes in Sydney nie in Redfern gewesen?«

»Nein.«

»In Sydney und den meisten anderen Städten leben viele von ihnen in Gettos. Aber was du sagst, zeigt, wie effektiv die britischen Siedler sie ausradiert haben. Wie lange bleibst du in Australien?«

»Zwei weitere Monate.«

»Dann hast du viel Zeit«, meint Trevor und hält an einer Ampel. »Aber wenn du sie treffen willst, musst du heutzutage hinter dem *black stump* nach ihnen suchen.«

»Hinter dem *black stump?*«, wiederhole ich ratlos.

»Ja. Du musst in das Hinterland von Bourke fahren, in das *Never Never*. In das *Back of Beyond* – du weißt schon, in das Outback.«

»Ah, verstehe, in das Outback.«

»Wenn du schnell ein paar Aboriginals treffen willst, dann nimm einfach den Zug rauf nach Kuranda und komm heute Abend zurück. Es ist nicht weit, und Kuranda liegt sicher nicht hinter dem *black stump*, wie dir jeder in Cairns bestätigen wird. Aber es ist anders als das, was du bisher gesehen hast.« Er sieht auf seine Armbanduhr. »Wenn wir uns beeilen, kannst du den Zug tatsächlich noch erwischen.« Wir machen einen kurzen Zwischenstopp bei seinem Haus, damit ich mein Gepäck abstellen kann. Als wir zum nahe gelegenen Bahnhof fahren, lässt er sich weiter über das Thema aus. Wenn Trevor sich erst mal warm geredet hat, hört er so schnell nicht wieder auf.

Er ist Menschenrechtsanwalt und ein begnadeter Redner. Trevor gibt mir in Kurzform Hintergrundinfos zur Geschichte der Bevölkerung Australiens. »Vor 200 Jahren dachte man, Strafgefangene seien genetisch prädisponierte Gesetzesbrecher, und sie zu resozialisieren hielt man für unmöglich. Die Gefängnisse waren so voll, dass die Kriminellen – um der Flut Herr zu werden – auf große Schiffe verfrachtet wurden. Es zeugt nicht gerade von großem Vertrauen in die eigenen Fähigkeiten, aber man dachte damals, es wäre das Beste, sich der genetisch Andersartigen für immer zu entledigen und sie in eine unbewohnte Ecke der Erde zu verbannen. Ein Teil der Sträflinge wurden in die amerikanischen Kolonien abgeschoben, aber der Großteil wurde, soweit wir wissen, hierher verschifft. Als diese Verbrecher, der Abschaum Großbritanniens, in Australien ankamen, haben sie die Ureinwohner aufgemischt. Auf der Leiter der menschlichen Evolution hatten sie angeblich erst die untersten Sprossen erklommen und waren vielleicht nicht einmal als Menschen anzusehen. Sie wurden zu Untersuchungszwecken getötet, ihre Schädel nach England geschickt und dort von neugierigen Wissenschaftlern untersucht.«

Eine kleine alte Dame hastet über die Straße. Ohne zu bremsen, macht Trevor einen großen Bogen um sie und erzählt weiter. »Als die ersten Siedler und Großfarmer hier ankamen, behielten die Aboriginal-Krieger die Oberhand. Es war ein Leichtes für sie, sich in den Busch zu flüchten. Sie kannten sich so gut darin aus, dass sie es sich erlauben konnten, den Weißen ihre nackten Hintern entgegenzustrecken, um sie zu verspotten. Aber europäische Krankheiten, Gift, Feuerwaffen und vor allem die so genannte Eingeborenenpolizei haben sie fast ausgerottet.«

»Eingeborenenpolizei?«

»Berittene Aboriginal-Truppen, die von weißen Offizieren angeführt wurden; sie kannten die Pfade ihrer eigenen Leute und spürten sie mit tödlicher Sicherheit im Busch auf.« Sein Vortrag wird unterbrochen, als wir den Bahnhof erreichen. Trevor fährt vor das massive Gebäude und fragt: »Tauchst du?«

»Ja.«

»Dann nehme ich dich morgen zum Great Barrier Riff mit, falls du Lust hast. Ich könnte zwei Plätze auf einem der besseren Tauchboote für uns buchen.«

»Ausgezeichnet«. Australier haben die außergewöhnliche Neigung, schnell Freundschaften zu schließen. Ich winke ihm zu, kaufe rasch eine Fahrkarte und steige in den Zug ein. Trotz der enormen Größe des Bahnhofes, der an der Rückseite eines modernen Einkaufszentrums liegt, ist die Anzahl der Züge, die hier ankommen und abfahren, bescheiden – was mir wieder bewusst macht, dass Cairns noch immer am Rande des erschlossenen Australien liegt.

Der historische Kuranda-Zug windet sich durch Regenwald und rattert an steilen Hängen und Klippen vorbei. Es ist eine eindrucksvolle Fahrt. Da ich absichtlich keine Uhr trage, kann ich nur schätzen, dass gut eine Stunde vergangen ist, als ich in Kuranda aussteige. Trevor hatte Recht. Anders als in Cairns trifft man hier viele Aboriginals auf der Straße; ihre Zahl übersteigt die der Weißen bei weitem. Da die Ureinwohner insgesamt gesehen eine verschwindend kleine Minderheit darstellen, mag ein weißer Australier diesem Umstand wenig Bedeutung beimessen; doch für mich als Ausländer ist es, als befände ich mich nun endlich in dem Australien, das ich mir unrealistischerweise vorgestellt hatte und sehen wollte. Ich bummle durch die Läden mit indigener Kunst und unterhalte mich mit den Aboriginals, die sie betreiben.

Heute ist Donnerstag, Zahltag. Trevor hat gesagt, dass ich am besten den Pub aufsuche, wenn ich eine Ahnung davon bekommen wolle, wie das Leben in Kuranda aussieht.

Die düstere Spelunke am äußeren Ende der Siedlung ist voller dunkelhäutiger Männer und Frauen. Ich gehe hinein, obwohl ich alles andere als sicher bin, dass ich das Richtige tue. Abgesehen von den Kellnerinnen bin ich der einzige Weiße. Viele der Gäste sind offensichtlich betrunken. Die Atmosphäre ist heiter, aber ich bin verkrampft. So cool wie möglich schlendere ich zum Tresen und stelle mich neben einen bulligen Mann.

Die drei dünnlippigen, nie lächelnden Kellnerinnen beherrschen ihr Handwerk und kassieren ebenso flink, wie sie Getränke ausschenken. Mein Nachbar lenkt ihre Aufmerksamkeit auf sich und bestellt zwei Biere für uns. Wir stoßen an; während wir trinken, lässt er mich nicht aus den Augen. Dann knallt er seinen Humpen auf den Tresen, sagt: »Ralph« und streckt mir eine Hand entgegen.

»Andrew.« Er hat einen festen Händedruck

»Wo bist du her?«, erkundigt er sich und erhebt das halb leere Glas. Sein Gesicht ist teilweise durch einen abgetragenen Aussiehut verdeckt, aus dem ein Heiligenschein aus krausem Haar hervorquillt. Der dichte Schnurrbart, von dem der Bierschaum trieft, reicht ihm bis zum Kinn hinunter. Er schiebt den Hut zurück, damit er mir direkt in die Augen sehen kann.

»Kanada«, antworte ich, um die Dinge nicht zu komplizieren, obwohl ich kaum mehr als zehn Jahre dort gelebt habe und mich eigentlich nicht als Kanadier fühle. Es ist für mich nicht so einfach, ehrlich und direkt auf die Frage »Wo bist du her?« zu antworten. Meint er, wo ich geboren wurde, wo ich jetzt lebe oder was ich als meine Heimat betrachte?

»Ich war dreimal in Kanada«, erklärt mir Ralph. Er stellt sein Bier ab und wischt sich den Schnurrbart. »Mit der Tjakupai-Tanzgruppe.« Er strahlt mich an, vielleicht, weil ich Kanadier bin.

Ich stelle ihm Fragen über sein Volk, und höflich stillt er meinen grenzenlosen Wissensdurst. »Erzähl mir was über die Leute in deiner Heimat«, bittet er schließlich und nuckelt an seinem Bier.

»Na ja, wie du weißt, ist Kanada ein großes Land, das von weißen Siedlern aus Großbritannien kolonisiert wurde, ähnlich Australien. Und den Einheimischen, den Ureinwohnern Nordamerikas, hat man auf die gleiche Weise ihr Land geraubt wie den australischen Ureinwohnern.

Er ignoriert meine Phrasendrescherei und kommt ohne Umschweife zur Sache.

»Hast du in Kanada Freunde, die Indianer sind?«

Ich bin mit der Absicht hierher gekommen, Aboriginal-Freunde zu gewinnen, aber in meinem Heimatland habe ich mich nie bemüht, kanadische Ureinwohner kennen zu lernen. »Das ist nicht so einfach«, antworte ich. »Sie leben in Reservaten, und in den weißen Gegenden trifft man sie kaum.« Aber Ralph hat eine gute Frage gestellt, und in gewisser Weise hat er mich durchschaut. Meine Entschuldigungen dafür, dass ich keine indianischen Freunde habe, unterscheiden sich in keiner Weise von den Ausreden der weißen Stadtbewohner Australiens.

»Weißt du, was ich in Kanada komisch finde?«, fragt er. Ich schüttele den Kopf. »Die Straßen. Selbst in großen Städten wie Vancouver sind sie enger als in Cans.« Er sagt »Cans« wie alle anderen in Cairns. Und wenn die Bewohner Sydneys »Sied-nie« sagen dürfen, warum sollen die Einwohner von Cairns nicht »Cans« sagen?

»Weißt du, was ich hier komisch finde?«, frage ich, dankbar dafür, dass er das Thema gewechselt hat. Jetzt schüttelt er den Kopf.

»Eure Straßen. Die sind so breit.«

Er lacht, erhebt sein Glas, und wir stoßen noch einmal an.

»Kulturelle Unterschiede«, meint er.

»Arbeitest du immer noch bei Tjapukai?« Ich ziehe den Faltprospekt des Aboriginal-Themenparks aus meiner Tasche. Meine Taschen sind voller Broschüren. Wahrscheinlich muss jeden Tag ein ganzer Regenwald dran glauben, damit man genug Zellstoff für all die Prospekte produzieren kann.

»Ich tanze jetzt nicht mehr so viel selbst, sondern bilde andere aus. Aber der da auf dem Prospekt, das bin ich. Und ich zeige den Touristen, wie man Bumerangs wirft oder wie man Speere mit einer *Woomera* schleudert.

»Mit einer *Woomera*?«

»Ja. Sie funktioniert wie eine Raketenabschussrampe. Damit verleiht man einem Speer eine größere Reichweite und Durchschlagskraft. Wir sind ganz schön gerissen, ja wirklich.« Auf einer Serviette fertigt er eine Zeichnung für mich an, die zeigt, dass die *Woomera* in derselben Hand gehalten wird wie der Speer. Das Ende des Speerschafts ist in eine Kerbe in der *Woomera* eingepasst; wenn der Speer geworfen wird, schleudert man die *Woomera* mit, was ihm mehr Schwung verleiht.

Als jemand an Ralph herantritt und ihn um Geld bittet, gibt er ihm eine Banknote. »Das ist mein Sohn.« Er deutet mit dem Kinn Richtung Tür. Dort liegt eine bewusstlose Frau, den Kopf auf einen leeren Weinkarton gebettet. »Und das ist seine Mutter. Er bringt sie nach Hause«, erklärt er mir sachlich.

Wir sehen zu, wie der junge Mann seiner Mutter auf die Beine hilft und sie wegführt.

»Meine Vorfahren waren schon vor 1.000 Jahren mit dem aerodynamischen Prinzip eines Hubschraubers vertraut. Der Rotor funktioniert auf die gleiche Weise wie ein Bumerang.« Er streckt den Zeigefinger aus, lässt ihn wie ein Rotorblatt kreisen und ahmt das Geräusch eines Helikopters nach. »Weißt du, wie wir einen Bumerang nennen, der nicht fliegen will?« Ich verneine. »Einen Stock.« Er lacht über seinen eigenen Witz, obwohl er ihn bestimmt zehnmal am Tag erzählt. »Ich habe früher als *stockman* gearbeitet. Ist 'n hartes Leben, hab aber 'ne Menge dabei gelernt. Schade, dass meine Kinder wohl kaum die Chance haben werden, als *stockmen* zu arbeiten; dann kämen sie raus in den Busch und würden ein bisschen härter im Nehmen.«

Ralph wird offensichtlich von seinen Leuten respektiert, denn er wirkt sehr selbstsicher, wie er da an der Theke steht. Wir spendieren uns gegenseitig ein paar Runden. Diverse Männer und Frauen bedienen sich immer wieder an der Zigarettenschachtel, die in seiner Tasche steckt, als sei sie nicht sein Eigentum, sondern ein Allgemeingut, auf das alle Anrecht haben. Nachdem ich ein paar Glas

Bier gekippt habe, wirkt der Pub lange nicht mehr so einschüchternd wie von außen durch das Fenster. Alle sind freundlich. Ein paar Male wird mir ein Glas Bier gereicht, und jemand, der mich kennen lernen will, streckt mir die Hand entgegen. Die Gastfreundschaft und Offenheit sind bemerkenswert; ich schäme mich, dass ich den Pub fast gemieden hätte, weil er voller Leute ist, deren Hautfarbe dunkler ist als meine.

Zwei Touristen schauen kurz hinein und machen auf dem Absatz kehrt.

Ralph sagt: »Hast du gesehen, wie die beiden die Kurve gekratzt haben? Die haben keine Ahnung, wie wir sind. Sie sehen nur schwarze Gesichter. Sogar für unsere Verwaltung sind wir nichts weiter als schwarze Gesichter. Einmal sind ein paar Leute aus Brisbane hierher gekommen, Regierungsmitglieder von Queensland.« Er stellt sein Glas ab und fährt mit dem Hemdsärmel über seinen Bart. »War'n großes *corroboree*.«

»Was ist das?«

»Eine Zusammenkunft. Sie wollten mit uns über Landrechte diskutieren. Alle unsere Jungs waren bei dem Treffen anwesend. Der Minister hat zwei Stunden lang geredet. Dann hat er gesagt: ›So, jetzt hatte ich für eine ganze Weile das Wort; nun wollen Sie vielleicht den einen oder anderen Punkt diskutieren, den ich angesprochen habe.‹ Aber das mussten wir gar nicht, wir hatten schon alles diskutiert. Wir verständigen uns mit unseren Augen und Gesichtern, mit Bewegungen der Hände, Finger und Daumen. Wir kannten schon unsere Antworten auf die strittigen Fragen, denn wir hatten darüber abgestimmt, während sie aufgeworfen wurden.« Er lacht, als er sich daran erinnert. »Die Weißen denken, dass wir telepathische Fähigkeiten besitzen, und vielleicht haben sie Recht.« Er zuckt mit den Achseln und sieht auf seine Uhr. »Ich wäre ein reicher Mann, wenn ich wirklich ein Telepath wäre. Doch leider weiß ich nie, welches Pferd gewinnt ...« Ralph lacht. »Wir Aussies setzen einfach auf alles«, erklärt er und gibt eine weitere Runde aus. »Wetten ist ein nationaler Zeitvertreib, eh. Wenn wir zwei Fliegen an der Wand sehen, wetten wir, welche von beiden länger sitzen bleibt.«

Weiße Australier behaupten, dass alkoholische Getränke nichts für Aboriginals sind, weil sie vor der Ankunft der Weißen keinen Alkohol kannten und sich ihre Gene nicht daran gewöhnen konnten. Deshalb, so meint man, können die Ureinwohner ihn nicht so verkraften wie die Weißen; der Alkohol steigt ihnen zu schnell zu Kopf und zerstört sie im Handumdrehen. Ich weiß nicht, ob das wahr ist, doch mir gegenüber sitzt ein Objekt für empirische Studien. Sie ist wahrscheinlich noch sehr jung, aber so betrunken, dass sie kaum aufrecht sitzen kann. Der ältere Mann, der neben ihr sitzt, muss sie stützen, obwohl auch er den Eindruck macht, dass er bei einem sachten Schubs zu Boden ginge.

Die junge Frau, die links neben Ralph steht und darauf wartet, bedient zu werden, ist offensichtlich von ganz anderem Kaliber. Ich habe sie flüchtig in dem von der Gemeinde betriebenen Kunsthandwerkladen kennen gelernt. Ihr Engagement für die Verbreitung der Kunst und ihre Beredsamkeit in Bezug auf die Belange der *Aboriginal people* haben mich beeindruckt. Ralph entschuldigt sich, er will eine Pferdewette platzieren. Die Frau dreht sich um und erkennt mich; wir sind gerade in ein Gespräch über das Wesen ihrer Kunst vertieft, als sich ihr ein Mann von hinten nähert.

»Hallo, Fremde!« Sein Tonfall ist aggressiv. »Hab dich 'ne ganze Weile nicht gesehen.« Sie dreht sich nicht um. »Du verdammte Hure«, pöbelt er sie rachsüchtig an. Sie kann nicht verbergen, wie verlegen sie ist. Er ist eindeutig auf Streit aus und beschimpft sie weiter, wird laut und gestikuliert wild. »Du hältst dich für sonst was, hab ich nicht Recht? Du aufgeblasenes Miststück!« Zwei Kellnerinnen eilen herbei und behalten ihn im Auge. Er überschüttet die Frau weiter mit Flüchen und wird noch lauter. »Denkst wohl, du bist zu beschissen gut für mich, ha?« Seine Augen sind blutunterlaufen und hasserfüllt; er steht noch immer hinter ihr und sieht aus, als wolle er sie gleich schlagen. Alle Gäste wenden sich uns zu, um zu sehen, wer den Aufruhr verursacht. Ich frage mich, ob ich der Grund für diesen Eklat bin, weil ich mit ihr geredet habe.

Der Wirt greift ein. »Das reicht. Du hast genug – keinen Alkohol mehr für dich. Du bist betrunken.«

Ralph kommt zurück und sagt gelassen: »Das ist ihr Mann. Keine Sorge, dir passiert nichts, ich passe auf dich auf.« Ich fühle mich irgendwie dafür verantwortlich, dass es zu der hässlichen Szene gekommen ist, und Ralphs Schutz ist mir sehr willkommen. Die Frau entfernt sich von ihrem Ehemann, um weitere Beschimpfungen zu vermeiden. Er folgt ihr und pöbelt sie weiter an. Alle anderen widmen sich wieder den Gesprächen oder Tätigkeiten, die sie gerade unterbrochen hatten, doch vermutlich würden sie jederzeit einschreiten, sollte der aggressive Kerl tatsächlich handgreiflich werden.

Ein paar Minuten später betreten zwei Polizisten den Pub. In ihren gestärkten und gebügelten Uniformen sehen sie absolut makellos aus, und sie sind so riesig, dass sie wie überdimensionale Karikaturen ihrer selbst wirken. Im Gegensatz zu ihrer harmlosen Klientel wirken sie Furcht erregend, denn sie sind obendrein bewaffnet. Zwei zusätzliche Polizisten stehen draußen und behalten den Eingang im Auge. Im Pub ist es deutlich stiller geworden; die Hälfte der Gäste scheint im Fußboden versunken oder mit den Wänden verschmolzen zu sein.

»Mich werden die nicht belästigen.« Ralph klingt gereizt.

»Warum sollten sie?«, frage ich verdutzt. »Wir haben nichts Verwerfliches getan.«

»Weil ich ein ziemliches Theater machen würde; sie können mich mitnehmen, wenn sie einen Grund haben, aber sonst nicht. Mit mir legt sich keiner an; ich lasse nicht zu, dass man mich wie einen dahergelaufenen Idioten behandelt.« Er entspannt sich, als die beiden den Pub verlassen, ohne jemanden abzuführen. Die unangenehme Episode überfordert die unglückselige junge Frau, die mir gegenübersitzt. Sie rutscht vom Thekenhocker und liegt zusammengekrümmt am Boden, ohne dass jemand Notiz von ihr nimmt. Selbst der ältere Mann, mit dem sie den größten Teil des Abends verbracht hat, kümmert sich nicht um sie.

Immer wenn ich Ralph ein Bier ausgebe, besteht er darauf, sich zu revanchieren. Als mir zu Bewusstsein kommt, dass ich aufbrechen muss, wenn ich den Zug nach Cairns erwischen will, spüre ich die Auswirkungen unserer Trinkfreudigkeit.

Ralph begleitet mich nach draußen. Es tut ihm aufrichtig Leid, dass ich gehe. »Wenn du das nächste Mal kommst, musst du mich besuchen. Ich habe jetzt ein eigenes Haus«, verkündet er stolz. Als ich die Straße hinuntertorkele, ruft er mir nach: »Komm vorbei, wenn du wieder hier bist. Mein Nachname ist O'Reilly!« Er streckt seinen nackten Unterarm in die Luft, so dass seine dunkle Haut sichtbar wird, und lacht. »Jemand muss uns O'Reillys zu lange in der Sonne gelassen haben. Irgendwann werden wir nach Irland reisen und unsere weiße Familie besuchen.«

Trevor hat sich einen Tag freigenommen, um mit mir tauchen zu gehen. Er hört aufmerksam zu, als ich ihm von der Frau erzähle, die von zwei Polizisten über die Esplanade gehetzt wurde. Er bewohnt ein typisches Queensland-Haus; es ruht auf Pfeilern, damit die Luft unter dem Gebäude zirkuliert und es kühlt. Als wir sein Heim verlassen und in den Wagen steigen, stellt er die Musik leiser und schwelgt in Erinnerungen.

»Als ich Student war, habe ich mir einen Campingbus gekauft und bin kreuz und quer durch Australien gefahren. Ich habe eine

Australienkarte auf den Wagen gemalt und meine Reiseetappen darauf eingezeichnet. Den Mittelpunkt der Landkarte bildete eine Aboriginal-Fahne. Bald hatte die Karre jede Menge Beulen, besonders an der Stelle mit der Flagge. Irgendwann war ich entmutigt und habe sie übermalt. Nicht gerade ein Akt der Solidarität, aber das Auto war zu teuer, als dass ich es mir hätte kaputttreten lassen können.« Er stellt seinen neuen Van auf einem riesigen Parkplatz ab, und wir gehen durch ein schillerndes neues Einkaufszentrum, das direkt am Hafen liegt.

Das Innere der Shoppingmall gleicht vielen anderen auf der Welt. Eine Band spielt Country- und Westernschnulzen. Die Musiker tragen einheitliche Cowboyklamotten: karierte Hemden, spitze Stiefel und Stetson-Hüte. Wir bleiben stehen und hören zu. Trevor murmelt: »Nachdem die Briten sich hier zwei Jahrhunderte lang breit gemacht haben, ist die Kultur der australischen Ureinwohner durch diejenige der Wildwestcowboys ersetzt worden.«

Wir hören uns einen der Cowboysongs zu Ende an. »Und wie kann man die Probleme lösen, mit denen die *Aboriginal people* konfrontiert sind?« Dem Rat folgend, bin ich sorgfältig darauf bedacht, *Aboriginal people* statt Aborigines zu sagen. Klingt ein bisschen geschwollen. Für mich hatte das Wort Aborigines nie einen abwertenden Beigeschmack. Ganz im Gegenteil, zumindest bei mir hat es bisher positive Assoziationen geweckt.

»Viele Aboriginals werden dir sagen, dass es hauptsächlich um Landrechte geht.« Ein Aboriginal bleibt vor uns stehen und hört den Countrymusikern zu. Er ist barfüßig und wirkt in dieser Mittelklasseszenerie ein wenig fehl am Platz. Ein Clown verteilt Gasluftballons an Kinder. »Nur um dir ein Beispiel zu geben«, fährt Trevor fort. »Der hier ansässige Clan verfügte über ein ganzes Wegenetz durch den Regenwald, den du gestern vom Zug aus gesehen hast. Sie haben ihr Land nicht eingezäunt, das war nicht notwendig. Sie sind mit den Jahreszeiten gewandert und haben von dem gelebt, was in Hülle und Fülle vorhanden war. 1770 erreichte Captain James Cook, nachdem er die Ostküste hochgesegelt war, die Spitze von Cape York und verkündete, dass Australien nun britisches Territorium sei. Er hat sich den Kontinent einfach unter den Nagel gerissen, sich hingestellt und gesagt: »Ich erkläre dieses Land feierlich zu britischem Territorium!« Ein Staatsvertrag mit den Ureinwohnern wurde nicht geschlossen. Niemand hat sich darum geschert.«

Die Band legt eine Pause ein.

»Wahrscheinlich sehen die meisten weißen Australier ihre Geschichte anders.« Wir verlassen das Einkaufszentrum.

»Mit Sicherheit«, antwortet Trevor und schirmt seine Augen gegen das grelle Sonnenlicht ab, »aber es ist nun mal Fakt, dass die Aboriginals die ursprünglichen Eigentümer Australiens waren und durch die europäische Besiedlung um ihr Land betrogen wurden.«

Wir gehen die Strandpromenade entlang; Dutzende von Booten sind kurz davor, in Richtung Barrier Reef auszulaufen. »Aber war das nicht illegal?«, frage ich naiv. »Ich meine, immerhin lebten hier doch schon Menschen ...«

»Ja, das war illegal. Die europäischen Großmächte haben ihre Reiche durch drei Vorgehensweisen vergrößert: durch Eroberung, Abtretung oder durch die Besetzung von Land, das als *terra nullius* angesehen wurde. *Terra nullius* bedeutet wörtlich Niemandsland. In der Welt vor 200 Jahren gab es aber kaum noch unbewohnte Gegenden, und da die Ureinwohner Australiens keine erkennbaren Formen sozialer Organisation, kein Rechtssystem und kein ›Eigentum‹ in Bezug auf das Land kannten, wurde der Kontinent einfach als *terra nullius* deklariert.«

»Warum legte man Wert auf diese Formalität?«

»Wenn die Briten anerkannt hätten, dass eine indigene Bevölkerung existiert, hätten die damals gültigen englischen Gesetze deren

Rechte geschützt. Und das wäre für die weißen Großfarmer, die immer weiter ins Innere vordrangen und das Land nach Belieben besetzten, äußerst unvorteilhaft gewesen.«

»Aber Australien war keine *terra nullius.*«

»Selbstverständlich nicht.« Wir gehen weiter. Trevor verfolgt dieses Thema mit Leidenschaft. An den Piers liegt ein ganzes Sortiment Ausflugsboote, darunter viele gigantische Katamarane. Sie warten darauf, tausende von Touristen zum Great Barrier Reef zu bringen. Als Trevor stehen bleibt und einen Blick aufs Wasser wirft, wechselt er das Thema. »Hier hat man ein *Salty* gefangen. Ist noch gar nicht lange her.«

»Ein Salzwasserkrokodil?«, frage ich ungläubig.

»Ja.«

»Verdammt. Mitten in Cairns.«

Ich freue mich sehr darauf zu tauchen, aber die Geschichte der Besiedlung Australiens fasziniert mich genauso. Daher nehme ich den Faden wieder auf. »Ich habe ein bisschen zum Thema Landrechte gelesen, aber die Materie ist recht kompliziert. Manchmal dachte ich, ich hätte etwas verstanden, aber dann war es doch nicht so.«

»Weißt du, selbst wir Anwälte haben Schwierigkeiten herauszufinden, wer in Australien einen rechtmäßigen Anspruch auf das Land hat. Tatsache ist, dass sich das kaum eindeutig sagen lässt. Die gesetzlichen Regelungen sind sehr komplex. Ich wette, dass dir nicht einmal zehn Prozent der Australier darüber eine klare Auskunft geben könnten. Leider lässt nichts darauf schließen, dass die Zuerkennung von Landrechten die Lebensbedingungen und den Lebensstil der *Aboriginal people* verbessert hätte.«

»Aber du hast doch gesagt, dass es hauptsächlich um Landrechte geht.«

»Sie brauchen auch eine stärkere Selbstachtung und Stolz auf das, was sie sind.«

Ich folge ihm zum Landungssteg eines Tauchboots. »Und was würde ihre Selbstachtung stärken?«

Er bleibt stehen und zuckt mit den Schultern. »Keine Ahnung. Eine Möglichkeit wäre vielleicht, den Union Jack aus der australischen Flagge zu entfernen und durch die Aboriginal-Fahne zu ersetzen. Das wäre zumindest eine Geste.«

Fast die Hälfte meines Lebens habe ich in Entwicklungsländern verbracht; ich bin dort aufgewachsen oder habe dort für die Vereinten Nationen gearbeitet – in Behörden für bilaterale Hilfe oder in Nichtregierungsorganisationen. Ich habe meinen Werdegang als faszinierend, befriedigend und gleichzeitig frustrierend empfunden. Es endete damit, dass ich aufgehört habe zu versuchen, anderen zu helfen, und etwas für mich selbst zu tun begann. Ich war zu der Überzeugung gekommen, dass es keine einfachen Wege gibt, Menschen zu helfen, damit sie sich selbst helfen können. Dieses Paradigma ist ohnehin widersprüchlich. Unterstützung aus dem Ausland, die Dritte-Welt-Ländern helfen soll, von Hilfe unabhängig zu werden, hat zwangsläufig einen gegenteiligen Effekt. Diese Problematik trifft auch auf die *Aboriginal people* zu. Ich empfinde ihre Geschichte als besonders tragisch. Zuerst wurden sie wie Ungeziefer gejagt, und dann hat man sie in Missionen und Reservate gesteckt, um sie vor den Siedlern zu schützen. Und im 20. Jahrhundert sollten sie sich in die Gesellschaft der Weißen integrieren. Jetzt, da das Bewusstsein für die Rechte indigener Völker überall auf der Welt erwacht, ist eine von den Aboriginals inspirierte Bewegung entstanden, die sich Selbstbestimmung und sogar eine eigenständige Nation zum Ziel gesetzt hat.

Aber die Möglichkeit der Selbstbestimmung wird zu einer vagen Option, wenn es daran geht zu definieren, wer ein Aboriginal ist und wer nicht. Bevor ich hierher kam, hatte ich angenommen, die *Aboriginal people* seien eine homogene Gruppe. Jetzt wird mir klar, dass zwischen den einzelnen Clans so erhebliche Unterschiede bestehen wie zwischen den schwarzafrikanischen Völkern oder den Bewohnern der einzelnen Staaten Amerikas oder Europas. Die Aboriginals haben verschiedene Sprachen, Bräuche und persönliche Merkmale. Viele sind nicht mehr reinblütig; aus Statistiken geht hervor, dass mehr als 50 Prozent der indigenen Australier Menschen heiraten, deren Vorfahren keine Aboriginals sind. Wenn sich dieser Trend fortsetzt oder – was wahrscheinlicher ist – verstärkt, werden die meisten Australier innerhalb von ein paar Generationen Aboriginal-Ahnen in ihrem Stammbaum haben. Vor diesem Hintergrund ist der Gedanke an eine zweite Nation blanker Unsinn.

Einer von der Mannschaft, der Mel Gibson verdächtig ähnlich sieht, ruft uns vom Deck aus zu: «Kommt ihr jetzt an Bord oder nicht? Wir warten auf euch!«

Trevor dreht sich zu mir um. »Wir sollten auf dem Boot nicht darüber reden. Ich gebe dir dazu ein paar Bücher, wenn wir zurück sind.«

Wir sind die Letzten, die an Bord gehen. Die Stimmung, die durch unser ernstes Gespräch entstanden ist, wird durch den überschwänglichen Humor der Crew vertrieben.

»Sind Amerikaner an Bord?«, fragt der Kapitän, als wir ablegen. Jemand hebt die Hand. »Augenscheinlich seid ihr noch nie in Australien getaucht, und vielleicht erlauben wir es euch auch jetzt nicht.«

»Warum?«, verteidigt sich der Amerikaner. »Ich habe einen Tauchschein.«

»Holt das Bungeeseil und macht es an seinen Fußgelenken fest«, weist der Kapitän die Crew an.

»Bungeeseil? Auf einem Tauchboot?« Der Amerikaner versteht den Witz nicht.

Eines habe ich bereits gelernt. Aussies lieben es, alles und jeden auf den Arm zu nehmen, sich selbst eingeschlossen.

Der Kapitän erklärt: »Seit wir 1997 beim Tauchen zwei eurer Landsleute verloren haben, sichern wir alle Amerikaner mit einem Seil für den Fall, dass sie uns verlassen wollen.« Die Crew und die Tauchlehrer lachen mehr als wir. »War nur 'n Scherz, Leute. Und nun, da die einleitenden Worte gesprochen sind, zu den Sicherheitsvorschriften.« Das Boot verlässt den Hafen in Gesellschaft vieler anderer Schiffe, die alle Kurs auf das Riff nehmen. Auf dem Meer herrscht ein Getümmel wie in einer Großstadt während der Hauptverkehrszeit.

Ein Crewmitglied zieht sich eine Rettungsweste über den Kopf, bindet sie an den Hüften zusammen und sagt förmlich: »In folgenden drei Situation wisst ihr, dass wir in Schwierigkeiten sind: Die erste: Ihr steht bis zu den Knien im Wasser. Werdet misstrauisch, wenn das der Fall ist. Die zweite: Ihr hört den Kapitän rufen: ›Alle Mann von Bord!‹ Dann solltet ihr noch misstrauischer werden. Die dritte und letzte: Ihr seht, dass sich die gesamte Crew in einem Schlauchboot befindet, das 300 Meter hinter euch auf dem Wasser treibt. Nun könnt ihr davon ausgehen, dass die Regierung von Queensland dieses Schiff als U-Boot mit den Schwimmeigenschaften eines Felsbrockens eingestuft hat. Mit anderen Worten, verlasst das Schiff.« Er sieht sich um, fragt: »Alles klar?« und nimmt die Rettungsweste ab. »Gut. Und nun zu den wichtigen Dingen. Wenn ihr zum Beispiel ein Getränk möchtet, macht einfach ein Häkchen neben eurem Namen auf der Liste. Was immer ihr gern hättet – Getränke, Speisen, eine Unterwasserkamera, einen Liebhaber für die Nacht, macht einfach einen Haken. Wir haben auch einen Mann an Bord, der ein Unterwasservideo von euch drehen kann. Wenn ihr euren Tauchgang am Great Barrier Reef auf Video bannen lassen wollt, dann bucht ihn jetzt, damit er weiß, wen er zum Star machen soll und wen nicht. Nebenbei gesagt, wenn auf eurem Sonnenschutzmittel steht, dass es wasserfest ist, dann ist damit die Flasche gemeint, nicht die Sonnenmilch. Nach dem Tauchen solltet ihr also wieder Sonnenschutzcreme auftragen.«

Hinter uns, an der Küste, sind deutlich zwei weißbrüstige Seeadler zu erkennen, die in einem Baum hocken. »Diese Vögel bleiben ihr Leben lang ein Paar«, sagt einer von der Crew, als er uns auf die Tiere aufmerksam macht. »Ziemlich ungewöhnlich für Australier.«

Nachdem wir losgefahren sind, sehen wir innerhalb weniger Minuten mehr als 20 Flussdelfine, kurz darauf zwei grüne Schildkröten und den grauen Schatten eines Mantarochens. »Unser erster Tauchgang findet in flachem Wasser an einem Plattformriff statt«, informiert uns der Kapitän. » Danach fahren wir weiter raus, zu einem Saumriff oder *Outer Reef*.« Er zieht sein übliches Programm durch. »Wir sind mit dem Great Barrier Reef gesegnet, weil Salzgehalt, Temperaturen und Sonnenlicht genau im richtigen Verhältnis zueinander stehen. Es gibt nur drei Barriereriffe auf diesem Planeten – hier, in Thailand und in Kolumbien. Die lebendigen Riffe werden durch Schleim vor der Sonne geschützt. Ja, ihr habt richtig gehört; Riffe sind lebende Tiere, genau wie ihr. Und wenn die Bedingungen nicht stimmen, kriegen auch Korallen einen Sonnenbrand. »Ausbleichen« nennt man das. Und da wir gerade davon sprechen: Kauft in den Souvenirläden keine Korallen. Es sind Tiere, die man mit Chlor behandelt hat, damit sie weiß werden. Dann wurden sie bemalt, um sie ein bisschen attraktiver aussehen zu lassen. Tote Korallen, die nicht gebleicht und gefärbt werden, sehen braun und ekelhaft aus. Ein bisschen so wie wir, wenn wir tot sind und man uns für 'ne Weile irgendwo rumliegen lässt. Eine gebleichte und gefärbte Koralle zu kaufen, das ist ein bisschen so, als würde man ein ausgestopftes Hündchen kaufen.«

»Na und?« Ein Crewmitglied gibt seinen Senf dazu. »Wenn das Hündchen hübsch angemalt ist, hätte ich nichts dagegen.«

Ich nehme an, dass sie diese Einlage sorgfältig geprobt haben.

Als wir heißen Tee schlürfen, um das kostenlose Gebäck hinunterzuspülen, erklärt mir Trevor, was wir sehen werden. »Der Great Barrier Reef Maritime Park ist größer als England. Das Meer beherbergt hier wenig Leben, aber nirgendwo ist der tierische und pflanzliche Artenreichtum größer als in den Riffen. Du siehst so viele Fische, dass du meinst, es ist unmöglich, sie irgendwelchen Gattungen zuzuordnen. Aber wenn man weiß, zu welchen Gruppen die farbenprächtigen Rifffische gehören, ist es gar nicht mehr so schwer. Wenn du das gelernt hast, wird das Tauchen viel interessanter, weil du Fischarten voneinander unterscheiden kannst.«

Inklusive der Besatzung befinden sich 20 Taucher an Bord. »Schadet der Tourismus den Korallen nicht?«, flüstere ich Trevor zu.

»Zwei Millionen Touristen pro Jahr haben zwangsläufig einen negativen Effekt, aber wirklich bedroht sind die Riffe durch Düngemittel und Gülle, die von den Farmen und Rinderzuchtbetrieben ins Meer gespült werden, und durch die Überfischung. Noch vor 60 Jahren wurden die Korallenriffe schneller zerstört als der Regenwald. Die meisten Menschen haben nichts davon gewusst, oder es hat sie nicht gekümmert. Aber da inzwischen so viele Leute hier schnorcheln und tauchen, ist man aus ökonomischen Interessen heraus mehr darum bemüht, die Riffe und ihre Tierwelt zu erhalten. So gesehen hat der Tourismus dazu beigetragen, die Riffe zu schützen, denn durch ihn sind sie ins Blickfeld der Öffentlichkeit gerückt.« Trevor holt für uns beide noch Tee und dänisches Gebäck. »Ist alles im Preis enthalten, wir können uns ordentlich satt essen.« Er stapelt erneut Kuchenstücke auf seinen Teller. Aber nicht nur das Gebäck ist kostenlos; die Konkurrenz unter den Tauchbooten ist so groß, dass Trevor gratis mitfahren darf, weil er mich mitgebracht hat.

Eine Stunde später ankert das Boot an einem Riff; wir schlüpfen in die Neoprenanzüge, lassen uns rückwärts ins Wasser fallen und tauchen ab in eine andere Welt.

Über sandigen Abschnitten zwischen den Korallen sehen wir viele stromlinienförmige Meeres- und Raubfische, die durchs Wasser schnellen, als seien sie Messer, die ein Zirkusartist wirft. Wir sind sofort von Fledermausfischen umzingelt, die darauf hoffen, gefüttert zu werden. Sie streifen unsere Körper und schwimmen so dicht an meiner Maske vorbei, dass mir schwindlig wird. Sie haben ungefähr die gleiche Form wie Engelsfische, aber da sie so groß sind wie Fahrradreifen, wirken sie Furcht einflößend, obwohl sie harmlos sind. Als unser Kapitän sie mit Brotstückchen füttert, wühlen sie das Wasser auf wie gigantische, dem Fresswahn verfallene Piranhas. Ein riesiger Maori-Lippfisch von der Größe einer Badewanne gleitet vorbei. Als ich ein paar Minuten später zum unteren Teil des Riffs hinabtauche, befinde ich mich plötzlich Nase an Nase mit einem Weißspitzen-Riffhai, der sich in einer Höhle ausruht. Ich kann jede Einzelheit seiner Augen erkennen. An Land hatte ich mir bereitwillig die weit verbreitete Weisheit zu Eigen gemacht, dass Weißspitzen-Riffhaie ungefährlich sind, aber jetzt ist meine Gewissheit leicht erschüttert. Ich starre ihn an, der Hai starrt mich an, und nichts passiert. Ich überlebe diese Begegnung, doch ein paar Minuten später hält Trevor seine Hand wie eine Flosse über den Kopf und deutet auf einen weiteren Riffhai, der mit lässigen Schwanzschlägen auf uns zusteuert. Tun kann ich nichts. Ich kann nicht schneller schwimmen als der Hai, und verprügeln kann ich ihn sicher auch nicht.

So flink wie ihre bunten Namensvettern flitzen winzige Schmetterlingsfische durch die Korallen. Trevor zeigt auf einen Kabeljau, der von vielen kleinen Lippfischen gereinigt wird, die munter an ihm herumpicken. Als ich einen Einhornfisch sehe, weiß ich, wie er zu seinem Namen gekommen ist. Das Gleiche gilt für den doppelhörnigen Kuh-Kofferfisch. Der 45-minütige Tauchgang ist schnell vorüber. Ich bin versucht, länger unten zu bleiben und den Inhalt meiner Pressluftflaschen ganz zu verbrauchen, aber Trevor deutet mit Zeichen an, dass ich auftauchen soll.

»Na, wie war's?«

Ich nehme die Maske ab und trete Wasser. »Toll, aber ...«

»Aber was?«

»Ich glaube, dass es vor den Whitsunday-Inseln am unteren Ende des Great Barrier Reef National Park noch schöner ist.«

»Stimmt.«

»Warum eigentlich?«

»Das geschützte Gewässer da unten ist nicht so überfischt, und von den Farmen werden nicht so viele Schadstoffe ins Meer geschwemmt.«

»Wieso tauchen dort dann so wenige Leute?«

»Weil sich hier der Flughafen befindet, die Infrastruktur, die Werbung.«

»Aber bei den Whitsundays zu tauchen ist viel schöner!« Es war der Höhepunkt meiner Reise entlang der Ostküste. Drei Tage segeln und tauchen vor den Whitsunday-Inseln, einfach paradiesisch! Die Inseln sind größtenteils von Menschen unberührt, und im Wasser wimmelt es nur so von Fischen. Im Vergleich dazu wird das Tauchen an der Küste von Cairns überbewertet. Ich sage das nur ungern, denn ich komme mir vor wie das Kind aus dem Märchen, welches den Leuten zuruft, dass der Kaiser keine Kleider trägt. Wir schwimmen zum Heck des Tauchboots.

Als alle wieder an Bord sind, fragt uns der Tauchleiter, was wir gesehen haben. »Haufenweise Papageienfische«, sagt eine Australierin aufgeregt, während sie auf einer Seite des Boots Platz nimmt und die Flossen auszieht. »Wir konnten sogar hören, wie sie an den Korallen herumnagten. Sie haben gemampft wie grasende Kühe.«

»Wusstet ihr schon«, fragt einer der Tauchlehrer und setzt sich neben die Frau, »dass Papageienfische so lange Weibchen sind, bis sie zur Vernunft kommen und Männchen werden?« Er zwinkert seinen Kumpanen verschwörerisch zu und spannt unbewusst seine Brustmuskeln an. Seine Bizepse sind so gewaltig, dass er seine Arme nicht seitlich hängen lassen kann; er stolziert mit erhobenen Armen umher wie eine Krabbe. Merkwürdig, dass Männer ihre Brustmuskeln aufbauen, ohne der Rückenmuskulatur die gleiche Aufmerksamkeit zu schenken. Wahrscheinlich liegt es daran, dass sie sich nur von vorn im Spiegel bewundern. Die Folge des einseitigen Trainings ist, dass die überentwickelten Pektoralmuskeln ihre Schultern nach vorn ziehen, was ihnen die peinlich wirkende Krabbenhaltung verleiht. Fast alle Crewmitglieder sind haselnussbraun, sommersprossig, muskulös, ihr Haar ist blond und sonnengebleicht. Die Kerle strotzen vor Selbstbewusstsein, was provozierend wirkt, vermutlich, weil ich neidisch bin.

»Das zeigt nur, wie dumm diese Tiere sind«, antwortet die Aussiefrau aus Sydney sarkastisch und reicht dem Tauchlehrer ihre Flossen. »Ich weiß nicht, wie du es hältst, *mate*, aber ich würde mir weder für meine geistige noch für meine körperliche Entwicklung einen einfältigen Papageienfisch zum Vorbild nehmen.«

Dieser intellektuellen Tiefe nicht gewachsen, spannt der Tauchlehrer, der noch immer eine Chance bei der Frau wittert, wieder reflexartig seine Brustmuskeln an. Er rückt näher an sie heran und fragt im Plauderton: »Hast du auch einen Dornenkronen-Seestern gesehen?«

»Was soll das sein?«, erwidert sie skeptisch und rückt etwas von ihm ab.

»Dieser dickhäutige Seestern ist die größte Bedrohung für unsere Korallenriffe; er frisst harte Korallen, spuckt sie aus und kaut das Ganze dann noch einmal. Mund und Anus sind ein und dieselbe Öffnung.« Er verzieht sein Gesicht. »Er kann also nichts dafür, wenn er einen schlechten Atem hat. Sein lateinischer Name ist *crapus crapus.*« Offensichtlich hat er die Nummer schon öfter abgezogen. »Stell dir vor, du gehst in einen Pub, isst etwas, spuckst es aus und verleibst dir das Erbrochene noch mal ein. Vielleicht beschimpft man dich dann auch als *crapus crapus* oder so ähnlich.«

»Wenn das in einem Pub in Queensland passiert, würde es mich nicht wundern«, kontert sie unbeeindruckt.

Der Tauchlehrer unternimmt weitere Anstrengungen, der gewieften Sydneyerin mit Wissenswertem zu imponieren, während er indiskret ihre Figur begutachtet. »Wusstest du, dass eine Seegurke ihre Lunge aus dem Anus stülpt, wenn man sie ärgert?«

»Wenn du mir auf die Nerven fällst, würde ich das zur Not auch in Erwägung ziehen«, warnt sie ohne die geringste Spur eines Lächelns.

Obwohl es mehr Crewmitglieder und Tauchlehrer an Bord gibt als Gäste, lässt man der Frau aus Sydney nun keine Hilfe mehr angedeihen. Ihre Schlagfertigkeit und ihre vom Stadtleben geschulte Zunge haben die Männer eingeschüchtert.

Es dauert ein paar Stunden, bis wir die Saumriffe erreichen. Als wir dort sind, unternehmen wir zunächst einen Tauchgang, der uns nur ein paar Meter unter die Wasseroberfläche führt. Danach geht es weiter zum äußeren Riff, wo wir mehr als 20 Meter tief tauchen. Die Strömung dort wirkt alles andere als entspannend. Sie ist so stark wie ein Unterwassersturm, so dass wir zwischen den Korallen hin und her geschleudert werden. Es wundert mich nicht, dass die amerikanischen Touristen abhanden gekommen sind. Als wir wieder an Bord sind, ruft der Tauchleiter einen nach dem anderen auf und hakt unsere Namen auf seiner Liste ab.

»Was, glaubst du, ist mit den beiden Amerikanern passiert, die beim Tauchen verschwunden sind?«, frage ich ernsthaft. Nachdem ich meinen »Wassersturm-Tauchgang« überlebt habe, bin ich selbstherrlich genug, das heikle Thema noch einmal anzusprechen.

»Das war ein abgekartetes Spiel. Die Amerikaner lassen nichts unversucht, uns das Geschäft mit den Touristen zu vermiesen«, will der Kapitän meine Frage abtun.

»Eine seltsame Art, euch die Tauchtouristen zu vergraulen«, merke ich unparteiisch an.

»Was?«, fragt er, als hätte er mich eben erst wahrgenommen.

»Ist doch komisch, dass sich zwei Amerikaner opfern, um euren Ruf zu ruinieren. Aber darum geht es gar nicht, nicht wahr?«

»Worum dann?«

»Vielleicht haben die beiden ihren Tod vorgetäuscht oder gemeinsam Selbstmord begangen; vielleicht waren es Verrückte oder Agenten. Der Punkt ist doch, dass weder der Kapitän noch die Mannschaft sie vermisst haben – bis zu dem Moment, als das Boot im Hafen festmachte und dort ein paar Klamotten und zwei Paar Schuhe rumlagen, auf die niemand Anspruch erhob. Aber da war es zu spät.«

An diesem Abend gehe ich wieder in den Pub für die arbeitende Bevölkerung. Ein stämmiger Mann mit wulstigen tätowierten Bizepsen, rotem Haar und manikürtem Bart schlendert in Richtung Tresen, stellt sich neben mich und unterbricht meine metaphysischen Betrachtungen, als er sich etwas zu trinken bestellt. Sein Haar ist oben und an den Seiten kurz, aber hinten lang und gelockt; er hat dieselbe Frisur wie der Kellner. »*How'ya going, mate*?«, eröffnet er das Gespräch.

Ich nehme seine Frage wörtlich und antworte: »Mit dem Bus.«

»Ah *yeah*. Und wo kommst du her?« Meine Antwort hat ihn nicht verprellt.

»Ich bin mit dem ›Alternativen Busreisenetzwerk für Rucksacktouristen und Gleichgesinnte‹ die Ostküste hochgefahren«, erkläre ich. »Den Prospekt habe ich noch.« Ich ziehe das Druckerzeugnis aus der Tasche und reiche es ihm. Er liest das Kleingedruckte:

Dieser Prospekt besteht aus recyceltem,
nicht glänzendem und ungebleichtem Papier –
gut für die Umwelt, gut für den Hintern.

»Was willst du trinken, *mate*?« Er gibt mir den Prospekt zurück. Ich habe kaum den Schaum von meinem Bier geschlürft, aber er fungiert als weiterer Beweis für die grenzenlose Gastfreundschaft der Australier und bestellt sofort eine Runde für uns.

Der Kellner serviert zwei Gläser und kommt dann seiner Angewohnheit nach, das dauergewellte Haar mit den Fingern zu kämmen und sich die Locken von den Schultern zu streichen.

Mein neuer Freund wird gesprächig und überwältigt mich mit australischer Leutseligkeit. »Wir hier in Oz haben ein gutes Leben, *mate*.« Darauf erhebt er sein Glas und zwinkert mir zu. »Du bist erst ein richtiger Aussie, wenn du trinkst, dich prügelst und angelst.« Er leert sein Glas mit einem Zug und setzt es mit einem Knall auf die Theke. »Wir haben jede Menge Bier, tonnenweise Strände und viele hübsche Mädchen. Mach dich über die Puppen her, tu, was du tun musst. Sie lassen dich ran oder nicht. Spreiz ihre Beine, küsse sie, oder mache vielleicht Kinder mit ihnen. Ich will hier nicht angeben, aber meine Kleine, die ist einfach Klasse.« Er trägt ein ärmelloses Top, das aussieht, als hätte seine Mutter es ihm als kleinem Jungen gekauft und als sei es seitdem durch vieles Waschen immer mehr eingelaufen. Jetzt ist es jedenfalls nicht größer als ein Lätzchen. Sein behaarter Bierbauch quillt unter dem Oberteil hervor; die Wampe sieht aus, als habe er einen Fußball verschluckt. Seine superknappen Shorts sind so eng, dass zwischen dem Bund und seinen Hüften keine Münze hindurch passen würde. Ich frage mich, wie seine Kronjuwelen darin Platz finden. »Meine Frau und ich haben uns getrennt, *mate*.«

»Ah *yeah*«, sage ich gedehnt, wie es hier üblich ist.

Mit meiner Antwort zufrieden, bestellt er eine weitere Runde.

»Sie hat das Haus und die Kinder, aber ich habe mein Motorrad und meine Puppe«, schwafelt er weiter. »Werde mich mit 40 zur Ruhe setzen und unten in Surfers Paradise ein Haus kaufen. Und dann brause ich mit 'ner Harley durch die Gegend und lasse alles ganz locker angehen. Klingt gut, eh?«

Er ist LKW-Fahrer und steuert Road Trains kreuz und quer durch Australien.

Ich rufe gerade: »Noch eine Runde!«, als mich zwei irische Zahnärztinnen entdecken, mit denen ich in im Bus des »Alternativen Busreisenetzwerks für Rucksacktouristen und Gleichgesinnte« von Sydney hierher gereist bin. Sie kommen zu uns an die Bar. Während mein australischer *mate* mir gegenüber äußerst mitteilsam war, verfällt er in Gegenwart der beiden Frauen in Schweigen und verhält sich wie ein verschämter Teenager. Eben hat er noch forsche Sprüche geklopft, wollte sich über die Puppen hermachen, sie auf einer Harley in ein Motel abschleppen und tun, was er tun muss, und nun, da er mit Angehörigen des anderen Geschlechts plaudern könnte, wirkt er extrem gehemmt. Ihre schnellen Zungen sind zu viel für ihn, und so zieht er sich eingeschüchtert zurück.

Nachdem ich den Vormittag im Büro des *Flying Doctor Service* verbracht habe, erhalte ich großzügigerweise die Erlaubnis, als Gast bei einem der Routineflüge von Cairns in das Hinterland von Cape York mitzufliegen. Es ist die einzige Möglichkeit für mich, dorthin zu gelangen. Die Straßen hinter Cape Tribulation sind seit der Regenzeit überschwemmt, und das reguläre Postflugzeug ist ausgebucht, da viele Bewohner dieser Region zu ihren Häusern oder Farmen zurückkehren wollen.

Im Morgengrauen des nächsten Tages warte ich auf dem Rollfeld und unterhalte mich mit der Ärztin Dr. Cathwell Ross. Jarrod, der für diesen Tag angeheuerte Charterpilot, ist mit der üblichen Prüfungsprozedur vor dem Start beschäftigt, während das Flugzeug gewartet wird. Der Geruch von Treibstoff und das Geräusch von Propellern, die surrend zum Leben erwachen, erinnern mich daran, dass ich eigentlich vorhatte, den Kontinent mit einem eigenen Flieger zu erforschen. »Dies ist einer unserer Routineflüge in das Hinterland von Cape York«, erklärt Dr. Ross stolz. »Auf diese Weise halten wir die medizinische Versorgung in einem Gebiet aufrecht, das größer ist als Westeuropa. Flächenmäßig entspricht es ungefähr den Vereinigten Staaten ohne Alaska. Wir haben durchschnittlich 46 Rettungseinsätze pro Tag, meist handelt es sich um Verkehrsunfälle.«

Als wir in die Maschine steigen, nehme ich neben Jarrod auf dem Sitz des Copiloten Platz. Dr. Ross und eine Krankenschwester sitzen lieber hinten, da sie dort bequem ihre Zeitungen durchblättern können. Vor einem halben Jahr musste Jarrod mit dieser Maschine eine Bauchlandung versuchen, weil sich das Fahrwerk nicht ausfahren ließ. Halb Australien hat die Notlandung am Bildschirm verfolgt.

Kurz nach dem Start lassen wir die Küste mit dem azurblauen Wasser des Great Barrier Reef hinter uns und fliegen über die grüne Hügellandschaft der Atherton Tablelands. Unser Ziel liegt im Westen, hinter dem grünen Gürtel der Küstenvegetation, im roten Buschland des Outback. Während des größten Teils des Flugs lässt sich kein Zeichen menschlicher Besiedlung oder irgendeine Form von Infrastruktur erkennen.

Eine halbe Stunde später sehen wir vereinzelte weiße Gebäude; es handelt sich um die alte, 300 Einwohner zählende Goldminen-Siedlung Chillagoe. Glücklicherweise geht das Fahrwerk in die richtige Position; drei grüne Lämpchen zeigen an, dass wir keine Bauchlandung machen werden. Als die Propeller nach einer letzten Drehung zitternd zum Stillstand kommen, fährt ein Wagen auf das leere Rollfeld. Es ist noch früh am Morgen, aber schon sehr heiß.

Die Luft riecht trocken und aufgeheizt. Eine hier ansässige Krankenschwester begrüßt uns freundlich und fährt uns das kurze Stück bis zum tadellosen, 60 Jahre alten Gemeindekrankenhaus. Das Gebäude ist eine niedrige Holzkonstruktion im alten Stil, gesäumt von einer überdachten Holzveranda. Chillagoe wirkt genauso, wie ich mir eine Siedlung im australischen Outback vorgestellt hatte.

Nola, eine stämmige, ernsthafte Frau, ist die Hausmeisterin des Krankenhauses; sie heißt uns an einem gedeckten Tisch willkommen. Auf der mit einem weißen Leinentuch geschmückten Tafel gibt es neben einem Berg von Pfannkuchen Tee, Marmelade und angedickte Sahne, die hier Malanda Dollop genannt wird. In Arbeitskleidung schenkt die gastfreundliche Nola uns Tee ein und häuft Pfannkuchen auf unsere Teller.

Die Krankenhausbetten sind nicht belegt, aber Wayne wartet bereits auf den Arzt. Er trägt knappe Shorts und ein offenes ärmelloses Hemd, dem alle Knöpfe fehlen. Seinem Aussehen nach zu urteilen, ist sein Haar ist zuletzt vor Monaten, vielleicht vor Jahren, mit einem Kamm in Berührung gekommen. Er läuft barfuß; seine Füße sehen so zerschunden aus wie uralte Lederstiefel. Obwohl er ungefähr in meinem Alter sein muss, ist seine Haut durch die ständige Sonnenbestrahlung vorzeitig gealtert. Sein rechter Unterarm und das Handgelenk sind auf den doppelten Umfang angeschwollen, aber Wayne will uns nicht sagen, wie es dazu gekommen ist. Während Dr. Ross ihn untersucht, sehe ich mich im Hospital um, das wie ein Museum wirkt. An einer Wand hängt ein Plakat mit der Aufschrift:

Ernähre dich gut. Achte auf dich.
Die Folgen von zu viel Zucker, Butter, Öl,
Margarine, Limonade, Bier oder Zigaretten
sind Diabetes, Herzprobleme,
Schlaganfälle und Leberschäden.

Auf einem anderen Plakat wird ein Wochenendevent in Chillagoe angekündigt:

Freitag – Treffen der Sportler und Tanz
Samstag – alljährliches Rennen im Klub der Rasenfreunde
Samstagabend – Countrymusikgala
Sonntag – das alljährliche Rodeo

Dr. Ross hat Wayne geraten, in die nächste Stadt zu fahren und seinen Arm röntgen zu lassen, aber er will nicht auf die Ärztin hören. Da sie hier nicht viel für ihn tun kann, verlässt er uns. Nola setzt sich, um mit mir ein Tässchen Tee zu trinken und ein wenig zu schwatzen. »Wir hatten mal eine Krankenschwester, die zu Visiten herkam.« Sie blickt schnell nach links und rechts, um sicherzustellen, dass niemand lauscht. »Wayne hat sie gebeten, mit ihm auszugehen. Ich habe die Schwester gewarnt, aber, nein, sie wollte nicht auf mich hören. Sie sagte, ›er wird es nicht wagen, mich anzurühren‹. An jenem Abend kam die Schwester angewidert zurück. Ihre Bluse war zerknüllt und ihr Haar zerzaust. ›Mit dem gehe ich nicht noch mal aus. Und er wird mich auch nicht noch mal darum bitten.«

Selbst wenn ich nichts über Waynes Umgang mit Frauen wüsste, hätte ich mir kaum vorstellen können, dass eine Krankenschwester bereit wäre, sich mit ihm zu verabreden. »Er hat seine erste Frau von einem Balkon im zweiten Stock gestoßen«, flüstert Nola mir zu. »Und seine zweite Frau hat er an den Haaren über die Treppe vor dem Pub geschleift.« Sie gießt Tee nach und stapelt noch mehr Pfannkuchen auf meinen Teller. »Wayne war Bauführer; in dieser Zeit hat er drei Inspektoren von der Baubehörde zusammengeschlagen.« Sie hebt ihre Augenbrauen, um dem kleinen Skandal mehr Gewicht zu verleihen. »Man kann ihn ganz gut um sich haben, aber man darf sich nicht mit ihm streiten.«

Um die Langeweile zu vertreiben, fragt Nola herzlich: »Möchtest du dich im Ort umsehen?«

»Gern.«

Sie führt mich in die sengende Hitze, und wir klettern in den Krankenwagen, ein Modell aus dem Jahre 1950. Er sieht ein wenig wie ein amerikanischer Kleinlaster aus, den man zu einem Rettungswagen umgebaut hat. »Mein Leben lang bin ich nie weiter als Cans gekommen«, lässt sie mich wissen, als wir in der alten Kiste mit zehn Stundenkilometern dahinrattern. »Ich bin hier geboren und aufgewachsen.«

Das ist das wahre Australien, denke ich, als wir durch Chillagoe fahren. Von der Straßenkreuzung aus erstreckt es sich nicht mehr als 100 Meter in jede Richtung. Ortszentrum ist der Black Cockatoo Pub. Auf einem Schild steht »Eiskaltes Bier, freundliche Bedienung«. Die Werbung ist verunstaltet worden, jemand hat »eiskaltes« und »freundlich« durchgestrichen. Nola zeigt auf ein Gebäude. »Das ist die Stadthalle, dort finden Tanzveranstaltungen statt, da drüben ist der Laden, und das ist unser Café. Die Post befindet sich im Hotel, da ist der Metzger, dort die Bäckerei und da hinten ein Waschsalon. Gut, eh?« Auf der Straße ist kein anderes Auto in Sicht, nicht mal ein geparktes, von Verkehr kann also keine Rede sein. Die großzügige Breite und Länge der Straße unterstreicht die unheimliche Leere des Ortes. Er wirkt wie eine Geisterstadt. Man könnte mit einer Boeing auf der Hauptstraße landen, ohne dass jemand den Kopf einziehen müsste. »Die Goldmine ist vor einiger Zeit geschlossen worden, aber jetzt ziehen wieder Menschen hierher.«

»Warum?«, frage ich. Aus dem Tonfall, in dem sie das gesagt hat, geht nicht eindeutig hervor, ob die Neubesiedlung von Chillagoe eine gute oder eine schlechte Sache ist.

»Ach, weißt du, das sind Leute, die Arbeitslosenunterstützung erhalten. Sie ziehen hier raus, weil man hier billig wohnen kann und weil sie wissen, dass sie hier garantiert keinen Job finden. So können sie weiter die Stütze in Anspruch nehmen.« Sie hält vor etwas, das auf den ersten Blick wie ein gewaltiger Betonklotz aussieht. »Marmor«, sagt Nola stolz und deutet auf die graue Platte. »Und das da ist der Souvenirladen. Dort kriegst du alles, was das Herz begehrt.« Als wir uns im Laden umsehen, muss ich zugeben, dass sie Recht hat. Hier kann man tatsächlich alles bekommen, vorausgesetzt, dass einem der Sinn nach kitschigem Schnickschnack aus Marmor steht. »Fantastisch, nicht wahr?«. Nola reicht mir einen marmornen Aschenbecher, damit ich ihn bewundern kann.

»Ich rauche nicht.« Nachdem ich den Anblick lange genug genossen habe, gebe ich ihr das Kunstwerk zurück.

»Schon in Ordnung, Du musst ihn nicht kaufen. Du kannst dich hier einfach umsehen.« Sie wirft dem Besitzer einen Blick zu und sagt voller Begeisterung: »Der Waschsalon gehört ihm auch. Gut, eh?«

Was macht Nolas Freund hier den ganzen Tag? Warten, hoffen und beten, dass jemand vorbeikommt? Außer den Besuchern, die Nola mit dem Krankenwagen ankarrt, wird sich kaum jemand hierher verirren. Vielleicht hat der Ladeninhaber während des Wochenendevents in Chillagoe bessere Chancen ...

Nola steht da wie ein ganzer Kerl; ihre Daumen stecken in den Taschen der Arbeitshosen, die dreckigen Turnschuhe und das ausgeblichene grüne Hemd runden das Bild ab. Ich wette, dass man sie gut um sich haben kann, sich auch mit ihr aber nicht streiten sollte. Als sie merkt, dass ich sie anstarre, lächelt sie unschuldig und versucht, meine Gedanken zu erraten.

Da ich keinen Bedarf an Schnickschnack aus Marmor habe, steigen wir wieder in den Krankenwagen. »Ich zeige dir die Kirche.« Nola besteht darauf, dass ich mich anschnalle, selbst wenn wir bisher kein anderes Fahrzeug gesehen haben. Wir fahren auf die andere Straßenseite, obwohl es viel zeitaufwändiger ist, sich ins Auto zu setzen, sich anzuschnallen, den Motor anzulassen, sich wieder vom Sicherheitsgurt zu befreien und auszusteigen, als einfach hinüberzuschlendern. »Die Kirche ist eine Pracht, eh?« Wir stehen vor einem mit Wellblech verkleideten Gebäude. »Sie ist rundherum weiß gestrichen«, merkt meine Stadtführerin an.

»Gehst du zur Kirche?«, frage ich, als wir das rundherum weiße Wellblech-Gotteshaus betreten.

»Ach was, ich bin nicht religiös.« Nolas engagierte Führung wird unterbrochen, als ein Mann mit einem krabbenähnlichen Gang hereinkommt. In der Beuge seines kolossalen Armes sitzt ein kleines Mädchen. »Das ist unser Polizist«, klärt Nola mich auf.

Sind in Queensland eigentlich alle Polizisten so gebaut wie Anabolika schluckende Bodybuilder?

»Ist alles okay?«, fragt der Ordnungshüter, der sich über den außergewöhnlichen Umstand wundert, dass der Krankenwagen vor der Kirche parkt.

»Ja. Außer, dass wir haufenweise *lamingtons* in der Kühltruhe haben.« Nola ist glücklich, dass sie den Behörden den aktuellsten Notstand der Gemeinde melden kann. »In der Schule ist der Strom ausgefallen, und das Gebäck droht zu verderben. »Nur zwei Dollar fünfzig das Dutzend. Komm gleich vorbei, dann gebe ich dir ein paar Stücke gratis.« Draußen empfängt uns grelles Sonnenlicht und glühende Hitze. Nola schafft noch einen zusätzlichen Anreiz für den Muskelmann: »Ich setze gleich einen Tee für dich auf.«

Der Polizeijeep ist das einzige Auto, das außer unserem auf der Straße steht. Wayne war zu Fuß zum Krankenhaus gegangen, weil man ihm wegen Trunkenheit am Steuer den Führerschein entzogen hat. Ein älteres Aboriginal-Paar mit einem kleinen Kind bittet Nola, zum Hospital mitfahren zu dürfen. Es sind nur rund 200 Meter, aber sie willigt gern ein. Die drei quetschen sich neben Nola auf den Vordersitz, während ich mich auf die Rückbank zwänge. Als wir die Straße hinunterknattern, höre ich, dass sie sich über die Vorzüge eines Vierganggetriebes gegenüber einem Dreiganggetriebe unterhalten. Am Ziel angekommen, eilt Nola sofort hinter das Haus, um die *lamingtons* zu holen: Kuchenteilchen aus Biskuitteig mit einer Schokoladenglasur und Kokosraspeln. Ich warte mit den Aboriginals, die sich im Schatten der überdachten Veranda auf einer Holzbank niedergelassen haben. Allem Anschein nach ein nettes älteres Paar. »Ist das Ihr Kind?«, frage ich, um das Eis zu brechen, als der süße kleine Junge mit einem *lamington* in der winzigen Hand um die Ecke schießt.

»Nein, das ist der Sohn meines Cousins«, antwortet die Frau. »Wir haben ihn adoptiert, weil sein Vater Alkoholiker ist.«

Dr. Ross ruft den Jungen herein, und seine Tante erhebt sich, um ihn zu begleiten.

Der Mann sagt mit leiser Stimme zu mir: »Ich habe früher Schafe geschert. Mein ganzes Leben lang hatte ich mit Tieren zu tun. Jetzt bin ich im Ruhestand. Uns gefällt es hier, es ist so friedlich.« Anfänglich war er etwas reserviert, aber nun ist er warm geworden und einigermaßen gesprächig. Doch als ich zu viele direkte Fragen stelle, wird ihm unwohl in seiner Haut. »Ich werde besser mal nach den beiden sehen«, entschuldigt er sich.

Bald darauf findet auf der Veranda hinter dem Haus eine Teeparty statt; Nola zaubert eine nicht enden wollende *lamington*-Flut aus der Kühltruhe hervor. Unverfrorene Beos fliegen auf den Tisch und picken direkt vor unseren Nasen Krümel von den Tellern. Die zierliche Adoptivmutter strahlt eine altmodische Form von Eleganz aus; sie wirkt, als sei sie einst Balletttänzerin gewesen. Ihr straff nach hinten gekämmtes graues Haar wird von einem Bändchen zusammengehalten. Ohne jemanden direkt anzusprechen, sagt sie: »Also, dieses Gewitter letztes Wochenende ...« Sie schüttelt den Kopf, als sie sich das Unwetter in Erinnerung ruft. »Vier oder fünf Blitze auf einmal, die Katze hat total verrückt gespielt. Aber kein

Tropfen Regen.« Sie erwacht aus ihrem Selbstgespräch und wendet sich mir zu. «Woher sind Sie?«

»Kanada.« Ich will es nicht kompliziert machen.

»Ach, da war ich noch nie. Denken Sie bitte an mich, wenn Sie wieder dort sind. Ich würde gern mal die Kälte spüren und vor einem Kamin sitzen. Ich habe noch nie Schnee gesehen.« Damit versinkt die zarte Frau wieder in ihre eigene Welt, obwohl sie es offensichtlich genießt, mit anderen zusammenzusitzen und zu plaudern.

Jetzt macht der Polizist Konversation. »Ich habe vor ein paar Tagen eine King Brown aus einem Haus gezogen.

»Wirklich?«, fragt die fragile Balletttänzerin und erschauert. »Sie müssen verrückt sein, wenn Sie so etwas tun. Ich hasse Schlangen, besonders King Browns.« Als niemand darauf eingeht, wendet sie sich an Jarrod, unseren Piloten, der die Schlagzeilen einer Zeitung studiert. »Was ist mit Cans?«

»Es ist noch da«, antwortet er ohne aufzusehen. »Keine dramatischen Vorkommnisse.« Auf der Titelseite der *Cairns Post* prangt das Foto eines Teenagers unter der Schlagzeile:»Fahrraddiebstahl lässt Traum platzen«.

»Ich war einmal in Cans«, fügt sie noch an.

Ein älterer Mann mit strubbeligem Haar kommt aus der unbarmherzigen Sonne über die hölzernen Stufen zu uns auf die Veranda. So wie Wayne ist er barfüßig. Er macht den Eindruck, als habe er sich für diesen Besuch herausgeputzt, aber seine ehemals weiße Kleidung ist fleckig und mit rotem Staub bedeckt.

»Nun, was gibt's Neues in Chillagoe?«, fragt der Pilot, ohne von seiner Zeitung aufzusehen, als der Alte sich an ihm vorbeizwängt.

»Auf der Hauptstraße kannst du während des Berufsverkehrs eine Kanone abfeuern, ohne irgendwas zu treffen«, beschreibt der Neuankömmling die Lage. Wie der gealterten Tänzerin scheint es ihm egal zu sein, ob ihm jemand zuhört oder nicht. Durch die

Schichten einer fettigen weißen Sonnencreme, die er nachlässig auf Nase und Gesicht verteilt hat, erkennt man eine Landkarte aus violetten Äderchen. Als er seinen breitkrempigen Aussiehut abnimmt, kommt eine Glatze zum Vorschein, auf der Schweißperlen glitzern. Seine Hose wird von einem Gürtel gehalten, den er außerhalb der Schlaufen um die Hüfte geschlungen hat. Wie bei Wayne fehlen auch an seinem Hemd alle Knöpfe. Sein Nacken und seine Hände sind infolge jahrelanger Sonnenbestrahlung schrumpelig geworden.

Die zartgliedrige Ballettdame murmelt: »Gestern Abend habe ich Sex im Fernsehen gesehen. Es war widerlich. Was ist, wenn die Kinder so etwas zu sehen bekommen?«

»Ich bin mal in Cans gewesen«, nuschelt der Alte vor sich hin. »Da leben heutzutage viel zu viele Menschen, und alle haben ein Auto.« Er schüttelt den Kopf und nimmt sich einen *lamington*. »Als ich 1930 dort gewesen bin, war es in Cans noch ganz schön.« Er schluckt das Gebäck schnell herunter und setzt seinen Hut wieder auf, der am Krempenansatz permanent mit Schweiß getränkt wird. »Tja, dann werde ich mal wieder weiter in der Hitze braten.« Damit steht er langsam auf, schnappt sich noch einen *lamington* für den Weg und verschwindet im grellen Sonnenlicht.

»Er muss aufs Klo«, sagt Nola geringschätzig.

»Er nimmt keine Medikamente, außer seinem *Four-X*«, informiert uns die Tänzerin und setzt ihre Kettenraucherei mit einer weiteren Zigarette fort. »Sein Schlafzimmer ist voller leerer Bierflaschen und alter Junkfood-Schachteln.«

Woher weiß sie das?

Als könnte sie meine Gedanken lesen, fügt sie schnell hinzu: »Früher hat er unseren Rasen gemäht. Aber jetzt nicht mehr.«

»Passiert hier jemals was Aufregendes?«, frage ich die Ärztin, als niemand mehr etwas zu sagen weiß.

»Als ich das letzte Mal hier war, wurde mir ein Hund mit einem Schlangenbiss gebracht. Und davor hatten wir ein Wallaby hier, das in ziemlich schlechtem Zustand war. Um den Papierkram erledigen zu können, haben wir es ›Wallaby Smith‹ getauft. Das Tier hat sich erholt, aber es war so heiß auf Frauen, dass es die Beine der Schwestern umklammert und richtig losgelegt hat. Wir mussten es einfangen und kastrieren. Natürlich haben wir auch versucht, es auszuwildern, aber es ist uns immer wieder nach Hause gefolgt.«

Dr. Ross zeigt mir das Krankenhaus.

»Was ist hier das größte Gesundheitsproblem?«, will ich wissen.

»Alkohol. Und zwar im gleichen Maße in den Aboriginal Communitys und bei Weißen. Unter den Weißen gibt es mindestens genauso viele Alkoholiker, wenn nicht sogar mehr.«

»Und die Patienten? Kommen mehr Weiße oder mehr Aboriginals zu Ihnen?

»Ungefähr 15 Prozent unserer Patienten sind Aboriginals; dabei machen sie hier 50 Prozent der Bevölkerung aus«, antwortet sie, ohne zu zögern.

»Und warum ist ihr Anteil dann nicht höher?«

»Da wirkt vielleicht die Zeit nach, in der indigene Patienten, wenn überhaupt, nur auf der Veranda behandelt wurden. Damals hat man sie eher als Last empfunden und nicht als Menschen gesehen, die ein Recht auf medizinische Versorgung haben.«

Bevor wir zur nächsten Klinik weiterfliegen, wird uns eine letzte Tasse Tee und ein letzter *lamington* serviert. Wir sind gerade im Aufbruch begriffen, als eine Aboriginal erscheint, die zu Dr. Ross will.

Nola steckt die Daumen in die Hosentaschen und sagt: «Sprechzeit ist nur bis um eins. Es ist fünf nach eins, du kommst also zu spät. Du musst in zwei Wochen wiederkommen, wenn die Ärztin wieder hier ist.«

Wieder einmal prallen die Welt der *Aboriginal people* und die der Weißen aufeinander. Auf dem Weg zum Rollfeld fahren wir an der Frau vorbei, die barfuß am Straßenrand durch die Hitze stapft.

Ich habe es nicht geschafft, einen Platz im Postflugzeug nach Cape York zu ergattern. Via Landstraße ist Cape Tribulation der nördlichste Punkt, den man von Cairns aus erreichen kann. Der klimatisierte Minibus folgt der sich windenden Küstenstraße. Sie bietet die schönsten Ausblicke, die ich je gesehen habe. Nach einigen Stunden Fahrt setzt der Wagen mich an einem tief im Küstenregenwald verborgenen Platz ab, wo Zelte an Feriengäste vermietet werden. An der Rezeption melde ich mich gleich für eine Nachtwanderung in den Daintree-Regenwald an. Mein Zelt steht am äußeren Rand des Campingplatzes; als ich es endlich gefunden habe, lasse mich auf die Liege fallen. Nach der Fahrt im klimatisierten Bus sind die tropische Hitze und Luftfeuchtigkeit gewöhnungsbedürftig.

Als es Abend wird, hallen urzeitliche Laute durch den dampfenden, dunklen Tiefland-Regenwald.

Unser Führer für die Nachtwanderung ähnelt dem Hollywoodstar WC Fields. Er hat die gleiche riesige, violette Nase und den gleichen Bierbauch. »Sind alle abmarschbereit?«, fragt er ungeduldig.

Ein Angst erregender, schriller Schrei dringt aus dem Wald, in den wir uns gleich begeben werden. WCs rundliche Figur wirkt alles andere als Vertrauen erweckend. Um uns in der grünen Hölle sicher zu fühlen, brauchten wir wohl eher einen ganz offen redenden Harrison Ford als einen witzelnden WC Fields. Zwölf Touristen versammeln sich um ihn: Ein holländisches Ehepaar mit zwei Kindern, ein junger Amerikaner, diverse Rucksackreisende aus England, ein deutsches Paar und ich. Bei genauerem Hinsehen entdecke ich auf vielen Gesichtern einen sorgenvollen Ausdruck.

WC rüstet jeden von uns mit einer Stirnlampe aus; sie ist an eine schwere Batterie an einem Gürtel angeschlossen, den wir um unsere Hüften schlingen. »Wenn ich euch etwas zeige, müsst ihr auf der Stelle stehen bleiben und genauestens auf mich achten. Hier im tropischen Tiefland-Regenwald lauern jede Menge Gefahren, die ihr, im Gegensatz zu mir, nicht kennt.«

Wir scharen uns ein wenig dichter um ihn und werfen verunsicherte Blicke in den unheimlichen Dschungel.

»Das ist zum Beispiel ein Gympie-Gympie oder Stinging Tree, ein Brennnesselgewächs.« Der Strahl seiner Lampe fällt auf einen Busch. »Die Blätter sind mit klitzekleinen hohlen Härchen bewachsen und wurzeln in einer Verdickung, die einen Reizstoff enthält. Dieser besteht aus Ameisen- und Essigsäure, Histamin und mindestens noch aus einem anderen, nicht identifizierten Schmerz erregenden Stoff.« WC rattert sein auswendig gelerntes Programm herunter. »Wenn ihr die Blätter streift, dann dringen die Härchen wie feine Glassplitter in eure Haut und injizieren dabei etwas von dem Reizmittel. Zuerst«, er sieht die Kinder an, »juckt es nur. Dann formen sich riesige *Blasen* auf eurer Haut, und im dritten Stadium« – er reißt seine stechenden Augen weit auf und beugt sich zu den Kindern vor – »leidet ihr unter *starken* stechenden Schmerzen, die Stunden, Tage, Wochen oder sogar *Monate* anhalten können. Erwachsene reagieren nicht so empfindlich wie *Kinder*.« Er sieht nicht nur so aus wie WC Fields, er scheint auch dessen Aversion gegen Nachwuchs zu teilen. Jetzt beugt er sich noch weiter vor und bringt seine purpurne Nase mit ihren kleinen Gesichtern auf gleiche Höhe. »Ihr seid nicht so groß wie ich, und eure Körper vertragen das Gift weniger als meiner. Ihr habt Glück, wenn ihr nicht daran *sterbt*. Also haltet die Augen offen und tut *genau* das, was ich sage!«

Wir passen gut auf, wo unsere Füße landen, als wir den ausgetretenen Pfand entlangstapfen. Niemand sagt ein Wort.

»Hier wachsen auf einem Hektar über 120 verschiedene Baumarten, mehr, als in ganz Europa existieren.« Er führt uns tiefer in den Regenwald. Der Lichtkegel seiner Stirnlampe bescheint das Gewirr der Vegetation über uns; nach einem theatralischen Schwenk fällt er auf ein Rankgewächs, das in großen Schlingen zwischen den Bäumen herunterhängt. »Das ist eine Liane.« Er lässt den Lampenstrahl an einem Baumstamm rauf und runter wandern. »Und was sich da um den Baum herumwindet, ist eine *Würge*feige.« Mit einem bereits durchweichten Taschentuch wischt er sich den Schweiß vom Gesicht.

Trotz der tropischen Hitze habe ich eine Jeans angezogen und die Hosenbeine in meine Stiefel gesteckt. Wer nur Shorts und Sandalen trägt, lässt das Licht seiner Lampe jetzt über seine Beine wandern, um zu sehen, ob Skorpione oder gigantische Tausendfüßler an ihnen hochkriechen. Als wir dem Pfad weiter folgen, durchdringen immer wieder Lichtstrahlen die Dunkelheit. So können wir hoffen, dass wir die Kreaturen des Dschungels entdecken, bevor sie uns sehen. Aus jeder Richtung ertönen befremdende Schreie. Während wir eher nach großen, gefährlichen Tieren Ausschau halten, ist WC besonders von Grillen fasziniert. Er kennt fünf verschiedene Arten und hält einen einschläfernden Vortag über ihre Genealogie. Sein Geschwafel hat uns gerade eingelullt, da bleibt er abrupt stehen und ruft laut ›*Vorsicht!*‹. Dann bückt er sich, fängt geschickt eine Schlange, die direkt vor seinen Füßen liegt, und wedelt mit dem Tier wie ein Wilder vor unseren Gesichtern herum.

»Ha, ha«, lacht er, nachdem wir den Schrecken knapp überlebt haben. »Nur eine Gummischlange!« Bevor er weitergeht, versteckt er sie wieder neben einem Baumstamm, wo sie zusammengerollt auf die nächste ahnungslose Gruppe wartet.

Wir sind nun etwas wachsamer als vorher. Als WC wieder stehen bleibt und auf einen Baum deutet, rotten wir uns zusammen, um uns vor seinen plumpen Schuljungenwitzen zu schützen. »Der Kasuar-Pflaumenbaum ist für uns giftig, aber nicht für die Kasuare«, sagt er zu den Kindern. »Seid vorsichtig wegen der Kasuare, denn hier treiben sich immer welche herum. Sie können *aggressiv* werden. Da sie größer sind als wir, streckt ihr am besten die Hände in die Höhe. Ihr solltet dabei etwas in den Händen halten, zum Beispiel einen Fotoapparat. Versucht so groß und so Furcht einflößend auszusehen wie irgend möglich.« Die Frau neben mir löst den Tragegurt ihrer Kamera von ihrem Hals und macht sich bereit, den Apparat über ihren Kopf zu halten, falls wir auf einen der australischen Riesenvögel stoßen sollten. Wir warten darauf, dass WC einen riesigen Gummikasuar hinter dem Baum hervorzieht und ihn uns vor die Nase hält, aber er verzichtet auf diesen Gag.

Wir sind ein kleines Stück weiter vorgedrungen, als mein Blick auf ein ungefähr einen Meter langes Etwas fällt, das sich an eine herunterhängende Liane klammert und wie ein brauner Leguan aussieht. »Äh, WC, hier ist so eine Art Eidechse«, rufe ich, unsicher, was ich da vor mir habe – es könnte ja auch ein Gummitier sein.

»Ach ja«, klärt WC uns auf, »das ist ein Boyd's Forest Dragon, ein kleiner *Drachen.* Wir leuchten mit unseren Lampen in die Augen des Tiers und erstarren beim Anblick des sonderbaren Reptils. Wir wissen nun, dass sich manche Kreaturen hervorragend tarnen können, sogar Drachen.

Der amerikanische Teenager ist schwer begeistert von unserem nächtlichen Spaziergang und stellt unablässig Fragen. WC sagt so oft: »Das erkläre ich dir später«, dass der enttäuschte Junge sich schließlich die Bemerkung nicht verkneifen kann: «Inzwischen hat sich aber einiges angesammelt, das Sie mir später erklären wollen.«

WC verlässt den Pfad und lehnt sich an einen Baum. Er ist gerade dabei, über einen esoterischen Aspekt des Dschungels zu referieren, als eine gigantische Spinne aus dem Dach des Waldes herabstürzt und vor den beiden Kindern auf- und ab federt. Entsetzt machen die zwei einen Satz nach hinten. »Ha, ha«, lacht WC, als die Zwerge sich schreiend an die Beine ihrer Eltern klammern. »Das ist zwar eine Vogelspinne, aber sie ist nur aus Gummi, genauso wie die Schlange eben. Ha, ha.« Er zieht an einem Faden und hievt die Gummispinne wieder hoch, bis sie im Astwerk verschwindet. »Ich mache diese Führungen schon seit *Jahren* und muss dafür sorgen, dass ich ein bisschen Spaß dabei habe. Ha, ha.«

Der Kerl hat sie eindeutig nicht alle. Eine Dschungelwanderung macht er zu einem Gang durch ein Gruselkabinett. Man hat ihn vor ein paar Jahren mit einem Ökotourismuspreis geehrt; aber das muss zu einer Zeit gewesen sein, als er seine fünf Sinne noch beisammen hatte. Jetzt bleibt er wieder stehen und hält einen Finger vor die zusammengepressten Lippen. »Schhh ...« Wir lauschen aufmerksam dem, was wie ein Vogel klingt. »Wo kommen die Laute her?«, flüstert WC. Wir zeigen alle in verschiedene Richtungen, dann zieht er ein kleines Gerät aus der Hosentasche. »Ha, ha, sie kommen aus meiner *Tasche. Reingelegt*!«

100 Meter weiter entdeckt er im Buschwerk über unseren Köpfen eine dünne grüne Baumschlange. Sie bewegt tatsächlich den Kopf, daher gehen wir davon aus, dass sie echt ist – es sei denn, sie ist aus Gummi und zum Aufziehen. »Es handelt sich um eine gewöhnliche Baumschlange. Sie zu finden ist ein Kinderspiel«, behauptet WC, »aber es ist verdammt schwierig, sie dort festzubinden.« Als er sich den Schweiß von den Brauen wischt, wirkt er ein wenig angeschlagen. »Ich bin gestern an einer Flasche Rotwein hängen geblieben, und das spüre ich jetzt.«

Als wir weiter vorwärts dringen, erklärt er uns: »Die Wissenschaftler haben bisher nur zehn Prozent der Regenwaldflora bestimmt. Möglicherweise gibt es drei Millionen verschiedene Pflanzen, und es kann sein, dass manche so selten sind wie Äpfel von

Schaukelpferden. Betrachtet all die Schlingpflanzen, die sich um die Stämme winden! Fällt euch daran was auf?«

»Ja«, antwortet der junge Amerikaner. »Sie winden sich gegen den Uhrzeigersinn um die Bäume. Auf der nördlichen Halbkugel ist es genau anders herum.«

»Und warum?«, fragt WC. Am liebsten möchte er den Teenager ignorieren, der ihm offensichtlich auf die Nerven geht. Mit einem Brooklynakzent erklärt der junge Amerikaner das Phänomen, bevor WC Gelegenheit erhält, seine Frage selbst zu beantworten.

»Man nennt das den Corioliseffekt. Wasser, das in der nördlichen Hemisphäre durch ein Abflussrohr fließt, rotiert im Uhrzeigersinn. Hier dreht es sich gegen den Uhrzeigersinn. Das liegt an der Erdrotation.«

»Woher weißt du das?«, frage ich im Flüsterton.

»Ich lese Bücher über die Phänomene der Natur.«

Wir gehen zurück zu den Zelten. WC ist wackelig auf den Beinen; er sieht aus, als habe er einen gehörigen Kater. Ich trotte als Letzter hinter der Gruppe her. Plötzlich sehe ich – oder meine zu sehen –, wie nur ein paar Meter neben dem Weg eine Schlange im Unterholz verschwindet. Die anderen müssen direkt an ihr vorbeigegangen sein.

»Halt, WC, ich glaube, ich habe eine Schlange gesehen!« Ich bin nicht sicher, ob ich mir das nur einbilde. Jedenfalls habe ich nicht den Eindruck, dass es sich um eine Gummischlange handelt. Was immer es war, es hat sich eindeutig bewegt, also ist es auch nicht festgebunden ...

Meine Weggefährten bleiben so ruckartig stehen, als seien sie gegen eine Glastür gelaufen. WC eilt zu mir. »Wo?«, fragt er ungläubig.

Ich wage mich ins Gestrüpp. Die Schlange ist verschwunden, aber ich habe beobachtet, in welche Richtung. WC folgt mir. »Da!« Ich grabsche nach seinem Hemd und deute auf den mittleren Teil eines braungelben Körpers, der schwach in Regenbogenfarben schimmert, als das Tier gemächlich weiterzieht. »Ah ja«, ruft WC aus, »das dürfte eine Amethystpython sein, und eine *verdammt* große dazu!« Die Schlange gleitet ins Unterholz, doch an einer lichten Stelle ist plötzlich ihr Kopf zu sehen. WC – das muss man ihm zugute halten – schneidet dem Reptil den Weg ab. Er krabbelt auf Händen und Knien herum und tut so, als würde er versuchen, sich die Schlange zu schnappen, und als gelänge es ihm einfach nicht, seinen massigen Körper in die richtige Position bringen. »Die muss *fünf, fünfeinhalb Meter* lang sein«, verkündet er. Wie ein Frosch hüpft er dem Tier nach, überholt es und lauert ihm wieder auf. »Ihr müsst vorsichtig sein. Sie ist zwar nicht *giftig*, aber sie beißt, wenn sie *angegriffen* wird. Ich habe den Eindruck, dass WC die sich langsam fortbewegende Python fangen könnte, wenn er es wirklich wollte. »Bringt die Kinder in Sicherheit! Eine Schlange wie die hier kann sie in *einem Stück* verschlingen!« Die Kinder umklammern wieder die Beine ihrer Eltern. Jedes Mal, wenn WC das Tier vom Boden pflücken könnte, findet er eine neue Ausrede. »Zu schlammig hier, ich könnte ausrutschen.« Oder: «O je, jetzt ist sie wieder im Gestrüpp verschwunden!« Oder: »O, o, hier ist alles voller Dornen. Da möchte ich nicht hingeraten, wenn sich eine fünfeinhalb Meter lange Python um mich schlingt!«

Jedenfalls ist es ein atemberaubendes Erlebnis, auch wenn der füllige WC keine Lust hat, sich das monströse Reptil zu schnappen. Aber das kann man ihm kaum vorwerfen.

Die Begegnung mit der Python hat nur 30 Meter von meinem Zelt stattgefunden, das ganz am Rand des Platzes steht. Die imposante Schlange müsste also nur ein paar Mal so weit kriechen, wie sie lang ist, dann könnte sie ihren Kopf in meine Behausung stecken und die Zunge nach mir ausstrecken. Mein Zelt steht zwar einen Meter über dem Boden auf einer Plattform, aber das beruhigt mich nicht. Wenn ich die wenigen Stufen bewältigen kann, dann schafft eine fünfeinhalb Meter lange Python das auch. »Die Amethystpython ist die größte Schlange Australiens. Ab und zu treibt sie sich auf der Suche nach *Nahrung* in von Menschen bewohnten Gebieten herum«, verstärkt WC meine Paranoia.

Ein alarmierendes Gejodel gellt durch den Wald; es klingt, als würde ein Kasuar mit einer Klaviersaite erwürgt. »Ah, die Reinwardt-Hühner sind aufgewacht. Wir müssen sie gestört haben.« WC wischt sich wieder den Schweiß von den Brauen. Er kann es kaum erwarten, wieder im Camp zu sein und in aller Ruhe ein Schlückchen von dem zu sich zu nehmen, was seine Kopfschmerzen verursacht hat.

Ich hatte mein Leinenzelt sorgfältig verschlossen, damit die Mosaikschwanzratten nicht hineinkommen können, aber ich habe nicht auf den Rat des Campingplatzmanagers gehört und ein halbes Dutzend Bananen darin liegen lassen. Jetzt sehe ich, dass nicht nur die Bananen angenagt sind, sondern dass die Tiere auch die Tube mit der nach Minze schmeckenden Zahnpasta zerbissen haben, was eine ziemliche Sauerei zur Folge hat. Die kleinen Ratten haben alle Plastikbeutel in meinem Rucksack durchsucht. Zum Glück besitze ich weder einen Lippenstift mit Kirschgeschmack noch Shampoo mit Apfelduft oder gar nach Erdbeeren schmeckende Kondome. Erschöpft von der abendlichen Wanderung krieche ich in meinen *swag*, einen Schlafsack mit integrierter Isomatte, und gebe mir Mühe, nicht daran zu denken, dass, wenn die Ratten in mein Zelt eindringen konnten, dies auch für eine Python nicht schwer sein dürfte. Als ich einschlafe, rutscht meine Hand über die Bettkante und baumelt wie ein Köder über dem Boden.

Das »Alternative Busreisenetzwerk für Rucksacktouristen und Gleichgesinnte« fährt nicht über den *Black Stump* hinaus in das

Outback von Cairns, denn dort mangelt es an Partyhöhlen, an denen man Halt machen kann. Eigentlich mangelt es an allem, für das es sich lohnen würde, Halt zu machen.

Der silberne Bus mit dem sich über die ganze Seite erstreckenden Windhundlogo parkt mit eindrucksvollem Getöse in die ausgewiesene Bucht am Busbahnhof von Cairns ein. Die Druckluftbremsen zischen vernehmlich, als sich die hydraulische Tür öffnet und der Busfahrer mit dem wichtigtuerischen Gehabe eines Linienpiloten aussteigt. Abgesehen von den ebenso engen wie kurzen Shorts und den weißen Kniestrümpfen, sieht er mit seinem gebügelten weißen Hemd, den goldenen Schulterklappen, der schwarzen Krawatte und den auf Hochglanz polierten schwarzen Schuhen tatsächlich wie ein professioneller Flugkapitän aus. Er reißt sich die Ray-Ban-Piloten-Sonnenbrille aus dem Gesicht und blinzelt mit entrücktem Blick, als stehe er im grellen Sonnenlicht und nicht im Schatten des Busbahnhofs. Dieser Greyhound-Kapitän ist ganz das Gegenteil zum Fahrer des Alternativen Busreisenetzwerks. Der einzige Unterschied zwischen dem schäbig gekleideten alternativen Chauffeur und seinen Rucksacktouristen sowie Gleichgesinnten, die allesamt Sandalen und fleckige T-Shirts trugen, bestand darin, dass er einen Personenbeförderungsschein hatte und vielleicht ein paar Jahre älter war.

Um die Analogie mit einer Airline komplett zu machen, wird mein Rucksack an einem Check-In-Schalter gewogen und mit selbstklebenden Banderolen versehen, bevor er verladen wird. Sehr beeindruckend. Auch in dieser Hinsicht unterscheidet sich das Greyhound-Unternehmen deutlich vom Alternativen Busreisenetzwerk, wo wir Stunden mit der Suche nach verlorenen Rucksäcken verbrachten, die unterwegs aus dem unverschlossenen Gepäckraum gefallen waren. Ein paar Tage nach unserer Abfahrt hatte der Fahrtwind eine Dachluke weggepustet, ohne dass der Fahrer oder die alternativen Passagiere etwas bemerkt hätten. Der Chauffeur hatte einen gewaltigen Kater und die Reisenden schliefen tief und fest. Von da an wurden die Gleichgesinnten, die im hinteren Teil des Busses saßen, bei jedem Regen nass bis auf die Knochen.

Der Greyhound bringt uns die Küste hinunter nach Townsville, wo ich umsteigen will, um ins Outback zu gelangen. Ich habe mit voller Absicht den Fensterplatz 1A gebucht, der sich ganz vorn im Bus befindet. Hier kann ich auch die Aussicht durch die Windschutzscheibe genießen und sehe, was auf uns zukommt. Außerdem kann ich den Fahrer hören und meinen Kopf ans Fenster lehnen, wenn ich schlafen will.

Die schweren Motoren heulen auf, der Bus parkt rückwärts aus, und wir machen uns zur vorgesehenen Abfahrtszeit auf den Weg. Dem Greyhound-Fahrplan entnehme ich, dass der Bus auf dieser Route 4.000 Kilometer zurücklegen wird, die Fahrt dauert insgesamt ungefähr 54 Stunden. Ich habe nur eine 35-stündige Reise vor mir, da ich in Alice Springs aussteige.

Ich betrachte meine Mitreisenden. Zwei dänische Mädchen sitzen auf der anderen Seite des Ganges und lesen in der Zeitschrift *Cosmopolitan* einen Artikel über Geschlechtsumwandlung. Eine fesselnde Lektüre, mit ziemlich delikaten Fotos illustriert. Ich bemühe mich möglichst unauffällig um einen besseren Blickwinkel. Der Aussie neben mir liest eine Rugby-Zeitschrift. Die Fotos darin sind lange nicht so delikat, dafür ist die Lektüre alles andere als fesselnd.

Erst als sich unser Fahrer zu Wort meldet, höre ich auf, nach den Schwarz-Weiß-Fotos von auf Bestellung angefertigten weiblichen Geschlechtsorganen zu schielen. »Guten Tag, meine Damen und Herren. Ich begrüße Sie an Bord des Greyhound-Busses 438 nach Adelaide via Alice Springs. Mein Name ist Greg, ich bin Ihr Buskapitän. An Bord dieses Busses ist das Rauchen und der Konsum von Alkohol oder Drogen gesetzlich verboten.« Ein weiterer markanter Unterschied zum Alternativen Busreisenetzwerk.

»Die Bestimmungen des Gesundheitsamtes verbieten es, dass heiße Speisen oder Molkereiprodukte an Bord verzehrt werden«, fährt der Kapitän der Landstraße fort. »Bitte stellen Sie sicher, dass Sie immer Schuhe tragen. Wenn Sie den Bus barfuß verlassen und sich eine Schnittwunde zufügen, ist es Ihnen nicht gestattet, wieder an Bord zu kommen. Den Oberkörper zu bekleiden ist obligatorisch. Was Sie in dem Bereich zwischen dem Oberteil Ihrer Bekleidung und Ihren Füßen tragen oder nicht tragen, ist nicht durch Bestimmungen reguliert und obliegt Ihrem Ermessen.« Er klingt wie ein Rektor, der salbungsvoll die rätselhaften Verhaltensregeln einer Schule erklärt.« Bitte verschließen Sie nicht die Düsen der Klimaanlage über Ihnen; das würde zu einem Luftstau führen, der die Bildung von Kondenswasser zur Folge hätte.« Trotz der laufenden Klimaanlage ist es warm in Bus. »Hinten im Bus befindet sich eine Toilette. Bitte benutzen Sie diese nur im Notfall.« Zumindest haben wir eine. Er geht eine Liste von Dingen durch, die wir tun oder nicht tun dürfen. »In ein paar Minuten werden wir an der Papaya-Fruchtfliege-Kontrollstation halten. Um die Verbreitung der Papaya-Fruchtfliege zu verhindern, ist es untersagt, Früchte aus der Region, aus der wir kommen, auszuführen. Wenn Sie irgendwelches frisches Obst bei sich haben, dann sollten Sie es jetzt essen oder sich dessen entledigen. Falls Sie sich weigern sollten, Ihr Gepäck zu öffnen, können die Inspektoren Sie aus dem Bus werfen, Sie mit einer Geldstrafe belegen oder ins Gefängnis stecken. Und glaubt mir, Leute, sie haben das schon getan.«

»Nur, weil man Obst bei sich hat?«, wundert sich eines der dänischen Mädchen und legt ihre Zeitschrift zur Seite.

Der Fahrer hat ihre Bemerkung gehört. »Die Fliege stellt für Obstplantagen eine genau so große Gefahr dar wie die Maul- und Klauenseuche für Rinder und Schweine. Es mag Ihnen albern erscheinen, aber für die Farmer ist es eine ernste Angelegenheit.«

Mein Nachbar wartet eine Weile, und als er denkt, dass der Fahrer nicht zuhört, flüstert er mir zu: »Die australische Papaya-Fruchtfliege kann überhaupt nicht über Staatsgrenzen fliegen.«

Wer dachte, es wäre schlau, massenhaft frisches Obst mitzunehmen, um den Verzehr fettiger Raststättenspeisen auf ein Minimum zu reduzieren, muss sich nun entweder auf der Stelle damit voll stopfen oder hinnehmen, dass seine Bemühungen, gesund zu bleiben, für die Katz sind. Bei der Kontrollstation halten wir neben einem Wagen mit lauter Rentnern darin. Wie besessen versuchen die Senioren, Mangos zu verdrücken, die sie nicht wegwerfen wollen. »O Mann, die werden bald die Rennerei kriegen«, merkt unser Buskapitän an. Er sollte sich seinen Spott lieber sparen. Wir haben so viele Früchte hinuntergeschlungen, dass auch wir bald in akuter Darmentleerungsnot in den hinteren Teil des Busses rennen.

Als wir weiterfahren, schaltet unser Kapitän ein Video ein. Die Mattscheibe ist im vorderen Teil des Busses über dem Mittelgang installiert. Während der Fahrt durch die monotone Buschlandschaft gibt es außer Straßenschildern kaum etwas zu sehen.

Zwei Mel-Gibson-Actionfilme später laufen wir in den Busbahnhof von Townsville ein. Diejenigen, die sich an der Quarantänestation große Mengen Obst einverleibt hatten, machen sich umgehend auf den Weg zu den öffentlichen Nicht-Notfall-Toiletten. Während ich nervös in einem lärmerfüllten Vorraum auf eine freie Kabine warte, fällt mein Blick auf zwei nebeneinander hängende Kondomautomaten. Die Marke *Savage Bliss* hat »aufgeraute Seitenflächen für stärkere Stimulation«. Die Alternative zu *Savage Bliss* besteht in der Marke *Slim Fits*, die im benachbarten Automaten feilgeboten wird und die, so nehme ich an, für Männer mit einer Miniaturausgabe gedacht ist.

2 Das Zentrum

Unsere Fahrgemeinschaft, die bald in die endlosen und leeren Räume des Outback eintauchen wird, ist ein bunt gemischter Haufen. Die Rucksacktouristen und Gleichgesinnten tragen ausnahmslos die internationale Uniform der Rucksackreisenden: coole, ausgebeulte Klamotten und Sandalen. Zu den Greyhound-Passagieren zählen dagegen viele waschechte Australier, die in das Outback fahren, um nach Hause zurückzukehren oder um Arbeit zu suchen. Merkwürdig – obwohl es glühend heiß ist, haben alle Aussies Wollsachen dabei: Mützen, Handschuhe, Pullover und dicke Schlafsäcke.

Es ist tropisch heiß und schwül, als wir in Townsville wieder in den Bus steigen. Kurz darauf sausen wir durch die Wüste, wie Astronauten, die in die unendlichen Weiten des Weltraums katapultiert werden. Die Badestrände von Cairns, die Gold- und die Sunshine-Küste liegen weit hinter uns. Als die Sonne untergeht, schaltet der Buskapitän die Videoanlage ein. Ich ignoriere den flimmernden Bildschirm. Die trockene Savanne und die dunklen Silhouetten der Bäume, die sich gegen schnell wandernde, glühende Wolkenfetzen abzeichnen, erinnern mich an Ostafrika. Als die Sonne hinter dem Horizont versinkt, wird es schnell dunkel. Die gezackte Linie eines sich ausbreitenden Buschfeuers, das an den Hängen eines weit entfernten Hügels wütet, ist der einzig sichtbare Bezugspunkt. Die wenigen, von Neonröhren beleuchteten Siedlungen, durch die wir fahren, wirken aufgrund der sie umgebenden tiefschwarzen Dunkelheit noch trostloser. Das Gefühl der Leere wird nur selten durch das wuchtige Geratter eines bulligen Lasters unterbrochen, der mit diversen Anhängern in die entgegengesetzte Richtung donnert. Sie sehen genauso aus, wie sie heißen: Road Trains, Züge der Landstraße. Australien entspricht immer mehr den Vorstellungen, die ich mir von dem Kontinent gemacht hatte.

Es gibt nicht viel zu sehen; nur hin und wieder durchdringen die Scheinwerfer des Busses die alles verschlingende Dunkelheit. Ein Känguru hüpft auf die Straße, wird von den Scheinwerfern geblendet und bleibt wie angewurzelt stehen. Der Fahrer denkt gar nicht daran, zu bremsen oder auszuweichen. Ein dumpfer Knall schreckt mich auf, als das Tier von dem am Kühler angebrachten Kängurugitter niedergestreckt wird. Unser Buskapitän verzieht keine Miene, als sei nur ein Insekt an der Windschutzscheibe zerplatzt. Als die beiden Däninnen das arme Geschöpf, das gerade von uns zermalmt wurde, vernehmlich bedauern, meint er: »Es ist zu gefährlich, *Skipps* wegen zu bremsen oder ihnen auszuweichen.«

Die niedrigen Nachttemperaturen in der Wüste und die auf vollen Touren laufende Klimaanlage bewirken, dass es im Bus empfindlich kalt wird. Eines der Zehn Gebote unseres Kapitäns lautet: Du sollst die Luftdüsen der Klimaanlage nicht verschließen. Da ich im tropisch heißen Townsville nicht vorausgedacht habe und nur mit Sandalen, einem T-Shirt und einer Shorts bekleidet bin, friere ich jetzt. Die Aussies, die in der schwülen Hitze mit Kissen, Decken und Schlafsäcken bewaffnet eingestiegen sind, wussten genau, was sie taten. Mein australischer Nachbar setzt nun seine Wollmütze auf, zieht einen dicken Pullover über und kuschelt sich behaglich in eine warme Decke. Obwohl die Temperaturen in Gefrierpunktnähe abrutschen und ich mich fühle, als säße ich aufrecht in einem Kühlschrank, schlafe ich ein.

Als ich aufwache, ist alles still. Der Bus steht mit abgestelltem Motor hinter einer Reihe von Road Trains, mitten im Niemandsland. Dann höre ich, wie der Fahrer in sein Handy spricht; wahrscheinlich telefoniert er mit der Greyhound-Zentrale. »Ein Unfall – ein Road Train ist von der Fahrbahn abgekommen. Sie ziehen gerade die Zugmaschine aus dem Graben. Sieht aus, als kassierten wir ein paar Stunden Verspätung.« Er öffnet die Tür, damit wir uns die Füße vertreten können. »Sie können ruhig eine Zigarettenpause machen.«

Mit Erlaubnis des Kapitäns öffne ich die Klappe des Gepäckabteils und entnehme meinem Rucksack einen Pullover, eine Jeans, Stiefel und meinen Schlafsack. Endlich warm angezogen, entferne ich mich von dem Bus und von meinen rauchenden Mitreisenden, die einen Kreis gebildet haben und sich unterhalten.

Ein Stück silberner Mond hängt strahlend am schwarzen Himmel. Obwohl nur ein kleiner Splitter, wirft er doch genug Licht in die Wüste, dass ich die schattigen Umrisse der gut 20 Road Trains erkennen kann, die vor unserem Bus stehen. Ich atme tief durch und rieche die trockene Luft und die staubige Erde. Insektengezirpe unterstreicht die Stille. Ich bin versucht, an Grillen zu denken, aber da es in Australien ungefähr 100.000 Insektenarten gibt und nur 2.000 davon Grillen sind, könnten auch andere Kreaturen diese Geräuschkulisse verursachen. Das unbewohnte Outback des trockensten Kontinents unserer Erde entspricht mehr als der tropische Regenwald und sogar mehr als das Great Barrier Reef dem Australien, das ich mir vorgestellt hatte.

Der spontane nächtliche Spaziergang durch die Wüste ist ein unverhoffter Bonus. Ich schlendere an den mechanischen Dinosauriern vorbei, deren Umrisse vom schwarzen Sternenhimmel abstechen. Viele der drei Anhänger langen Road Trains sind mit bunten Lichterketten geschmückt; sie strahlen wie Weihnachtsbäume, während andere wie dunkle Riesen wirken. Hier und da läuft ein Motor, um Strom für Kühlaggregate zu erzeugen. Manche der LKW haben eine viereckige Front, andere so aerodynamische Kurven wie ein schnittiger Pkw. Vor den Kühlern aller Zugmaschinen prangen massive Kängurugitter. Der untere Bereich der Windschutzscheiben ist durch Drahtgitter gegen Steinschlag geschützt, und am Dachrand befestigte Visiere dienen als Sonnenblenden. So haben die Fahrer nur durch relativ schmale Schlitze freie Sicht auf die Straße. Sie müssen sich vorkommen wie Ritter, die durch das heruntergelassene Visier eines Helms blicken. SSB-Funkgeräte pfeifen: Die Trucker informieren sich gegenseitig über den Stand der Aufräumungsarbeiten am Kopf der Lastwagenschlange. Das rege Treiben dort wird von Abschleppwagen mit pulsierenden gelben Warnlichtern und dem Blaulicht der Polizei beleuchtet. Die Retter haben bereits drei unbeladene Viehtransportanhänger aus dem Graben gezogen und sind nun dabei, die Zugmaschine auf die Straße zu hieven. Ein Mann beobachtet die Arbeiten. Wahrscheinlich handelt es sich um den Fahrer; die Verbände an seinem Kopf sind blutgetränkt. Die Straße macht an dieser Stelle eine leichte, ganz leichte Biegung. In allen anderen Teilen der Welt würde man diese kaum wahrzunehmende Krümmung wahrscheinlich nicht einmal als Biegung bezeichnen, denn die Fahrbahn weicht nur ein paar Grad von ihrem vorherigen Verlauf ab. Aber hier, wo die Straßen über hunderte, ja sogar tausende von Kilometern so gerade verlaufen wie ein Breitengrad, reicht eine minimale Richtungsänderung aus, um einen übermüdeten Fahrer und seinen Road Train in den Graben zu befördern.

Als die kraftstrotzenden Motoren der Laster aufheulen, renne ich durch das Mondlicht zurück. Im selben Moment, da ich den Bus erreiche, setzt sich der Road Train vor uns mit einem Zischen der Druckluftbremsen in Bewegung. Was wäre passiert, wenn ich nicht rechtzeitig zurückgekommen wäre? Hätte ich weltweit für Schlagzeilen gesorgt, wie die beiden Taucher, die am Great Barrier Reef vergessen wurden? »Kanadier von nichts ahnendem Geyhound-

Kapitän in der Wüste des Outback zurückgelassen.« Bei den Tagestemperaturen, die hier herrschen, hätte ich vielleicht weniger Überlebenschancen als die beiden Amerikaner, als sie im Meer vor der Ostküste trieben. Ich hätte mich natürlich an die Straße stellen und meinen Daumen in den Wind halten können, um mich trampend in Sicherheit zu bringen. Im Laufe des Tages wäre sicher irgendjemand vorbeigekommen.

Es ist ein seltsames Gefühl, so lange auf einer schnurgeraden Straße zu fahren, ohne dass man einen Bezugspunkt hat. Es ist, als wenn man in Ohnmacht fällt. Auch das Sterben stelle ich mir ähnlich vor, die Reise der Seele von dieser Welt in die nächste. Unser Buskapitän bringt uns zu unserem Ziel. Reglos sitzt er da, gottähnlich und allmächtig. Seine Silhouette zeichnet sich gegen den Lichtkegel ab, der die Straße erleuchtet. Ich frage mich, woran er denkt. Was immer es sein mag, er hat die ganze Nacht Zeit, darüber zu sinnieren.

Ein pinkfarbener Wüstensonnenaufgang färbt Termitenhügel, die wie Festungen aussehen; sie leuchten, als würden glühende Kohlen in ihnen brennen. Straßenschilder warnen vor 50 Meter langen Road Trains oder weisen auf Stellen hin, an denen die Strecke während der Regenzeit überflutet werden könnte. Ich kann mir nur schwer vorstellen, dass sich in dieser Gegend Überflutungen ereignen können. Woher soll das Wasser kommen? Wohin soll es abfließen? Kann dieser makellose Himmel je eine andere Farbe haben als Kobaltblau?

Unser Kapitän starrt benommen durch die Windschutzscheibe, die sich in ein Kaleidoskop aus aufgeplatzten Bäuchen, Brustkörben, Köpfen, Beinen, Flügeln und Innereien von Insekten verwandelt hat. An dem gigantischen Scheibenwischer hängt ein zerschmetterter Vogel. Als wir mit zerzaustem Haar in der Bergbaustadt Mount Isa aussteigen, hat unser heroischer Buskapitän zwölf Stunden hinter dem Steuer gesessen. Ich vermute, dass er nun schlafen geht und durch einen anderen ersetzt wird. Ein Mechaniker fährt den Bus weg, damit er gereinigt und gewartet werden kann.

Bei Tagesanbruch werden wir von Millionen lästiger Fliegen umschwärmt. Sie lassen sich auf unseren Gesichtern nieder und kriechen in Nasenlöcher, Ohren und Augen. Wir vollziehen das australische Winken, eine permanente seitliche Wischbewegung mit der Hand vor dem Gesicht, die als königlicher Gruß durchgehen könnte. Als ein Road Train vorbeibrettert, erheben sich hunderte aufgeschreckter Galahs in die Luft, die hier so allgegenwärtig sind wie die Fliegen. An jedem anderen Ort der Welt würde so eine Horde rosafarbener Kakadus Aufsehen erregen. Ich bin aufgeregt wie ein Kind und kann nicht anders, ich muss bei diesem Anblick lächeln.

Unsere nächste große Haltestelle wird Tennant Creek sein, eine weitere Bergbaustadt, die wir um sechs Uhr abends erreichen sollen. Sie liegt etwas südlich von der Kreuzung, an der die von der Ostküste kommende Ost-West-Route auf die Nord-Süd-Route trifft, die mitten durch das Zentrum des Kontinents führt. Ein Schild warnt: Keine Tankstelle auf den nächsten 278 Kilometern. Die Landschaft wird zu einer flachen Savanne und die Straße zu einer holperigen, einfach versiegelten Piste, die von roter Erde gesäumt ist. Wenn uns ein Road Train entgegenkommt, weicht unser Kapitän geschickt auf den roten Seitenstreifen aus, um den heranbrausenden Koloss vorbeizulassen. Ein weiteres Schild: Nicht eingezäunte Straße, achten Sie auf Tiere. Das endlos weite flache Grasland wird durch keinen Berg oder aufragenden Felsen, nicht einmal durch Bäume unterbrochen.

Als wir ein Schild passieren, das die Grenze zum Nördlichen Territorium anzeigt, verkündet der Kapitän: »Stellen Sie Ihre Armbanduhr eine halbe Stunde zurück und Ihre innere Uhr um ein halbes Jahrhundert, wir fahren in das Nördliche Territorium. Mit dem *Aboriginal Land Rights Act* wurden 1976 alle Reservate und die Ländereien der Missionen eventuellen Besitzansprüchen der Aboriginal überstellt.«

»Was bedeutet das?« Ich beuge mich in meinem Sitz nach vorn.

Der Buskapitän schaut über seine Schulter. »Im Unterschied zu den anderen australischen Staaten, *mate*, wurde den Aborigines im Nördlichen Territorium das Recht eingeräumt, auf jedes Stück Land Anspruch zu erheben, zu dem sie Beziehungen von alters her nachweisen können – es sei denn, das betreffende Gebiet ist bereits verkauft, verpachtet, besiedelt oder für andere Zwecke verplant. Obwohl sie nur ein Viertel der Bevölkerung des Territoriums ausmachen, gehören ihnen 50 Prozent des Landes.«

Er liefert all diese Informationen ohne eine Spur von Emotion, sodass man nicht weiß, ob er die Besitzansprüche der *Aboriginal people* gutheißt oder nicht. Da er einen Bus fährt, der halb mit liberalen Rucksacktouristen und halb mit Australiern besetzt ist, hätte er ohnehin nicht gewinnen können, egal, für welche Seite er Sympathien gezeigt hätte.

Die Straße wird schlechter. Mein Blick fällt auf ein Schild:

Nicht bewegen!
Insekten und Krankheiten
auf Pflanzen!

Heißt das, man soll sich nicht mucksen, weil die Insekten und Krankheiten sich sonst auf einen stürzen, oder bedeutet »Nicht bewegen!«, dass man die Pflanzen nicht von hier wegschaffen soll? Da ich im fahrenden Bus kein Buch lesen kann, ohne dass mir übel wird, gibt es nicht viel für mich zu tun. Daher nimmt die Interpretation von Straßenschildern neben dem Versuch, mir über den Plot von *Dumm und Dümmer* klar zu werden, viel Raum in meinen Gedanken ein.

Eine Radfahrerin, die so beladen ist, dass ihre Satteltaschen sicher voller gestopft sind als mein Rucksack, wird von dem Luftzug auf den Seitenstreifen gedrängt, als wir an ihr vorbeidonnern. Ich kann mir nicht vorstellen, dass ich bei dieser Hitze per Fahrrad unterwegs wäre, ohne eine dem Inhalt einer Badewanne entsprechende Menge an Wasser mitzuführen.

Um die Mittagszeit halten wir an einer Raststätte. Die meisten Fahrgäste gehen ins Restaurant, wo sie schläfrig auf ihr Essen warten. Ich sitze an der Theke und studiere die Speisekarte: Nur fünf australische Dollar für ein riesiges Steak mit gebratenen Zwiebelringen und Kartoffeln. In Bezug auf das Essen ist man hier großzügig. »Was darf's sein, *mate?*«, fragt die Frau hinter dem Tresen.

»Ich nehme das Steak.«

»Gute Wahl, *mate.*« Sie sagt das, als hätte ich nach einem quälenden Denkprozess eine weise Entscheidung getroffen. »Ein Bier dazu?«

»Ja«, antworte ich, weil ich sie nicht durch eine schlechte Wahl enttäuschen will. Sie schenkt mir ein Bier ein und entschwindet in die Küche.

Ein barfüßiger Mann, der so groß ist, dass er sich im Türrahmen ducken muss, betritt den Pub und baut sich vor der Theke auf. Als die Bedienung wieder erscheint, verlangt er einen *slab.* Die Frau zieht einen Karton mit 24 Bierdosen aus dem Kühlfach und wuchtet ihn auf den Tresen. Er zahlt, reißt die Verpackung auf und gönnt sich den Inhalt einer Dose. Dann entnimmt er dem Karton eine zweite für den Weg, klemmt sich den *slab* mühelos unter den Arm, steigt in seinen Kleinlaster und fährt mit quietschenden Reifen davon.

Als die Herrin der Theke mit meinem Steak aus der Küche kommt, richtet sie ihre blutunterlaufenen Augen auf mich und fragt, ohne meinen Akzent nachzuahmen: »Südafrika?« Ich verneine mit einer Kopfbewegung, schnippe mir eine Bratkartoffel in den Mund und wische mir die fettigen Finger an meiner Shorts ab. Sie ist enttäuscht. »Schade. Ich sage Südafrikanern nämlich immer, dass sie sich für den falschen Kontinent entschieden haben.« Sie unterstreicht ihre Worte mit einem schiefen Grinsen. »Wir sind unsere Schwarzen nämlich losgeworden.« Die Bemerkung kommt aus dem Nichts. Ich würde es nicht glauben, wenn ich es nicht selbst gehört hätte. Ich blinzele verdutzt, die Bratkartoffel bleibt mir im Hals stecken. »Und für den Fall, dass Sie es noch nicht spitzgekriegt haben, ich bin Rassistin.« Ich säge still an dem riesigen Fleischlappen herum, den ich nie im Leben werde verdrücken können.

Die freundliche Bedienung schenkt genauso flink Bier aus, wie sie Vorurteile absondert. Letzteres tut sie so unbekümmert, als sei es eine vollkommen akzeptable Form sozialen Verhaltens.

Ich beiße mir auf die Zunge und würge mein Essen hinunter; im Hintergrund singt Dolly Parton *Stand By Your Man*.

Als sie wieder in der Küche verschwindet, sehe ich mich um. Plakate, auf denen für Biermarken geworben wird, spiegeln die Trinkkultur Australiens. »Trinke und behalte den Überblick!«, oder »Trinke, wenn du wieder an die Arbeit musst!« Ein Foto zeigt einen strahlenden Mann, der ein Sechserpack in den Händen hält. Der dazugehörige Slogan, der unmissverständlich impliziert, dass dieser Hopfensaft die Manneskraft stärkt, lautet *Stay a little longer*.

Trinke, wenn du den *Überblick* behalten willst? Trinke, wenn du wieder an die *Arbeit* musst? Standvermögen, das durch die Stumpfheit eines Alkoholrausches vergrößert wird? Trinken ist hier also nicht nur ein Freizeitvergnügen – in Australien denkt man offensichtlich, dass es die Arbeitsmoral stärkt, und zugleich scheint man zu glauben, dass Bier in gleicher Weise sexuell stimulierend wirkt wie Viagra.

Ich studiere das Regal mit Kassetten, die hier verkauft werden. Neben Dolly Partons Interpretationen von Country- und Westernschnulzen finde ich Sampler wie *Twenty Cowboy Favourites, More Songs of the Wild West, Love and Romance* und *Country Section.*

»Ist neulich abends 'n bisschen rundgegangen«, erläutert die Bedienung, als sie sieht, dass ich den Holzboden des Pubs betrachte, auf dem die Schleuderspuren eines Motorradreifens in Form einer Acht zu sehen sind.

Jemand hat im Pub seine Reifen quietschen lassen, und sie sagt, dass es *'n bisschen* rundgegangen ist? Was ist hier los, wenn es mal richtig rundgeht?

»Sie reisen quer durch Australien, nicht wahr?« Ich nicke zustimmend und halte den Mund, obwohl ich große Lust habe, ihre schnelle Auffassungsgabe zu loben. Ich habe mit pampigen Kellnerinnen schlechte Erfahrungen gemacht, und sie wartet offensichtlich auf einen Anlass, um mich zurechtzustutzen. »Bin selbst mal bis nach Brisbane gefahren, ist schon zehn Jahre her«, sagt sie offenherzig. »Weiter bin ich nie gekommen. Ich mag keine Städte. Je kleiner der Ort, desto netter die Leute, sage ich immer. Die Kids wachsen hier in einer Umgebung auf, die gesund für sie ist, nicht so wie in den Großstädten. Hier gibt's keine Drogen, keine Abos.«

»Was machen Sie in Ihrer Freizeit?«, frage ich vorsichtig. Außer, dass man in dieser überdimensionalen Sandkiste Rinder zu Boden zwingen oder die indigene Bevölkerung ausrotten kann, bietet dieser trostlose Ort wohl kaum Möglichkeiten, sich zu amüsieren.

»Ich fahre durch die Gegend. Gehe angeln oder campen. Das einzige Problem ist, dass wir manchmal einen oder zwei über den Durst trinken.« Sie leert ihr Glas, fährt sich mit der Rückseite ihres Unterarms über die schweißnasse Stirn und schenkt sich ein frisches Bier ein. Diese Kellnerin stellt das Äquivalent zu einem Spielsüchtigen dar, den man mit der Wartung von Spielautomaten betraut. Aber vielleicht profitiert sie von einer der Sozialleistungen, die mit diesem Job verbunden sind.

Sie hat ihr zweites Bier in sich hineingekippt, bevor ich mit meinem ersten fertig bin. Immer wieder sprudeln rassistische Bemerkungen aus ihr heraus. Um zu vermeiden, dass ich mich provozieren lasse und mit beiden Füßen in irgendwelche Fettnäpfchen trete, gehe ich hinaus und stelle mich in den Schatten. Die Radfahrerin rollt heran, nimmt ihren Helm ab und lehnt ihr schweres Gefährt gegen eine Wand. Auf ihrer dunkelbraunen Haut zeichnet sich deutlich der Halteriemen des Helms ab. Als sie die Sonnenbrille abnimmt, sieht sie aus wie das Negativ eines Waschbären; die kreisrunden Flecken um ihre Augen sind nicht schwarz, sondern weiß.

Wir kommen ins Gespräch. Mit Selbstverachtung sagt sie: »Ich bin halb Irakerin und halb weißer Müll aus New Jersey. Ich möchte ein Buch schreiben über meine Reisen mit dem Fahrrad. Leider weiß ich nicht, was ich schreiben soll. Du erlebst nicht viel, wenn du wochenlang allein unterwegs bist. Nach ein paar Tagen hörst du sogar auf zu denken. Und am Ende gibt es nichts, das sich aufzuschreiben lohnt.«

Hier ist eine Individualistin, die ihr Leben nicht unter einer Kuscheldecke verbringt; ganz sicher würden sich viele Menschen, insbesondere Frauen, für ihre Erfahrungen interessieren. Ich versuche ihr auf die Sprünge zu helfen. »Du bist doch sicher seltsamen Leuten begegnet und hast merkwürdige Dinge zu hören bekommen.«

Sie denkt eine Weile nach und leert dabei eine Literflasche mit Wasser, die sie von ihrem Fahrrad genommen hat. »Na ja, ich hab mal ein Mädchen aus England getroffen. Sie hat gesagt, dass sie aus London kommt. ›Aus welchem Teil Londons?‹, habe ich sie gefragt. ›Aus dem Norden, Süden, Osten oder Westen?‹ Sie hat mich nur ratlos angesehen und geantwortet: ›Keine Ahnung‹.« Die Radfahrerin schüttelt den Kopf, als sie sich an die Begegnung erinnert. »Das war total verrückt«, fährt sie fort und zieht ein Gesicht, als habe das

Mädchen aus London sich wie ein Alien benommen. »Ich meine, sie wohnt in London und weiß nicht, ob im Norden, Süden, Osten oder Westen der Stadt?«

Meine Gesprächspartnerin hat tagelang an diese merkwürdige Begebenheit gedacht, während sie sich in der Hitze abstrampelte.

»Ist es nicht gefährlich, ganz allein mit dem Fahrrad unterwegs zu sein?«, will ich von ihr wissen.

»Ach, meistens fahre ich auf Nebenstraßen, und die Farmer und ihre Familien behalten mich im Auge. Garantiert stehen sie miteinander in Funkverbindung, denn jedes Mal, wenn ich irgendwo hinkomme, wissen sie schon alles über mich. Es sind wirklich nette und gastfreundliche Leute.«

»Keine Probleme?«

»Nein. Ich höre zwar immer wieder, ich solle mich vor den Aboriginals hüten, aber ich bin auch durch ihre Reservate gefahren. Ich campe jeden Abend neben der Straße, und manchmal übernachte ich auf einer Farm, wenn ich eingeladen werde.«

»Hast du dich je gefragt, mit welchem Recht die Farmer Ackerland für sich beanspruchen, das ihre Vorfahren der indigenen Bevölkerung Australiens stibitzt haben, weil Letztere, wie sie meinten, das Land nicht in Besitz genommen hatten?« Ich habe viel über das nachgedacht, was Trevor in Cairns gesagt hat. »Die Siedler meinten damals, dass die Aboriginals das Land nicht ›besetzt‹ hätten, da sie es nicht gekennzeichnet hatten«, führe ich weiter aus. »Und da sie den Grund und Boden nicht gekennzeichnet hatten, so dachten die Weißen, hatten sie ihn nicht in Besitz genommen. Wenn man bedenkt, auf welche ausgeklügelte Weise die Ureinwohner Australiens ihr Land genutzt haben, dann ist es doch höchst verwunderlich, dass die Farmer ihr Vorgehen mit diesem Konstrukt der ›Nichtbesetzung‹ von Land rechtfertigen konnten.«

Sie schweigt.

»Sprechen die Farmer manchmal darüber, dass die Aboriginals Ansprüche auf ihr Land erheben, wenn du bei ihnen übernachtest?«, hake ich provokativ nach.

»Hm. Und ich würde nur den guten Eindruck kaputtmachen, den ich von meinen Gastgebern habe, wenn ich sie danach frage. Sie sind überzeugt, dass das Pachtland, das sie seit Generationen bewirtschaften, ihnen gehört, und fühlen sich durch die Aboriginal-Besitzansprüche bedroht.

»Und du redest nie mit ihnen darüber?«

»Warum sollte ich mir einen schönen Abend verderben, indem ich meine Gastgeber nach ihren Aboriginal-Nachbarn frage? Das Problem ist, dass ich beide Seiten verstehen kann. Wenn ich ein Aboriginal wäre, würde ich das Land meiner Vorfahren auch zurückfordern. Und wenn ich ein Farmer wäre, dessen Großväter eine Wildnis urbar gemacht und auf dem erschlossenen Land Gebäude errichtet haben, dann hätte ich auch Angst, all das zu verlieren.«

»Aber ich rede nicht von Ländereien, die gekauft wurden; es geht mir um das gepachtete Weideland. Die Farmer haben es nur von der Regierung gepachtet, es hat ihnen nie *gehört.*« Ich habe die Bücher, die Trevor mir gegeben hat, gelesen.

»Selbst wenn sie es nur gepachtet haben, sie haben dort ihre Farmen aufgebaut. Ist ja auch egal, ich möchte nicht in eine Diskussion über dieses Thema verwickelt werden«, sagt sie weise. »Es ist scheinbar eins von den Problemen, für die es keine Lösung gibt. Als irakische Jüdin weiß ich, wovon ich rede.«

»Aber das Problem wird sich nicht von allein lösen«, gebe ich zu bedenken.

Sie hat über 20 leere Wasserflaschen an ihrem Rad befestigt. Als sie sieht, dass ich die Flaschen zähle, sagt sie: «Es ist wirklich blöd, dass ich 24 Liter Wasser mit mir herumschleppen muss.« Sie wechselt das Thema und bringt einen weniger spannungsgeladenen Gesprächsstoff ins Spiel, bei dem sie sich besser auskennt. »Bei mir zu Hause wäre das nicht nötig, denn dort gibt es viele Wasserstellen. Hier haben sie an den Raststätten manchmal Geld dafür verlangt, dass ich die Flaschen auffüllen konnte.«

»Wo ist dein Zuhause?«

»Zurzeit auf meinem Fahrrad. Ich bin damit quer durch die Vereinigten Staaten bis rauf nach Alaska geradelt, durch Europa und durch den Mittleren Osten. Jetzt ist Australien dran, und irgendwann mache ich noch eine Tour durch Afrika.«

Unser Buskapitän drückt auf die Hupe. Ich wünsche ihr viel Glück, steige ein und stelle die Lehne meines Sitzes ganz weit nach hinten. In dieser entspannten Haltung bewundere ich nicht ohne Neid das Spiel ihrer gut entwickelten Wadenmuskeln, als sie kräftig in die Pedale tritt und in die flirrende Leere des Outback rollt. Die Klimaanlage läuft auf Hochtouren. Klammheimlich schließe ich die Düse und ziehe ein Sweatshirt über, um mich warm zu halten. Und während ich mir träge und halbherzig das Video ansehe, werfe ich, ohne auch nur einen Augenmuskel anzustrengen, einen stumpfen Blick durch das Fenster. Wie kann man sich nur die Idee in den Kopf setzen, mit einem Rad durch Australien zu fahren?

Ein paar Stunden später kommen wir an eine T-Kreuzung und biegen links ab. Per Fahrrad hätte ich ein paar Tage bis zu dieser Stelle gebraucht.

Stell dir vor, du lebst mitten im Outback und bist Besitzer einer Raststätte. Wie würdest du deine Raststätte nennen, die von Darwin eine Tagesreise nach Süden, von Townsville drei Tagesreisen in westlicher Richtung und von Adelaide ein paar Tagesreisen nach Norden an einer T-Kreuzung liegt? Richtig: Drei-Wege-Raststätte.

Als wir eine Nicht-Notfall-Toilettenpause machen, staksen wir steifbeinig aus dem Bus. Nach einigen Stunden Stillsitzens sind unsere Hinterteile genauso betäubt wie unser Sinn für Humor.

Wir fahren jetzt in südlicher Richtung. Als die Sonne im Westen untergeht, beobachte ich, wie der Schatten des Busses immer länger wird, bis er den Umrissen eines Londoner Doppeldeckers gleicht. Die schwarze Silhouette holpert über die ockerfarbene Erde. Felsen färben sich dunkelrot, Wolken werden in rosafarbenes Licht getaucht. Das Bewusstsein, klein, unbedeutend und sterblich zu sein, löst inmitten des unermesslichen, leeren und ewigen Kontinents, der sich über Jahrtausende, seit der Zeit der Dinosaurier, so wenig verändert hat, ein tiefes Wohlgefühl aus.

Kurz nach Sonnenuntergang kommen wir in Tennant Creek an, wo wir fünf Stunden auf den verspäteten Greyhound aus Darwin warten müssen. In dem von Neonröhren erleuchteten Busbahnhof schlafen Rucksackreisende auf dem Boden oder starren auf die von der Decke herabhängenden Fernseher. Ein Aboriginal tritt an mich heran. »Entschuldigung, wissen Sie, wie spät es ist?«

Ich erteile ihm die gewünschte Auskunft und frage, um eine Unterhaltung in Gang zu bringen: »Warten Sie auch auf den Bus?«

Er nickt und lächelt. Er ist gut gekleidet und sieht irgendwie anders aus als seine Landsleute. Immerhin wartet er mit den Weißen im Bahnhofsgebäude, nicht draußen auf dem Gehweg bei den übrigen Aboriginals. »Schönes Hemd«, sage ich zu ihm. Mit seinem Blumenmuster unterscheidet es sich deutlich von den Hemden, die man sonst im Outback zu sehen bekommt.

Er tritt von einem Fuß auf den anderen und betrachtet das Kleidungsstück. »Das habe ich secondhand gekauft.«

»Steht Ihnen gut«, schmeichle ich. Er lächelt unsicher, führt beide Handflächen an die Wangen und reißt die Augen auf. Er ist 28 Jahre alt, wie er sagt, aber schüchterner als ein Teenager. »Woher stammen Sie?«, erkundige ich mich.

»Ich wohne in einem Krankenhaus, 200 Kilometer von hier entfernt.« Er deutet nach Osten.

»In einem Krankenhaus?« Meine Worte sind kaum ausgesprochen, da bedaure ich schon meine Taktlosigkeit.

»Die Ärzte haben mich adoptiert.«

»Sprechen Sie die Sprache Ihres Volkes?

Er schüttelt den Kopf und meint dann ungefragt: »Ich rauche und trinke nicht.«

»Das ist gut. Ich rauche und trinke auch nicht.« Ich erzähle ihm diese weiße Lüge, um ihn in seiner Abstinenz zu bestärken. »Wohin wollen Sie?«

Vor Aufregung presst er seine Handflächen wieder auf die Wangen. »Ich fahre nach Katherine, um dort mit einer Band Musik zu machen.« Als wir genug geplaudert haben, geht er unruhig in der Halle auf und ab. Er ist klar, dass er sich nicht zu seinen Leuten draußen gesellen will, aber zwischen uns Weißen fühlt er sich auch nicht ganz wohl. Seine Leute würden ihn als Kokosnuss bezeichnen – außen braun und innen weiß.

Kurz nach Mitternacht steigen wir in den Bus nach Alice Springs. Der Sitz 1A hat den Nachteil, dass man zwar die Lehne absenken, wegen der metallenen Trennwand zum Einstieg hin die Beine aber nicht ausstrecken kann. Ich schlafe unruhig, wenn überhaupt. Bei Sonnenaufgang erreichen wir Alice Springs, ein weiteres Wahrzeichen Australiens. Trotz der frühen Stunde sind diverse Minibusse vor Ort, deren Fahrer darum wetteifern, uns zu einer der diversen Unterkünfte für Rucksacktouristen zu bringen. Mit dem nächstbesten Wagen lasse ich mich zu einer Herberge kutschieren, wo ich mein Gepäck in einem Zimmer einschließe. Trotz meiner Müdigkeit will ich mir Alice Springs ansehen, jenen sagenumwobenen Ort, von dem ich mir eine bestimmte Vorstellung gemacht habe. Um in die Stadt zu gelangen, durchquere ich das trockene, sandige Flussbett des Todd River, das gut 200 Meter breit ist. Rund ein Dutzend verschiedener Aboriginal-Gruppen hat sich hier versammelt;

ein paar bestehen nur aus Männern, andere sind gemischt. Manche Frauen haben Kinder dabei. Die meisten Männer tragen Aussie- oder Cowboyhüte. Überall liegen zerknautschte Weinkartons herum.

Die Todd Mall ist das Herz von Alice Springs. In dieser Einkaufsstraße befindet sich eine Reihe moderner Cafés, Restaurants und Läden mit Aboriginal-Kunst. Hier trifft man genauso viele *Aboriginal people* wie Weiße. Aber die beiden Welten sind nicht miteinander verbunden. Es gibt wenig, was den Alltag der Weißen mit dem der Schwarzen verknüpfen könnte. In den Läden arbeiten keine Aboriginals, sie sitzen auch nicht in den Cafés. Die Nachkommen der Ureinwohner kaufen sich in an Ständen und in Schnellrestaurants etwas zu essen und hocken sich in die Parks, um ihre Mahlzeiten zu verzehren. In mir formt sich ein Bild von einem Australien, in dem zwei Welten zur gleichen Zeit am selben Ort existieren, ohne dass sie sich überlappen. Alle sind sichtlich darum bemüht, den Augenkontakt mit den jeweils anderen zu vermeiden.

Während der Kolonialzeit in Afrika waren Einheimische den Weißen zahlenmäßig immer überlegen, das gilt selbst für Südafrika. Die Schwarzen dort waren immer von ihrer eigenen Kultur und ihren Landsleuten umgeben, was ihnen ein Gefühl der Zugehörigkeit vermittelte und nicht sie ihren Stolz verlieren ließ. Aber die Ureinwohner Australiens machen in ihrem eigenen Land kaum ein Prozent der Gesamtbevölkerung aus; sie sind von einer fremden Kultur umgeben und den Weißen zahlenmäßig vollkommen unterlegen. Die indigene Bevölkerung Australiens ist in ihrem eigenen Land zum Außenseiter geworden. Sie lebt, buchstäblich und bildlich gesprochen, am Rande der weißen Welt und hat fast den Kontakt verloren – nicht nur zur eigenen Kultur, sondern zum Leben selbst. Hier in Alice Springs offenbart sich die Disharmonie beider Welten.

Ich bin ein Außenstehender und nehme all dies vielleicht deutlicher wahr, weil ich nicht vorbelastet bin. Ich habe kein politisches

Anliegen und will sicherlich niemanden verurteilen, aber es ist schwer, diese so augenscheinlich schockierende Situation zu ignorieren. Nicht, dass ich durch einen allmählichen Gewöhnungsprozess unempfindlicher für das Leid der Aboriginals geworden wäre, aber als weißer Nordamerikaner kann ich wohl kaum mit dem Zeigefinger vorwurfsvoll auf die weißen Australier deuten. Das, was den Urvölkern Nordamerikas angetan wurde, war genauso unmenschlich wie die Taten der australischen Siedler, Staatsverträge hin oder her.

Mitten auf der Todd Mall sitzt eine Frau an einem Tisch. Vor ihr liegt ein geöffnetes Buch, in das man seine Unterschrift setzen kann. Dem Transparent, das an zwei Laternenpfählen befestigt ist, entnehme ich, dass es sich um das *Sorry Book* handelt. Ich suche mir in der Nähe des Tisches einen Sitzplatz und beobachte das Geschehen. Diejenigen, die die Bitte um Verzeihung unterschreiben, haben kaum etwas gemeinsam, außer, dass es sich ausnahmslos um Weiße handelt. Junge und alte Menschen, Männer und Frauen nähern sich mit einer Zielstrebigkeit dem Tisch, die zeigt, dass sie nicht zufällig darauf aufmerksam werden, sondern genau wissen, was sie tun. Aboriginals interessieren sich allerdings überhaupt nicht für das *Sorry Book*.

Ein breitschultriger Mann, der mit seiner ledernen Haut und dem zerfurchten Nacken wie ein Farmer aussieht, unterschreibt. Die weißhaarige Frau neben ihm, vermutlich ist sie mit ihm verheiratet, folgt seinem Beispiel. Keiner von beiden sagt ein Wort. Ihre Gesichter und ihre Körpersprache verraten, dass dies ein Akt des Innehaltens, der Andacht ist. Das gilt auch für alle anderen, die ihre Unterschrift leisten. In den zwei Stunden, die ich dort verbringe, nähern sich einige Dutzend Einzelpersonen und Paare dem Buch und unterschreiben.

Ich schlendere hinüber, um es mir genauer anzusehen und lese:

Das *Sorry Book* der gestohlenen Generation

Die Entschuldigung des *Sorry Book*:
Indem ich meinen Namen in dieses Buch schreibe, bringe ich mein tiefes Bedauern für die Ungerechtigkeiten zum Ausdruck, welche die indigenen Australier als Folge der europäischen Besiedlung erdulden mussten. Insbesondere möchte ich mich für das Leid entschuldigen, dass durch das gewaltsame Entfernen von Kindern aus ihren Familien entstanden ist, sowie für die Auswirkungen, welche die Regierungspolitik auf die menschliche Würde und den Stolz der indigenen Australier haben.

Ich möchte zudem meinen Wunsch nach Versöhnung und nach einer besseren Zukunft für alle Menschen dieses Kontinents bekunden. Ich bin für ein vereintes Australien, in dem unser aller Land respektiert und das Erbe der *Aboriginal people* und der Torres-Strait-Insulaner geschätzt wird und in dem Gerechtigkeit und die Gleichheit aller Menschen verwirklicht werden.

Ich setze meine Unterschrift in das Buch. »Wie geht's Ihnen?«, frage ich die hellhäutige Aboriginal, die auf der anderen Seite des Tisches sitzt.

«Gut«, antwortet sie lächelnd. »Und Ihnen?«

»Auch gut.«

Sie reicht mir die Hand. »Elaine.« Ich setze mich auf einen freien Stuhl. »Ich bin eine aus der verlorenen Generation, um die es in diesem Buch geht.«

»Was bedeutet verlorene Generation?«

»Als ich meiner Mutter weggenommen wurde, war ich noch keine Stunde alt. Die Behörden haben sie belogen; man hat meiner Mutter gesagt, ich sei bei der Geburt gestorben. Heute wird man Ihnen erzählen, die Behörden hätten mich ihr weggenommen, weil sie mich vor einer alkoholsüchtigen Mutter schützen wollten. Aber in Wirklichkeit wollte man mich in die weiße Gesellschaft integrieren und verhindern, dass ich unter den *Aboriginal people* aufwachse. 1947 hat der Kommissar für Eingeborenen-Angelegenheiten von der Regierung Westaustraliens behauptet, er habe Beweise dafür, dass man unsere dunklen Hautpigmente innerhalb von drei Generationen aus uns herauszüchten könnte. Er war davon überzeugt, Australien könnte das Problem seiner indigenen Bevölkerung lösen, indem man das Schwarze aus uns herauszüchtet.«

»Hat man allein stehenden Müttern die Töchter nicht deshalb weggenommen, weil diese oft gemischt waren, nicht selten schon als Teenager schwanger wurden und weil zu befürchten war, sie würden sowohl von den Weißen als auch von ihren eigenen Leuten ausgestoßen?« Da ich ein Außenstehender bin, kann ich provokativ sein, ohne den Anschein zu erwecken, dass ich das Messer wetze. Zudem gebe ich nur wieder, was ich gehört habe.

»Ich wurde zu einer Mission nach Melville Island gebracht. Seit ich fünf Jahre alt war, wurde ich von katholischen Brüdern sexuell missbraucht; das hörte erst auf, als ich zehn wurde. Bitte sagen Sie mir nicht, dass man nur das Beste für mich wollte.« Ich habe sie ganz bewusst provoziert, aber jetzt ist es mir peinlich. Ärgerlich fährt sie fort: »Von einem Priester in einer Mission vergewaltigt zu werden ist schlimmer als alles, was Sie sich vorstellen können.« Sie ist richtig wütend, und mir tut es Leid, dass ich so naiv gewesen bin. »Als die Mission geschlossen wurde, kam ich zu einer ›Tante‹ nach Tennant Creek. Aber diese Frau war keine Tante, sondern meine Mutter. Erst als ich ihr zurückgegeben wurde, hat sie erfahren, dass ich ihre Tochter bin und nicht bei der Geburt gestorben war, wie man ihr gesagt hatte. Man hat meiner Mutter gedroht, dass man ihr auch ihre anderen Kinder wegnehmen würde, sollte sie jemandem etwas davon erzählen.«

»Entschuldigen Sie bitte.«

Sie lacht ironisch und deutet mit den Augen auf das Buch. »Genau darum geht es in diesem Buch; man hat Gelegenheit, sich zu entschuldigen.« Ihr Humor bewirkt, dass ich mich nicht mehr so schäme. Sie zeigt auf eine Gruppe schäbig gekleideter Passanten. »Für uns steht die Familie im Zentrum unserer Gesellschaft. Wenn man uns die Kinder wegnimmt, zerstört man das, was uns im Innersten ausmacht. Ich habe nie etwas von einer Wiedergutmachung für den sexuellen Missbrauch in der Mission gehört, obwohl ich das Verbrechen den zuständigen Stellen gemeldet habe. Einer der Priester, die mich vergewaltigt haben, lebt noch, und er ist immer noch im Amt. Jetzt bringe ich ihn vor Gericht. Die Kirche will ein außergerichtliches Verfahren; sie begreift nicht, dass es mir nicht um Geld geht. Das ist nicht wichtig. Mir ist wichtig, dass die Kirche sich damit auseinandersetzt, was ihre Priester getan haben, wozu sie ihre Autorität benutzt haben. Ich war Alkoholikerin und hatte eine Tendenz zur Selbstverstümmelung.« Sie zeigt mir die Narben an ihren Unterarmen, Andenken an die brennenden Zigaretten, die sie sich auf die Haut gedrückt hat. »Ich habe mich selbst aus dem Sumpf gezogen und meine, dass ich jetzt normal bin. Aber ich kann es immer noch nicht ertragen, wenn sich erwachsene Männer meinen Enkelinnen nähern. Dann rege ich mich schrecklich auf.«

Ein paar Leute torkeln vorbei; offensichtlich haben sie zu viel getrunken. »Das sind *creekies*«, lässt Elaine mich wissen, als sie vorbeigezogen sind.

»Was sind *creekies*?«

»Aborigines, die im Flussbett des Todd River campieren.«

Anscheinend besteht in ihrer Gemeinschaft eine Hierarchie. Ich hake nach: »Warum sind sie dort?«

»Sie kommen von überall her. Die hiesigen Clans waren Nomaden. Im Zentrum konnten sie nicht genügend Nahrung finden. Um zu überleben, mussten sie daher riesige Gebiete durchstreifen, sie waren Jäger und Sammler. Deswegen gehen viele von uns *Walkabout*. Wir können einfach nicht anders, wir müssen umherziehen, weil es in unseren Genen steckt. Wir sind viele Jahrtausende lang Nomaden gewesen, so haben wir überlebt. Es ist schwer für uns, längere Zeit an einem Ort zu bleiben.« Das trifft auch auf mich zu. »Viele der *creekies* kommen zu offiziellen Treffen hierher oder um einfach mit anderen zusammen zu sein. Sie wollen erfahren, was sich ereignet hat, den neusten Klatsch hören, oder sie kommen her, um Verwandte im Krankenhaus oder im Gefängnis zu besuchen. Dann campieren sie ein paar Wochen, manchmal auch ein paar Monate da draußen und warten.« Mein Gegenüber lacht wieder ironisch. »Wussten Sie, dass es früher einen Bannkreis von zwei Kilometern um Alice Springs gab und dass es uns nicht erlaubt war, in die Stadt zu kommen?«

»Nein, das wusste ich nicht.«

»1953 wurden sämtliche *Aboriginal people* im Nördlichen Territorium für unmündig erklärt, was der Regierung das Recht gab, alles zu bestimmen – wohin wir gehen durften, bei wem wir arbeiteten, wo wir wohnten, wie viel wir verdienten und sogar, wen wir heiraten sollten.« Sie hat ihren Vortrag gut einstudiert.

»Das ist mir auch neu«, gebe ich zu.

»Die australische Staatsbürgerschaft wurde uns erst 1967 nach einem nationalen Referendum zuerkannt, als 90 Prozent der Australier dafür stimmten, dass wir Bürger unseres eigenen Landes werden dürfen.«

»Ist das ein Scherz?«

»Bis dahin waren wir das nicht.«

Indem ich daran denke, was in Nordamerika oder in Kanada passiert ist, versuchte ich bewusst zu vermeiden, in Gedanken auf die weißen Aussies einzudreschen. Es ist schließlich noch nicht lange her, dass in den Vereinigten Staaten schwarze und weiße Kinder in verschiedene Schulen gingen. Aber Kinder zu trennen und sie in verschiedene Schulen zu stecken ist etwas ganz anderes, als sie ihren Familien zu entreißen und in Missionen zu stecken. Selbst wenn man in die Zeit zurückgeht, in der Afrikaner gefangen und entführt wurden, und man an das Leben denkt, das sie danach als Sklaven fristen mussten – so abscheulich all das auch war, es ist trotzdem kein Äquivalent zu dem, was in Australien passiert ist. Hier wurde offiziell eine Politik des Genozids verfolgt, deren Ziel darin bestand, die australischen Ureinwohner auszulöschen. Mit der Urbevölkerung Nordamerikas wurden immerhin Verträge geschlossen, obwohl ihr das kaum etwas genützt hat. Ich will hier keine Schlacht schlagen, ich versuche nur, die Geschehnisse hier mit der naiven Objektivität eines Ausländers zu betrachten. Aber da ich nichts von all dem wusste, bevor ich hierher kam, ist die brutale Kolonialisierung Australiens und die Unterjochung seiner indigenen Bevölkerung ein Schock für mich.

Als ich durch Alice wandere, werde ich von der jubelnden Menge im Sportstadion angezogen. Es ist ein *Aussie-Rules-Football*-Spiel, das hier *Footy* genannt wird. Wieder werde ich damit konfrontiert, wie die weiße und die schwarze Welt aufeinanderprallen. Die weißen Zuschauer sitzen in Gruppen auf den vorderen Plätzen, die meisten schwarzen Besucher auf den hinteren. Die Trennung spiegelt sich auch in den beiden Mannschaften wieder, doch sie ist nicht vollkommen. Wie in anderen Teilen der Welt ist die Sportarena auch hier der Ort, an dem die Integration zuerst stattfindet. In der weißen Mannschaft ist der eine oder andere schwarze Spieler, und umgekehrt spielen in der schwarzen ein paar weiße.

«Woher sind die Mannschaften?«, frage ich einen Zuschauer.

»Der Süden spielt gegen den Osten«, lautet die Antwort. »Beide Mannschaften sind aus Alice.« Er ist gesprächig und erklärt mir netterweise das Spiel. »Wie du siehst, ist das Spielfeld rund und nicht rechteckig. Der Ball hat die Form eines Rugbyballs, und die Torpfosten ähneln denen des American Football. Aber bei uns gibt es keine Torlatte, und neben den inneren stehen zusätzlich noch zwei kürzere Pfosten.« Die Spieler laufen auf dem Feld herum, als wäre das Ganze eine Mischung aus Fußball, Basketball und Rugby. Ebenso enge wie kurze Hosen und ärmellose Oberteile enthüllen ein Maximum an Fleisch und Muskeln. Unter den Zuschauern befinden sich so viele Frauen wie Männer, was in mir die Frage hochkommen lässt, ob die weiblichen Fans wohl mehr am Körperbau der Spieler interessiert sind als an Football. Die meisten Akteure sind groß und schlank; sie gleichen eher Basketballspielern als anderen Klischeebildern von Sportlern. Manchmal kommt es zu Rempeleien, aber in dieser Hinsicht ähnelt das Spiel eigentlich mehr dem Fußball als dem brutalen Rugby oder American Football. »Es gibt sechs Punkte, wenn man den Ball zwischen die beiden inneren höheren Pfosten kickt, und einen Punkt, wenn er zwischen den beiden äußeren Pfosten landet«, erklärt mir einer der Manager der weißen Mannschaft freundlich. »Regeln gibt es kaum. Du kannst mit dem Ball laufen, solange du ihn auf den Boden prallst. Wenn du ihn weitergeben willst, kannst du werfen oder schießen. Und das ist schon ziemlich alles, was wir an Reglement haben.«

Er fragt mich, woher ich komme. Als er erfährt, dass ich Kanadier bin, erzählt er mir, dass seine Frau plant, nächstes Jahr dorthin zu reisen.

Plötzlich verpasst ein kleiner, stämmig gebauter weißer Spieler mit rasiertem Schädel einem gefallenen schwarzen Gegenspieler einen Kinnhaken. Der Schwarze steht nach dem Schlag nicht wieder auf, seine Mannschaftskameraden rufen um Hilfe. Ein Trainer läuft auf das Spielfeld; auf seine Mitstreiter gestützt, verlässt der Verletzte den Platz. Sein Gesicht ist schmerzverzerrt und blutet.

»Man hat ihn geschlagen, als er schon am Boden lag, und er hatte nicht einmal den Ball«, empöre ich mich in Gegenwart des Managers. Der antwortet nicht. Für den Rest des Spiels sagt er kein Wort mehr zu mir; beim Schlusspfiff steht er auf und verschwindet, ohne sich zu verabschieden.

Am späten Nachmittag mache ich einen Spaziergang an den westlichen Stadtrand von Alice und steige auf einen nahe gelegenen Felsen. An der Spitze angekommen, setze mich auf einen Stein. Von hier aus habe ich einen perfekten Panoramablick. Der messingfarbene, dreidimensionale Himmel erstreckt sich bis zum Horizont; ringsumher sind in der Ferne Wolkenformationen zu erkennen. Die Sonne steht tief und wirft das vertraute orangerote Licht auf ockerfarbene Felsen. Die atemberaubende Szenerie übt einen ganz besonderen Reiz auf mich aus. Manche Landschaften haben eine Anziehungskraft, die mich in der Tiefe meines Wesens berührt; sie rufen ein Gefühl der Vertrautheit in mir wach, als hätte ich in einer früheren Existenz schon einmal dort gelebt. Ich muss ein paar recht unterschiedliche Leben gelebt haben, denn das Gefühl, das jetzt hier im leeren Outback in mir hochsteigt, ergreift mich auch an kanadischen, von Pinien gesäumten Seen, in den Bergen des Himalaja, in den afrikanischen Ebenen und an den windgepeitschten, vom Meer zerklüfteten Küsten Norwegens. Vielleicht empfinde ich das Gefühl der Vertrautheit aus dem einfachen Grund, weil ich eine Vorliebe für all die großen, unerschlossenen Gebiete dieser Welt habe. Und dabei nimmt mich das rote Zentrum Australiens ganz besonders gefangen.

Weit im Süden ragen bleigraue Wolken mit ambossförmigen Köpfen mehrere 1.000 Meter hoch in den Himmel. Im Osten türmen sich weiße Wolken in dezenten Pastelltönen. Im Nordwesten geht die Sonne unter, und abgesplitterte, schräge Lichtsäulen dringen durch die Lücken zwischen den Wolkenschichten und der flachen Erde. Als die Sonne hinter dem Horizont versinkt, leuchten die Wolken so intensiv orange, als habe man ein Färbemittel in sie hineingegossen; kurz darauf werden sie blutrot. Wie ein Löschblatt saugt die Erde die Farbe des Himmels in sich auf und glüht, als würde der Boden von innen her erröten.

Ein Känguru erschreckt mich, als es hinter mir auf dem steinigen Boden scharrt. Ein paar Minuten später nähert sich ein kleineres graues Wallaby und verstärkt das Gefühl von Zeitlosigkeit. Keines der beiden Tiere scheint sich zu fürchten.

Ich bin da, wohin ich wollte. Auf einem Felsen mitten im Outback zu sitzen und in Gesellschaft eines Kängurus und eines Wallabys einen Sonnenuntergang zu beobachten, ohne dass Touristen in der Nähe sind, ist genau das, was ich zu erleben gehofft hatte. Ohne einen Gedanken an die verstreichende Zeit hocke ich unbeweglich da, bis die ersten Planeten und bald darauf die Sterne scharf umrissen am stahlblauen Himmel prangen. Die Verlockung, hier draußen zu übernachten, ist groß. Ich täte es, wenn ich meinen Schlafsack bei mir hätte. Doch jetzt, wo die Sonne verschwunden ist, wird es kalt, und im Laufe der Nacht werden die Temperaturen wahrscheinlich bis kurz über den Gefrierpunkt absinken.

Im Licht der Sterne mache ich mich an den Abstieg, bewältige einen Steilhang und wandere nach Alice zurück. Als ich den Todd River erreiche, kommen ein Mann und eine Frau auf mich zu. Er trägt ein großes Stück Sperrholz unter dem Arm. Sie bleiben stehen und zeigen mir die mit einer herrlichen Punktmalerei bedeckte Platte. Obwohl es dunkel ist, kann ich erkennen, von welcher Feinheit die künstlerische Arbeit ist. Er bietet das Werk zum Kauf an.

»Tut mir Leid, ich reise noch zwei Monate durch Australien und kann das nicht mitnehmen.«

»Es kostet nur 40 Dollar«, erwidert der Mann.

Ich schüttele den Kopf, will nicht unfreundlich sein, aber das wäre einfach zu unpraktisch.

»Ich habe Hunger«, fleht er. »Bitte.«

»Wirklich, das ist sehr schön, aber etwas von dieser Größe kann ich unmöglich mit mir herumschleppen.« Vielleicht könnte ich das Stück nach Sydney schicken und es vor meiner Abreise dort abholen. Ich denke kurz darüber nach, aber das logistische Problem ist mir einfach zu groß.

Ich gehe weiter am Todd River entlang; irgendwo im sandigen Flussbett streiten sich ein paar Aboriginals, ich kann ihr Geschimpfe hören. Die Stimmen werden lauter, eine Frau schreit auf. Ich weiß nicht, was ich tun soll, und bleibe stehen. Ein Mann, der vornübergebeugt auf einem Baumstumpf sitzt, warnt mich. »Misch dich nicht ein, die regeln das schon allein.«

»Bestimmt?«

»Na klar. Sie werden nur sauer, wenn du hingehst.« Er nutzt es aus, dass er meine Aufmerksamkeit hat. »Hast du 'n Dollar für mich, damit ich nach Hause fahren kann? Es ist zu kalt, um draußen zu schlafen. Ich muss zurück zu meiner Community.«

Ich gebe ihm einen Dollar. »Wie wärst du nach Hause gekommen, wenn du niemanden getroffen und um Geld gebeten hättest?«

»Hier finden Nachtpatrouillen statt. Die bringen uns zu unseren Communitys zurück. Vielleicht sperrt man uns dort ein, wenn man denkt, dass wir besoffen sind, aber das ist immer noch besser, als von der Polizei geschnappt zu werden.«

Ich weiß nicht, wie ihm ein einziger Dollar helfen soll, nach Hause zu kommen. Wahrscheinlich wird er sich noch ein Bier davon kaufen. »Sind die Polizisten gemein?« Meine Frage klingt, als wollte ich ihm eine negative Äußerung entlocken.

»*No*«, verneint er, und es klingt wie »nau«. »Ein paar sind üble Burschen, die anderen sind ganz okay; hängt auch davon ab, ob sie dich kennen und wie du mit ihnen umgehst.« Erstaunt erfahre ich, dass er drei Jahre jünger ist als ich. Er sieht so ausgemergelt aus, dass ich dachte, er sei so alt wie mein Vater. »Ich bin in der Telegrafenstation da oben zur Welt gekommen. Hab alle möglichen Jobs gemacht, meist als Schafscherer gearbeitet. Du weißt nicht zufällig, wo ich *yakka* finden kann, oder?«

»Ich bin Tourist, ich kann dir da nicht helfen.« Ich habe nicht die geringste Ahnung, wonach er gefragt hat.

Er scheint eine tragische Gestalt zu sein, und obwohl er vermutlich viel getrunken hat, ist er nett und höflich.

Wir sehen den Streithähnen zu. Plötzlich kommt ein Minibus angerauscht und hält unter einer Straßenlaterne. Drei Weiße klettern heraus und gehen auf die zeternde Gruppe in der Mitte des Flussbettes zu. Ein vierter Weißer hält sich dem Getümmel fern; setzt sich auf eine Bank neben dem Bus und beobachtet die ins Mondlicht getauchte Szene. Ich verlasse meinen Ein-Dollar-Freund, gehe zu dem Mann hinüber und setze mich neben ihn.

»Kennst du ihn?«, fragt er mich, ohne mich anzusehen.

»Meinst du den Aboriginal, mit dem ich mich unterhalten habe?«

»Ja.«

»Wir sind zufällig ins Gespräch gekommen. Er hat mich gefragt, ob ich wüsste, wo er *yakka* finden kann. Was ist *yakka* überhaupt?«

»Arbeit.«

»Was ist denn hier los?«

»Wir holen Leute für ein Konzert zusammen, das heute Abend stattfindet.«

»Was für ein Konzert?«

»Ein Liederabend der Evangelisten aus Papua-Neuguinea.«

»Bist du einer?«, will ich wissen.

»Ein Evangelist oder ein Papua-Neuguineer?« Seine Gegenfrage hat keinen ironischen Unterton.

»Ein Evangelist.«

»Ja, aber meine Freunde und ich kommen aus Melbourne. Und was machst du hier?«

«Ich reise durch Australien.«

»Gefällt es dir hier?« Er sieht mich zum ersten Mal an.

»Ja, ich finde es sehr schön. Obwohl es schockierend ist, die Lage der *Aboriginal people* mit anzusehen«, antworte ich.

»Ich bin seit ein paar Jahren in Alice, und es erschüttert mich noch immer. Meine Frau ist eine Schwarze. Ich habe in Papua-Neuguinea gearbeitet, das Leben war ziemlich hart. Aber ich habe dort nichts gesehen, was so deprimierend ist wie die Verhältnisse hier.«

»Was meinst du?«

»Die Aboriginals wollen einfach nichts für sich tun. Sie trinken sich dumm und dämlich, sie streiten sich untereinander, die Männer vergewaltigen und schlagen ihre Frauen und Kinder. Die Regierung gibt ihnen Geld, aber nie kommt was Gutes dabei heraus.«

»Was passiert mit dem Geld?«

»Es versickert in einer ineffizienten Bürokratie, oder es gerät in die Hände mächtiger Mischlinge. Und es wird für Alkohol ausgegeben. Der Spirituosenladen hinter uns öffnet morgens um zehn. Um diese Zeit stehen sie schon Schlange. Der Laden schließt um 14 Uhr. Die Leute hier nennen ihn die ›Tier-Bar‹. Um 14 Uhr macht der Laden dann für Weiße auf. Sie haben das absichtlich so geregelt, damit die Kundschaft sich nicht ins Gehege kommt. Die Aboriginal-Kunden betreten den Laden, kaufen etwas und bekommen Kleingeld. Kurz darauf sieht man sie, wie sie sich ein Taxi nehmen und zurück zu ihren Camps fahren. Sie geben das Arbeitslosengeld für zwei Wochen in drei Tagen aus, und dann hungern ihre Kinder. Die Spirituosenläden und Pubs verdienen an ihnen, die Berater von der Regierung, die Taxifahrer, die Krankenhäuser und vor allem ihre eigenen Leute zocken sie ab.«

»Das klingt ja furchtbar.«

»Ist es auch. Die Aboriginals werden von überall her finanziell unterstützt, und gleichzeitig zieht ihnen jeder das Geld aus der Tasche. Ihre Lage verschlimmert sich permanent, aber sie selbst unternehmen nichts dagegen. Der Bürgermeister von Alice Springs will die Spirituosenläden aus der Stadt in die Communitys verbannen, in denen es keinen Alkohol gibt, und wer will es ihm verargen? Die Aboriginals kommen aus ihren Communitys hierher. Sie betrinken sich und randalieren in der Stadt, und wenn sie nicht irgendwann im Flussbett ins Delirium fallen, nehmen sie sich ein Taxi und fahren nach Hause. Oder sie werden von ihren Nachtpatrouillen aufgesammelt und zurück in ihre Community gebracht. Dort werden sie wieder nüchtern, und am nächsten Zahltag fahren sie wieder nach Alice und veranstalten ein neues Saufgelage.«

»Ist es tatsächlich so schlimm?« Wir beobachten, wie seine Kollegen sich den Aboriginals bekannt machen.

»Glaub mir, Alice ist ein Pulverfass. Ich habe gehört, dass 300 Weiße von der Bürgerwehr bereit sind, durch die Stadt zu patrouillieren und für Ordnung zu sorgen. Die Leute haben die Schnauze voll.« Wir sehen, dass seine Begleiter sich mit den eben noch aufgebrachten Aboriginals unterhalten. Was immer der Anlass für die Auseinandersetzung gewesen sein mag, der Streit scheint beigelegt, die Atmosphäre ist nun freundlich.

Mein Banknachbar reicht mir die Hand. »Ich heiße Mark.« Dann wendet er sich wieder dem Geschehen im Bett des Todd River zu. »Ich halte es hier nicht mehr aus. Sowohl die weißen Rassisten als auch die Schwarzen sind absolut hoffnungslose Fälle.«

Die anderen drei Evangelisten aus Melbourne kehren mit mehreren Aboriginals zu ihrem Fahrzeug zurück. Mark stellt mich ihnen vor. Obwohl er sich so zynisch über sie geäußert hat, kennt er sie alle. Dann übernimmt ein älterer Aboriginal die Vorstellungsprozedur. Er ruft seine Leute einzeln herbei, damit sie mir die Hand schütteln. Zu mir sagt er: »Ich bin Christ.« Das ist augenscheinlich das magische Passwort, welches die Barrieren des Misstrauens überwindet. Wenn einer von sich sagt, er sei Christ, nimmt man an, dass er ein guter Kerl ist.

Mark lädt mich zu dem Konzert ein.

Die evangelischen Christen aus Papua-Neuguinea treten im Sportstadion auf. Sie singen Gospels, ihre Musik ist ein akustisches Leuchtfeuer. Marks Frau und seine Kinder sind im Stadion, mit ihnen ein paar 100 Aboriginals, die von den Evangelisten aus Melbourne hierher gekarrt wurden. Die meisten sitzen auf dem Rasen und freuen sich über das kostenlose Essen und die Gratis-Softdrinks. Ein paar stehen vor der Bühne; viele barfüßig, zerlumpt und immer noch von dem Zeug betrunken, das sie in sich hineingegossen hatten, bevor die Leute aus Melbourne sie eingesammelt haben. Einige werden auf die Bühne geführt, um »gerettet« zu werden. In Anbetracht dieser Instantrettung liegen mir ein paar spöttische Bemerkungen auf der Zunge; aber ich kann mich nicht dagegen wehren – das Zusammensein von Weißen und Schwarzen und die hier herrschende brüderliche Atmosphäre rühren mich.

Es ist noch dunkel, als der Wecker summt und ich mich schläfrig auf die Straße schleppe, wo der Zubringerbus für das Flugzeug der Ngurratjuta Air Mail auf mich wartet. Unterwegs halten wir bei einem Motel und nehmen ein australisches Paar mit. Die beiden sind trotz der frühen Stunde sehr gesellig und mitteilsam. »Wir sind aus Perth, und zum dritten Mal ziehen wir nun mit unserem Wohnwagen durch Australien. Man nennt uns ›Graue Nomaden‹.« Vom Motel aus steuern wir zwei der 17 Aboriginal-Camps an, die rund um Alice verstreut sind. Das erste Camp ist ein eingezäuntes Gelände; auf Schildern steht »Betreten verboten«.

Die Sonne ist noch nicht aufgegangen. In eine Wolldecke gehüllt, sitzt ein Mann vor einem Lagerfeuer. Ein zweiter schläft unter einem Baum auf einer Matratze, begraben unter mehreren Schichten von Decken. Obwohl das Camp die Aboriginal-Version eines weißen Vorortes darstellt, überkommt mich bei diesen Menschen, die unter freiem Himmel schlafen oder an Feuern sitzen und geduldig auf die Sonne warten, ein gewisses »Buschfeeling«. Einige Häuser sind sauber und ordentlich, mit gepflegten Blumenbeeten vor der Tür. Andere wirken verwahrlost; Scheiben sind zerbrochen, Türen fehlen, und überall liegen Matratzen herum. Aus einem der Häuser kommt ein Aboriginal, steigt in den Bus und geht ganz nach hinten durch. Er ist von oben bis unten im Cowboystil gekleidet: Hut, kariertes Hemd und ausgetretene spitze Stiefel. Im zweiten Camp schließen sich uns zwei Frauen an. Auch sie nehmen auf der hintersten Sitzbank Platz.

Bei Sonnenaufgang erreichen wir das Flughafengebäude. Ein weiterer weißer Passagier gesellt sich zu uns. Er ist der *town clerk*, der Berater einer der Communitys, zu denen wir fliegen werden. Während das Flugzeug aufgetankt wird, lässt uns der Neuankömmling an seinem Leben teilhaben. »Das ist die dritte Außenstation, in der ich arbeite. Meine Frau wohnt mit unseren Kindern in Alice, und ich fliege so oft hin und her, wie ich kann. Die Tätigkeit wird gut bezahlt, wir können Geld sparen und etwas für die Zukunft zurücklegen. Der einzige Nachteil besteht darin, dass ich als *town clerk* einen 24-Stunden-Job habe. Die Leute denken, dass man für alles zuständig ist, und wenn sie mich mitten in der Nacht brauchen, dann holen sie mich aus den Federn.« Er stopft seine Pfeife.

»Was für Qualifikationen muss man haben, wenn man *town clerk* werden möchte?«

»Wenn sie dich mögen und dir den Job zutrauen, dann heuern sie dich an.« Sorgfältig entzündet er den Tabak.

»Sie?«

»Die Außenstation.« Er nimmt einen Mund voll Rauch und hält kurz inne, bevor er ihn wieder auspustet.

»Was ist eigentlich der Unterschied zwischen einer Außenstation, einer Community, einem Reservat und einer Mission?«

Er nimmt einen tiefen Zug, bevor er es mir erklärt. »Die britische Regierung konnte die Massaker an den Aborigines nicht verhindern, daher hat man Reservate geschaffen. Sie sind zum Schutze der Schwarzen, aber auch zum Schutze der Weißen eingerichtet worden, obwohl die Aborigines ihnen eindeutig unterlegen waren. Sie haben ungefähr 270 weiße Siedler getötet, aber im gleichen Zeitraum wurden eine viertel Million der Ureinwohner umgebracht.« Er nimmt die Pfeife aus dem Mund und bläst eine weitere Rauchwolke aus. Seinem Gesichtsausdruck kann ich nicht entnehmen, ob er das, was den *Aboriginal people* widerfahren ist, bedauert oder ob es ihn kalt lässt. »Den Missionsstationen wurde der Status von Reservaten zuerkannt, und die Missionare wurden als ›Beschützer‹ eingesetzt. Viele der Missionen wurden nach und nach der Regierung übergeben, und später hat man sie den Aboriginal-Communitys überlassen. Heute nennt man sie teilweise immer noch Missionen, aber auch Reservate oder Communitys.« Er saugt wieder an seiner Pfeife und entlässt den Rauch durch eine kleine Öffnung in einem Mundwinkel. An diesem Morgen regt sich kein Lüftchen, sodass sein Bart und sein Gesicht vollkommen von Qualm eingehüllt sind. »Eine Aboriginal-Township ist eine größere Community, in der überwiegend Aborigines leben; die Townships liegen fast alle auf Aboriginal- oder auf Weideland.« Seine Erläuterungen werden unterbrochen, als wir aufgefordert werden, uns an Bord der Maschine zu begeben.

Bevor wir in die wartende Cessna Caravan einsteigen, wird jeder Passagier gewogen. Ich setze mich auf den Platz des Copiloten, da niemand von meinen Mitreisenden Anspruch darauf erhebt. Die »Grauen Nomaden« sitzen hinter mir, und als die drei Aboriginals einsteigen und die hintersten Sitze einnehmen, zückt die Frau aus Perth ganz unverhohlen eine Dose mit Raumspray.

Die Ngurratjuta Airline gehört zu 100 Prozent den Aboriginals; seit 1987 befördert diese Linie Post zu den weit entlegenen Communitys. Die Plätze im Flugzeug werden an Touristen vergeben, die willens sind, den Preis für eine Rundreise zu bezahlen. Das ist ein relativ teueres Vergnügen, aber ich habe so Gelegenheit, in die weit entlegenen Aboriginal-Gebiete zu gelangen, ohne beim *Land Council* oder direkt bei den Communitys eine Erlaubnis einholen zu müssen.

Gil Butler, unser Pilot, heißt uns an Bord willkommen. Während er die Maschine vor dem Start routinemäßig durchcheckt, antwortet er auf meine unzähligen Fragen. »Ich arbeite seit einigen Jahrzehnten als Pilot für die Mission Aviation Fellowship. Bevor ich hierher kam, habe ich in Papua-Neuguinea und in Arnhem-Land, weit im Norden von Australien, gearbeitet.«

»Wie ist es möglich, dass eine Aboriginal-Community sich so ein Flugzeug leisten kann? Das muss ein Vermögen gekostet haben.«

»Minenrechte. Den Aboriginals gehören die Mineralien zwar nicht, die in ihren Communitys gefunden werden, aber sie können durch ein Veto verhindern, dass die Bergbaugesellschaften auf ihrem Land nach Mineralien suchen. Um das Veto zu umgehen, erkaufen sich die Unternehmen von den Aboriginals das Recht, die Gebiete in Hinblick auf Mineralienvorkommen zu erforschen. Die Mission Aviation Fellowship hat vor 15 Jahren diese Charterfluglinie gegründet; damals baten uns die Oberhäupter der Aboriginals, die Linie aufzubauen und zu managen, zu den gleichen Bedingungen wie in Arnhem-Land.« Gil überprüft, ob wir alle angeschnallt sind; dann startet er den Turboantrieb der einmotorigen Cessna.

»Und rentiert sich das?« Wir rollen langsam zum hinteren Ende der Startbahn von Alice Springs, die so lang ist, dass auch große Passagierflugzeuge sich in die Luft schwingen können.

»Das Flugzeug kostet zwei Millionen Dollar, und wir haben ein weiteres bestellt, das vier Millionen kosten wird. Es rentiert sich also durchaus.«

Ich bewundere die Kommunikations- und Navigationsgeräte an Bord, die dem neusten Stand der Technik entsprechen. »Werden auch Leute aus den Communitys zu Piloten ausgebildet?«

»Ja, wir haben ein paar Aboriginals ausgebildet, aber sie sind weggezogen. Sie fühlen sich ihren eigenen Leuten nicht verpflichtet.« Er bittet per Funk um Starterlaubnis. Als sie erteilt wird, benötigt die Maschine nur einen Bruchteil der Rollbahn, um abzuheben.

»Wie hat es Ihnen in Arnhem-Land gefallen?« Ich muss laut sprechen, damit er mich verstehen kann. Ich würde diese Ecke Nordaustraliens gern besuchen, aber nach dem, was ich gehört habe, ist es fast unmöglich, dorthin zu gelangen.

Als wir unsere Flughöhe erreicht haben, schaltet Gil den Autopiloten ein, verschränkt die Arme vor der Brust und lehnt sich zurück. »Obwohl ich dort gearbeitet habe, hat es Jahre gedauert, bis ich richtig mit ihnen in Kontakt kam. Sie haben mich und meine Familie adoptiert, aber ich sage Ihnen, ich habe oft gedacht, dass es nicht sehr vorteilhaft ist, wenn man Aboriginal-Verwandtschaft hat. Manchmal standen sie bei uns in Darwin mitten in der Nacht vor der Tür oder zu irgendeiner anderen unpassenden Zeit. Mehr als ein Mal haben sie uns ein ganzes Wochenende ruiniert, für das wir schon Wochen vorher Pläne geschmiedet hatten. Sie sind mir ganz schön auf die Nerven gefallen. Ich hätte zu ihnen und ihrer Welt auf Abstand gehen können, aber ich dachte, ›nein, du nimmst das ernst und baust eine Beziehung zu ihnen auf‹. Das habe ich getan, und heute bin ich froh darüber. Es sind wunderbare, freundliche Menschen mit viel Sinn für Humor. Wir haben sie mit meinen zwei Kindern oft besucht und sind mit ihnen jagen gegangen. Wir haben mit Gewehren gejagt, denn mit ihren Speeren ist heute nicht mehr viel auszurichten. Sie haben meinen Kindern ihre Tänze beigebracht, und die beiden – sie sind heute erwachsen – sagen, dass dies die schönste Zeit ihres Lebens war. Ich bin stolz darauf, dass meine Kinder kein bisschen rassistisch sind. Sie haben mit den *Aboriginal people* gelebt und kennen sie genau, ihre guten und ihre schlechten Seiten.«

Als wir in eine Turbulenz geraten, muss Gil den Autopiloten wieder ausschalten. Er legt die Hände an den Steuerknüppel und dirigiert die Maschine in eine Höhe, in der wir weniger durchgeschüttelt werden. Nachdem wir ein paar 100 Meter an Höhe gewonnen haben, schaltet er wieder um auf den Autopiloten.

Wir entfernen uns in westlicher Richtung von Alice Springs, im Norden liegen die MacDonnell Ranges. Es ist noch früh am Morgen, und so werden die nach Osten ausgerichteten Abhänge von der Sonne beleuchtet, während die Westseite des Höhenzuges noch im Dunkeln liegt. Der Anblick ist eindrucksvoll, aber noch atemberaubender finde ich, dass wir, so weit wir sehen können, buchstäblich leeres Land unter uns haben, eine riesige Wildnis. Jetzt kann man sich leicht vorstellen, dass Cook und andere Eroberer dachten, das Land wäre so gut wie unbewohnt, obwohl sie gleich nach ihrer Landung auf die indigene Bevölkerung getroffen waren. Auch heute deutet hier immer noch nichts auf die Anwesenheit von Menschen hin. Es gibt keine Straßen, Wege, Eisenbahnschienen oder Telegrafenmasten. Nichts.

Dann kommen vereinzelte Wohnhäuser und Gebäude in Sicht. Papunya befindet sich mitten im Niemandsland. Wir fliegen einmal über das Rollfeld, um unsere Ankunft anzukündigen, dann landen wir. Als die Maschine allmählich ausrollt, nähern sich drei Fahrzeuge, um Post und Transportgüter abzuholen. In ihnen sitzen eine Polizistin, der Schulrektor und ein Straßenarbeiter. Jeder von uns hat eine Karte mit der Outback-Flugroute erhalten, auf deren Rückseite einige Ratschläge für das Verhalten gegenüber den Einheimischen abgedruckt sind:

> Wir möchten Sie auf zwei Aspekte der Kultur unserer Klienten hinzuweisen:
> Sie können natürlich Aufnahmen von der Landschaft machen. Wenn Sie während Ihres Aufenthaltes am Boden Menschen fotografieren wollen, respektieren Sie bitte das Recht auf eine ungestörte Intimsphäre der jeweiligen Person und vermeiden Sie jede Aufdringlichkeit.
> Die *Aboriginal people* Zentralaustraliens sind von Natur aus zurückhaltend.
> Bitte vermeiden Sie es, die Aboriginals direkt zu fragen, da Englisch nicht ihre Muttersprache ist. Wenn Sie Hilfe brauchen, wenden Sie sich bitte an den Piloten.

Momentan ist nur ein einziger Aboriginal zu sehen – ein kleiner Junge, der sich am Hemd des Rektors festklammert. Wir verabschieden uns von dem Pfeife rauchenden *town clerk*. In nur knapp fünf Minuten werden die Post und alles andere aus dem geräumigen Frachtraum ausgeladen, dann sind wir schon wieder in der Luft.

In einer Höhe von 1.275 Metern fliegen wir über Haasts Bluff hinweg und am Mount Liebig vorbei. Hinter einem Bergrücken landen wir ein zweites Mal. Sobald die Maschine ausgerollt ist und die Propeller sich nicht mehr drehen, öffnet Gil meine Tür, um Luft in die Kabine zu lassen. Ich weiß nicht, was schlimmer ist: Die Sonne hat das Cockpit so aufgeheizt, dass man das Gefühl hat, man sitze in einem Mikrowellenherd, und bei der Hitze, die draußen herrscht, kann man kaum atmen. Wir werden vom örtlichen Berater oder *town clerk* begrüßt. Eifrig darauf bedacht, uns zu unterhalten – und ein bisschen von Gil dazu animiert –, füllt der *town clerk* die Stille mit einem nicht enden wollenden Redefluss, während ich damit beschäftigt bin, die Fliegen von meinem Gesicht zu vertreiben.

Ohne sich zu verabschieden, ziehen die beiden weiblichen Aboriginal-Passagiere von dannen.

»*Footy* ist für die Leute hier draußen eine Religion.« Ich mache ein paar Streckübungen, während der *town clerk* uns das erzählt. »Wir hatten hier neulich ein *Footy*-Spiel; ich habe gedacht, es würde in einem Blutbad enden. Für die Aboriginals ist es auch ein Weg, die Auseinandersetzungen zwischen ihren Clans auszutragen. Aber es ist alles gut gegangen, keine ernsthaften Verletzungen.« Er genießt es, detailliert über das Leben in der Außenstation zu berichten. »Eines Morgens ist jemand mit einem Speer im Bein in die Klinik gekommen.« Er zeigt uns an seinem eigenen Oberschenkel, wie tief sich das Wurfgeschoss ins Fleisch gebohrt hatte. »Der Bursche ist mit der Frau eines anderen ins Bett gestiegen und hinterher abgehauen.« Das Paar aus Perth spitzt neugierig die Ohren. »Das war vor drei Jahren.« Da er merkt, dass er ein dankbares Publikum hat, plappert er eifrig weiter, während Gil all die Dinge aussortiert, die hier ausgeladen werden müssen. »Die Ältesten haben ihn mit einem Fluch belegt. Sie haben gesagt, dass ihn von nun an ein Kerl mit rotem Stirnband verfolgen würde.«

»Es laufen vielen Typen mit einem roten Stirnband herum«, wende ich ein.

»Genau. Irgendwann ist er so paranoid geworden, dass er zurückgekommen ist und seine Strafe akzeptiert hat. Dann kam er mit einem 1,80 Meter langen Speer im Oberschenkel in die Klinik gehumpelt. Wäre er ein guter *Footy*-Spieler, hätte der Clan auf die Speerstrafe verzichtet und sich eine andere Buße für ihn ausgedacht. Wenn Aboriginals heutzutage ein traditionelles Bußritual akzeptieren, können sie von den Weißen für dieses Vergehen nicht noch einmal bestraft werden, denn das käme einer Doppelbestrafung gleich.«

Nachdem die Post ausgeladen worden ist, teilt Gil an die »Grauen Nomaden« und mich Lunchpakete aus mit belegten Broten, Früchten und Leckereien. Gil teilt seine Brote mit dem Aboriginal-Cowboy. Ich fühle mich nicht wohl, weil wir Weißen mit einem Lunchpaket bedacht werden und der Aboriginal nicht. Aber ich frage nicht nach dem Grund und tröste mich mit dem Gedanken, dass wir wahrscheinlich mehr bezahlt haben als er.

Während Gil uns wieder in die Cessna zurückscheucht, redet der *town clerk* in einer Tour weiter. Gil schließt die Türen, und die Propeller verursachen einen Sandsturm. Der aufgewirbelte Staub hängt noch in der Luft, als wir die Startbahn weit hinter uns gelassen haben.

Um Nyirrpi herum verschandeln zahllose Autowracks die Gegend. Jede noch so kleine Gemeinde, auch wenn sie nur aus ein paar Dutzend Häusern besteht, hat ein kreisrundes Aussie-Rules-Football-Spielfeld. Anscheinend das erste bisschen Infrastruktur, das erbaut wird, wenn die Leute sich hier irgendwo niederlassen. Als wir mit dem Anflug auf eine nicht asphaltierte Landepiste beginnen, erzähle ich unserem Piloten, dass mich die Landschaft an Ostafrika erinnert.

»Sind Sie dort gewesen?« Gil ist hellhörig geworden.

»Wenn man meine Kindheit mitrechnet, habe ich zehn Jahre dort verbracht.«

»Beherrschen Sie die Sprache?«, erkundigt er sich.

»Ja, eine.«

»Dann müssen Sie den Chef des Wartungsdienstes kennen lernen. Überraschen Sie ihn mit einer Begrüßung auf Ostafrikanisch.«

Peter McDermott sitzt auf der Kühlerhaube seines Landcruisers. Ich steige die Treppe hinab, die aus dem Rumpf der Maschine ausfährt, und spreche ihn auf Kisuaheli an. Er antwortet flüssig in der gleichen Sprache. Wir unterhalten uns ein paar Minuten lang, dann reden wir Englisch, damit die anderen sich nicht ausgeschlossen fühlen. Peter ist in Tansania geboren und hat in der britischen Armee gedient, bevor er nach Australien zog und hier Chef des Wartungsdienstes wurde. Ich kann mir gut vorstellen, dass er als britischer Soldat in einem ähnlichen kolonialen Außenposten gedient hat. Ich sehe ihn im Geiste auf der Veranda des Klubs sitzen und ein Glas Pimms trinken. Aber selbst in Afrika ist es schwer, wenn nicht sogar unmöglich, einen Ort zu finden, der so von der Außenwelt abgeschnitten ist wie dieser. »Ich habe Ostafrika geliebt«, berichtet er uns. »Das Problem ist, dass mich die Gegend hier jeden Tag daran erinnert. Aber es ist nicht Ostafrika, und manchmal hasse ich es, hier zu sein.«

Peter redet genauso ohne Punkt und Komma wie der Berater in der letzten Community. Als wir uns verabschieden wollen, dauert es einige Minuten, bis er uns endlich ziehen lässt. Anscheinend hat er keine Lust, wieder in sein einsames Leben einzutauchen. Als wolle er den flüchtigen Kontakt so lange wie möglich aufrechterhalten, winkt er uns nach, bis wir außer Sichtweite sind.

»Sie haben ihm eine große Freude gemacht«, merkt Gil an. Ich starre aus dem Fenster, als wir noch einmal über die wenigen Häuser hinwegfliegen. »Die Communitys oder Außenstationen werden nur von Weißen erhalten und verwaltet. Der Berater oder *town clerk* ist der Leiter; ihm unterstehen all die Handwerker, Lehrer und Krankenschwestern.«

Gil spürt, dass mir eine kritische Bemerkung auf der Zunge liegt. »Vergessen Sie nicht, dass die Leute hier erst in den letzten 50 Jahren mit Weißen in Berührung gekommen sind. Sie haben einige

10.000 Jahre lang als Nomaden gelebt und können sich nicht über Nacht ändern. Viele von ihnen wollen es auch gar nicht. Aber diejenigen, die sich in Häusern, in festen Siedlungen niederlassen, brauchen Weiße, die die Infrastruktur aufrechterhalten, ihre Kinder unterrichten und Verwaltungsarbeiten erledigen.«

Als wir Docker River anfliegen, befinden wir uns kurz vor der Grenze von Westaustralien; auch der Bundesstaat Südaustralien ist nur halbe Flugstunde entfernt.

»Wie sind diese Siedlungen entstanden?« Ich wundere mich darüber, dass Communitys, die so vom Rest der Welt isoliert sind, überleben können.

»Docker River gehört zu den Siedlungen, die in den weit abgelegenen Gebieten gegründet wurden, als die Regierung die Politik der Anpassung betrieb. Damals wurde von den Aboriginals erwartet, dass sie wie weiße Australier leben. Die nomadisierenden Clans wurden in Siedlungen wie Docker River gesteckt. Aber das hat nicht funktioniert. Die Politik der Assimilation beruhte auf der Annahme, dass die Ureinwohner freiwillig die wirtschaftlichen und kulturellen Werte der Weißen verinnerlichen und ihr Leben dementsprechend ändern würden. Doch das haben sie nicht getan. Das war in den 1950ern. In den 1970er-Jahren fand ein politischer Umschwung statt in Richtung Selbstbestimmung. Bewohner größerer Siedlungen haben damals kleinere Außenstationen im Busch gegründet, weil sie ihre traditionelle Lebensweise wieder aufnehmen wollten. Das ist ein bisschen widersprüchlich, denn viele besitzen Auto und Gewehr, Satellitenfernsehen, Videorekorder, Kühlschrank und Telefon.«

In Docker River werden wir von einer Weißen erwartet, die hier als Lehrerin arbeitet. Im Gegensatz zu den anderen Weißen, die wir bei unseren Zwischenlandungen getroffen haben, macht sie einen glücklichen Eindruck. Zumindest lächelt sie oft. Sie ist die Mutter eines der beiden Mädchen, die aufgeregt um unser Flugzeug herumflitzen und Gil beim Ausladen helfen. »Meine Tochter ist zwölf. Ihre Freundin lebt auf einer Farm in der Nähe von Alice Springs; die beiden haben sich vor vier Jahren über die *School of the Air* kennen gelernt. Sie besuchen sich immer, wenn sie Ferien haben. Die Mädchen wohnen so weit von ihren weißen Altersgenossen entfernt, dass sie täglich über Funk miteinander sprechen, wenn ihre Funkschule beendet ist und die Frequenzen frei sind.« Die beiden Mädels im Vor-Teenage-Alter lachen und kichern; sie freuen sich, dass sie zusammen sind und nicht in einer immer wieder unterbrochenen Funkverbindung mit einer *Virtual-Reality*-Freundin reden müssen.

»Wie ist das, wenn man zu Hause sitzt und per Funkgerät unterrichtet wird?«

»Nicht so ungewöhnlich, wie Sie vielleicht denken. Die Schüler lernen den Lehrer kennen, sie nennen sich alle beim Vornamen, und der Lehrer erkennt sie sogar an ihren Stimmen. Hausarbeiten werden mit der Post hin- und hergeschickt. Disziplin ist schon notwendig, aber es funktioniert gut.« Sie sieht die Mädchen stolz an. »Aber es ist natürlich etwas völlig anderes, wenn sie richtig zusammen sein können. Danach halten sie ihre Freundschaft per Funk aufrecht, bis sie sich wieder sehen.«

Ich finde es spannend, dass ich wenigstens eine Ahnung davon bekomme, was es heißt, im Outback zu leben. Gleichzeitig frustriert es mich, dass ich immer nur ein paar Minuten Zeit habe, mit den Leuten zu reden und einen Einblick in ihre sehr unterschiedlichen Lebensweisen zu gewinnen. Das ist immerhin besser als nichts, aber ich bin jetzt entschlossen, eine Aboriginal-Community zu besuchen, bevor ich Australien verlasse.

Von Docker River aus fliegen wir in nordwestlicher Richtung, überqueren die Grenze Westaustraliens und landen in einem weiteren Außenposten. Dort klärt uns ein protziges handbemaltes

Schild darüber auf, dass Kiwirrkurra das »Juwel des Westens« ist. Was diesen Ort so kostbar macht, lässt sich allerdings nicht feststellen. Von seinen wenigen Häusern ist nichts zu sehen, am Ende der Landebahn steht lediglich ein Toilettenhäuschen. Seltsamerweise hat jemand eine Matratze hineingestopft, wodurch es in gewisser Weise zu einem Juwel unter den Herzhäuschen wird. Ein weiterer Luxusartikel, der die Landepiste veredelt, ist ein Wellblechdach auf vier Pfosten, das einer Bank mit einem Tisch davor Schatten spendet.

Vier Wagen fahren auf uns zu; jeweils von einem Weißen gesteuert, ziehen sie eine Staubfahne hinter sich her. Die Männer vermeiden jeden Blickkontakt untereinander, obwohl sie – oder vielleicht weil sie – in dieser gottverlassenen Gegend eng beisammen leben. Mit dem lauernden Blick hungriger Geier, ohne sich gegenseitig zu beachten, warten sie, bis ihnen ihre Post und Päckchen übergeben werden. Selbst für einen uneingeweihten Zuschauer ist die Feindseligkeit unter ihnen spürbar. Es muss die Hölle sein, wenn man an einem so einsamen Ort lebt und sich nicht mit seinen Nachbarn versteht.

Eine Bande Kinder erscheint auf der Bildfläche; jedes ist splitternackt. Einer der Jungen, höchstens zehn Jahre alt, kommt auf einem winzigen Motorrad angefahren. Drei neue Aboriginal-Passagiere gesellen sich zu uns, und die Frau aus Perth holt prompt ihr Raumspray aus der Tasche.

Als mich der Bus ein paar Stunden später wieder in Alice absetzt und ich durch die Straßen wandere, stoße ich auf eine Parole, die Graffitikünstler auf die Außenwand eines Gebäudes gesprüht haben. Ich habe den Spruch schon mal in der Innenstadt von Sydney gesehen: »Sie befinden sich auf Aboriginal-Land!«

Zum zweiten Mal stehe ich in pechschwarzer Dunkelheit vor einer Jugendherberge und warte auf einen Bus. Zu meiner Überraschung ist es sehr kalt, die Temperaturen liegen nahe am Gefrierpunkt. Ich bin der erste Fahrgast, und so nehme ich wieder den Platz 1A ein, denn von dort aus kann ich mich leicht mit dem Fahrer unterhalten. Ich habe eine Australienrundreise gebucht, und mein Greyhound-Ticket beinhaltet nicht nur einen dreitägigen Ausflug zum Ayers Rock, der neuerdings wieder mit seinem Aboriginal-Namen »Uluru« betitelt wird, sondern auch einen Abstecher zu den Olgas und zum Kings Canyon. Ich wickle meinen Schlafsack um mich, als der Bus auf die Betonpiste fährt, die durch das Flussbett des Todd River führt. Die Scheinwerfer fallen auf ein Straßenschild; es warnt davor, dass Kamele die Fahrbahn überqueren könnten. Am Rande des Lichtkegels werden ein paar zerlumpte Gestalten sichtbar. Der Fahrer wirft mir einen Blick zu. »Allein in Alice Springs haben Aborigines in der Zeit von Mittwoch bis Freitag letzter Woche eine halbe Million Dollar für Alkohol ausgegeben. Das sind erschreckende Zahlen. Und wenn sie keinen Alkohol trinken, dann schnüffeln sie Benzin und zerstören das, was von ihren Gehirnen noch übrig ist.«

Während wir durch Alice fahren, um die anderen Touristen einzusammeln, die diese Tour gebucht haben, erzählt er weiter. »Der durchschnittliche, 30 Jahre alte Aborigine, der in einen Greyhound einsteigt, ist nicht mal in der Lage, seine Fahrkarte zu lesen und darauf seine Sitznummer zu identifizieren. Vor 50 Jahren kannten die noch nicht mal das Rad, und jetzt reisen sie in Bussen, in die ihr ganzer Clan hineinpasst. Sie sind viel zu schnell mit viel zu viel Neuem konfrontiert worden. Jetzt interessieren sie sich hauptsächlich für Schnaps und Zigaretten. Und wenn sie genug Geld haben, auch für Autos. Es ist eine Tragödie.« Wir sammeln eine ganze Busladung Reiselustiger ein, bevor wir auf den Stuart Highway fahren, der in südlicher Richtung aus Alice Springs hinausführt.

Unser Buskapitän hat offenbar ein Lieblingsthema. »Die Leute meinen, die Aborigines sind nicht so intelligent wie wir. Als ich anfing, ihnen an der Berufsschule in Alice das Maurerhandwerk beizubringen, habe ich das auch geglaubt. Manchmal habe ich das Wissen abgefragt, das ich ihnen tags zuvor vermittelt hatte, und keiner konnte sich an irgendwas erinnern. Einmal haben wir unter freiem Himmel praktisch gearbeitet, und da ich kein Papier bei mir hatte, habe ich das, was ich ihnen zeigen wollte, mit einem Stock in den Sand gemalt. Am nächsten Tag wollte ich, dass sie wiederholen, was ich ihnen erklärt hatte. Ein Schüler malte alles in den Sand, exakt so, wie ich es getan hatte. Ich begann mit komplizierten Mustern zu experimentieren; jeder einzelne Schüler konnte sie problemlos nachzeichnen. Aborigines sind genau so schlau wie wir, aber sie sind auf eine andere Weise intelligent. Sie sind intuitiv und visuell begabt, sie hören und sehen Dinge, die wir nicht wahrnehmen. Sie haben einen sechsten Sinn und können Tiere besser verstehen als wir. Diese Fähigkeiten haben wir, während wir immer ›zivilisierter‹ wurden, im Laufe der Jahrhunderte verloren. Es ist wirklich schade, dass ihnen ihre Fähigkeiten in unserer modernen Welt so wenig nützen.«

Während ich durch das Fenster die an mir vorbeiziehende Landschaft betrachte, höre ich dem Fahrer nur mit einem Ohr zu; ich fühle mich wie ein Kind, das erlebt, wie ein Traum wahr wird.

»An der Straße von Alice nach Ayers Rock liegen acht Anwesen, die zwischen einem und 10.000 Quadratkilometer groß sind.« Es ist zu langweilig für den Buskapitän, diese triste Strecke zu fahren; er braucht jemanden, mit dem er sich unterhalten kann, damit er wach bleibt. »Eine der Farmen wurde für die Aborigines gekauft, damit sie dort Vieh züchten können. Aber sie ist total heruntergekommen. Das ist bedauerlich, weil sie gute Züchter sind. Ich habe es eben schon gesagt: Sie können von Natur aus hervorragend mit Tieren umgehen.«

Vielleicht bedeutet »heruntergekommen«, dass die Farm wieder in dem Zustand ist, in der sie einmal war, was wahrscheinlich gar nicht so schlecht wäre. Große Teile des Outback haben darunter gelitten, dass man dort mehr Rinder und Schafe gehalten hat, als das Land verkraften konnte. Es ist eine interessante Frage, wie diese Wüstenlandschaft jetzt aussähe, wenn es hier nicht so viele Farmen gegeben hätte. Die Farmer haben exotische Paarhufer gezüchtet, die das Land kahl gefressen und zertrampelt haben.

Bei der Erldunda-Raststätte verlassen wir den Stuart Highway und fahren geradewegs nach Westen, Richtung Uluru, bis wir schließlich das Ayers Rock Resort erreichen. Von hier aus ist der Berg schon zu sehen, aber erst aus weiter Entfernung. Auf dem riesigen Gelände des Resorts befinden sich diverse Hotels, eine Jugendherberge und ein Campingplatz, den Anbieter von Abenteuerreisen nutzen. Zudem gibt es ein Reisebüro, einen Frisiersalon, Souvenir- und andere Läden, einen Supermarkt, ein Kino und ein Freilichttheater. Das am Reißbrett geplante Instantdorf ist von einer Ringstraße umschlossen, die alles miteinander verbindet. Der Ort macht einen unangenehm homogenen und vorfabrizierten Eindruck; selbst die Jugendherberge sieht nicht schäbig aus und unterscheidet sich kaum von den gut ausgestatteten Hotels. Mit all dem Komfort sind wir von der Landschaft um uns herum so isoliert wie die Passagiere eines Kreuzfahrtschiffs vom Ozean. Das Unternehmen wird von einer Gesellschaft mit 1.500 nur weißen Angestellten betrieben; nicht ein einziger Aboriginal ist zu erblicken.

Das Resort bildet die Antithese zu dem, was ich mir unter einem Besuch des Uluru vorgestellt habe. Das Touristengetto steht weder in einem historischen, kulturellen noch spirituellen Zusammenhang mit dem Monolithen. Die künstlich erschaffene Welt hält Betten für 7.000 Touristen bereit, die von hier aus bequem den Berg erreichen können.

Nachdem wir unsere Zimmer bezogen haben, machen wir gemeinsam eine abendliche Sightseeingtour zum Uluru oder Ayers

Rock, wie ihn unser Fahrer noch immer stur nennt. Auf dem Weg zu dem unverwechselbaren Gesteinsbrocken erzählt er uns: »Der Monolith ist vor ungefähr 400 Millionen Jahren entstanden; er hat einen Umfang von acht Kilometern und erhebt sich 348 Meter über die ihn umgebende Ebene.«

Wir kommen an ein Tor und werden von einem Schild begrüßt: »Willkommen auf Aboriginal-Land.« Es ist, als wenn man einen Freizeitpark betritt oder eines der künstlichen Homelands, die von der weißen Regierung Südafrikas in den Tagen der Apartheid eingerichtet wurden. Wir steigen aus dem Bus und stellen uns an, um Eintrittskarten zu kaufen. »20 Prozent von dem, was Sie gerade gezahlt haben, geht an die Aborigines, die diesen Ort ihr Zuhause nennen«, informiert uns unser Fahrer, als wir weiter zum Uluru fahren. Das sind im Jahr über zehn Millionen Dollar, die ein Aborigines-Clan einnimmt, dem nur ein paar hundert Leute angehören, und weniger als die Hälfte von ihnen lebt jetzt hier.« Weiter geht er mit seinen kritischen Kommentaren nicht. Mir kommt es so vor, als möchte er mehr sagen, verzichte aber darauf, um die Gefühle seiner Fahrgäste nicht zu verletzen. »Dieser Berg wird für das moderne Symbol der indigenen Bevölkerung Australiens gehalten, obwohl diese aus 300 verschiedenen Clans besteht und die einzelnen Clans äußerst unterschiedliche Kulturen aufweisen.«

Der Berg sieht aus, als könnte er uns verschlucken. Wir fahren auf einer zweispurigen Asphaltstraße, die um den Monolith herumführt. Je näher wir ihm kommen, desto eindrucksvoller zeigt er sich uns. Es wimmelt von Fahrzeugen mit Allradantrieb, obwohl man hier keinen braucht. Die Asphaltsstraße ist so eben, dass sie eine ideale Piste für Inlineskater wäre. Als wollten sie demonstrieren, wie gut die Fahrbahn ist, überholt uns ein halbes Dutzend Harley-Davidson-Motorräder mit lautem Getöse – Touristen, die in Alice Springs eine organisierte Ayers-Rock-Tour gebucht haben, und vielleicht das ultimative Symbol der Kommerzialisierung dieses einst heiligen Ortes.

An einer Seitenstraße, die durch den Busch führt, sehen wir diverse Gebäude, vor deren Eingängen Schilder mit der Aufschrift stehen:

Achtung! Betreten verboten!
1.000 Dollar Strafe. Aboriginal-Grundbesitz.

»Hier befanden sich früher die ersten vier Motels und ein Campingplatz. Die Einrichtungen wurden geschlossen und den Aborigines übergeben. Jetzt hat man den ganzen Ayers-Rock-Tourismus im Ayers Rock Resort gebündelt.« Da das Resort weiter entfernt ist, nehme ich an, dass dies in den Augen der Aboriginals eine Verbesserung darstellt. Zahllose Schilder ermahnen uns, keine der mit Felsmalereien geschmückten heiligen Stätten zu fotografieren, was jeden Besitzer einer Kamera zu einem schnellen verbotenen Schnappschuss provoziert.

Wir halten am Ende einer Kette, die wie eine Narbe über den Felsen verläuft. Hunderte Kletterer halten sich während ihres Auf- und Abstiegs an der Kette fest, obwohl alle Touristen darauf hingewiesen werden, dass der ortsansässige Clan es vorzöge, wenn niemand den Uluru bestiege.

»Das ist nur ein Vorgeschmack«, ermuntert uns unser Fahrer. »Morgen werden Sie Gelegenheit haben, den Berg zu besteigen. Wer ein schwaches Herz hat und nicht mitmachen will, kann inzwischen das Kulturzentrum besuchen.« Als wir weiterfahren, verkündet der Buskapitän: »Der Bursche, der Ayers Rock in einer Rekordzeit bestiegen hat, ist Neuseeländer. Er ist den Felsen raufund runtergerannt. Ich weiß nicht mehr, wie lange er gebraucht hat, aber er war ziemlich fix.« Im Bus herrscht Stille, es sind keine »Aaahs« und »Ooohs« zu hören. »Wie viele von Ihnen werden morgen klettern?« Er wirft einen Blick in den Rückspiegel.

Nur drei Fahrgäste heben ihre Hände, zwei Franzosen und ein junger Japaner. Ich nehme an, dass die anderen auf die Besteigung verzichten, weil sie den Wunsch der Aboriginals achten, und nicht, weil die Kletterpartie zu anstrengend wäre.

Unser nächster Zwischenstopp ist die *Sunset Viewing Area*, eine asphaltierte Fläche enormen Ausmaßes, auf der hunderte von Fahrzeugen stehen. Ich fühle mich ein bisschen wie in einem Autokino, denn alle Wagen sind in Reih und Glied mit Ausblick auf den Uluru geparkt. Eine abgeteilte Stellfläche ist für Busse reserviert; ich zähle über 50 riesige Touristentransporter, die mindestens 2.000 Schaulustige hergebracht haben müssen. Wir steigen aus und betreten ein umzäuntes Gelände. Diverse Reisegruppen stehen um weiß gedeckte Tische herum, auf denen gekühlter Champagner und Platten mit Hors d'œuvres für sie bereitgestellt sind. Die Touristen betrachten den Sonnenuntergang am Uluru; manchmal heben sie die Moskitonetze ein wenig an, die von ihren Hüten herunterhängen, um Champagner zu schlürfen und genüsslich den geräucherten Lachs oder die Austern zu verspeisen. Dabei plappern sie so munter miteinander, als befänden sie sich auf einer im Freien stattfindenden Cocktailparty, und genau das scheint mir auch der Fall zu sein. Die Reiseführer, allesamt mit makellos reinen Khakiuniformen bekleidet, geben sich Mühe, den tödlich gelangweilten Ausdruck in ihren Augen zu kaschieren. Man verkraftet eben nur eine bestimmte Anzahl Sonnenuntergänge am Uluru; dann stumpft man ab und wird blasiert.

Ich entferne mich; nach zehn Minuten stehe ich auf einer Erhebung. Von hier aus bietet sich mir ein ungehinderter Ausblick auf den eindrucksvollen Berg. Zwei Hubschrauber schwirren durch die Luft. Sie erlauben es ihren zahlenden Fluggästen, das Sonnenuntergangsspektakel aus der Vogelperspektive zu erleben. Auf der Straße vor uns herrscht reger Verkehr. Der Felsen wechselt die Farbe, von leuchtendem Gelb zu Orange, Rot, Lila und dann Purpur. Als die Sonne hinter dem Horizont verschwunden ist, nimmt er einen gewöhnlichen Braunton an. Gleich darauf bricht auf dem Parkplatz ein Chaos aus, da alle dem Getümmel als Erste entkommen wollen und zurück ins Resort streben, in ihre Hotelzimmer und in die Restaurants.

Bis zum Zweiten Weltkrieg hatte nur eine Hand voll Weiße den Uluru erblickt oder bestiegen. Jetzt zieht der Berg jedes Jahr 500.000 Touristen an. Wie war es wohl, als man vor einem Jahrhundert mit einem der Clans aus der Umgebung hierher pilgerte, unter dem Sternenhimmel übernachtete und am nächsten Tag den Sonnenauf- und untergang bestaunte? Mein romantisches Bild von einer Wüstenwanderung mit einem »edlen Wilden« steht jedenfalls im starken Kontrast zur heutigen Realität.

Da ich bis zur Abfahrt noch ein wenig Zeit habe, bleibe ich auf der Düne. Ich bin allein. Ein Dreiviertelmond hängt tief am Himmel. Letzte Sonnenstrahlen beleuchten Wolkenfetzen, die sich um den Uluru versammeln; wie übernatürliche Flammen lodern sie über dem steinernen Koloss, als sei er die Quelle der Feuersbrunst. Außer mir hat offensichtlich niemand Augen für den Zauber.

Im frühen Morgenlicht hat der Berg etwas Magisches. Mit majestätischer Erhabenheit überragt er die Ebene. Der Monolith hat die überwältigende Präsenz eines schlummernden prähistorischen Giganten; von diesem Ort geht eine mächtige, übernatürliche Kraft aus.

Die meisten von uns steigen am Kulturzentrum aus dem Bus, nur die drei Kletterer fahren weiter zum Uluru. Im Kulturzentrum stoße ich auf ein Schild mit einer unmissverständlichen Aufschrift:

> Heutzutage betrachten viele Besucher den Sonnenuntergang und klettern auf den Uluru. Der Berg ist aber ein bedeutendes Heilig-

tum. Sie sollten ihn nicht besteigen! Er ist kein Ort für Bergtouren. Sie müssen seine wahre Geschichte zu begreifen suchen!

Uns wird ein emotionaler, manchmal komischer Videofilm über die neuere Geschichte des Uluru gezeigt. Wir Ausländer sehen uns das Dokument interessiert an, doch einem Australier mit Buschhut kommt die Galle hoch. Als auf dem Video zu sehen ist, wie vor einiger Zeit brutale weiße Polizisten eine Anzahl Aboriginals zum Uluru getrieben und dort erschossen haben, gibt er einen höhnischen Laut von sich. Dann steht er auf und geht wütend weg, gefolgt von seiner Frau und zwei kleinen Kindern.

Der Film beinhaltet auch einen Schwarz-Weiß-Ausschnitt einer Nachrichtensendung von 1950. Eine Pfadfindergruppe besteigt den Ayers Rock. Im Zusammenhang mit den *Aboriginal people* spricht der Kommentator von einem »primitiven indigenen Volk«, als handle es sich um eine Expedition in das tiefste, dunkelste Afrika zu Zeiten von Stanley und Dr. Livingstone. Das Video zeigt auch Aboriginals, die in den ersten Motels am Ayers Rock arbeiten: Sie verrichten einfache Arbeiten, machen Betten, wischen Fußböden. Im Resort hingegen sind keine Aboriginals beschäftigt, jedenfalls habe ich keine gesehen. Gestern Abend habe ich einen Hotelmanager nach dem Grund dafür gefragt. »Es braucht alles ein bisschen Zeit, *mate*«, lautete die Antwort. Aber wenn sie vor 40 Jahren in den Motels gearbeitet haben, wieso dann nicht auch heute im Resort? Nach mehr als 40 Jahren müsste der eine oder andere höhere Positionen bekleiden können. Vielleicht haben die Aboriginals gar kein Verlangen danach, oder sie haben möglicherweise so viel Geld, dass ihnen eine feste Arbeit gar nicht erstrebenswert erscheint.

Auch wenn das Video während der Passagen traurig stimmt, in denen die Enteignung der indigenen Bevölkerung Australiens dokumentiert wird, so enthält es auch einige witzige Szenen, die ganz dem australischen Humor entsprechen. Im Zeitraffer sind Busse zu sehen, die wie besessen um den Uluru herumsausen. In der *Sunset Viewing Area* ergießen sich ganze Touristenströme aus den Bussen; wie wild durcheinander krabbelnde Ameisen sehen sie aus. Als ein amerikanischer Besucher interviewt wird, laufen die Bilder wieder mit Normalgeschwindigkeit. Mit breitem Akzent erklärt der Befragte: »Wissen Sie, ich habe mir schon vor einiger Zeit vorgenommen, diesen Berg zu bezwingen. Ich habe hart trainiert und mich mächtig ins Zeug gelegt. Nun habe ich es geschafft, und ich bin sehr stolz auf mich.« Dann eine zweite Zeitraffersequenz: Die Leute steigen alle wieder in die Busse, die Busse fahren los, und schließlich ist der leer gefegte Parkplatz zu sehen.

Im Café des Kulturzentrums komme ich mit dem Fahrer eines der Luxusbusse ins Gespräch. Seinen authentischen Buschhut schmückt ein Hutband aus Krokodilleder. »Ich fahre schon seit Jahren zum Uluru«, erzählt er mir. »Und jedes Mal, wenn ich nach Hause komme, habe ich Kopfschmerzen. Hier herrscht ein schlechtes Karma. Was hier mit dem Tourismus läuft, ist falsch. Sie sollten den Uluru in Ruhe lassen.« Er rührt in seinem Kaffee und grübelt. »Die Leute steigen auf den Berg. Es ist ihnen piepegal, was die Aboriginals denken, sonst würden sie's ja nicht tun. Für den lokalen Clan stellt das eine Verletzung von *tjukurpa* dar, des Gesetzes, auf das sich alle Verhaltensregeln beziehen und das den Traumzeitgeschichten Bedeutung verleiht.« Er nimmt einen Schluck Kaffee, bevor er weitererzählt. »Wenn wir den Uluru anschauen, sehen wir einen Felsbrocken. Wenn die Einheimischen ihn anschauen, sehen sie ein Buch, eines wie unsere Bibel, in dem die Schöpfungsgeschichte erzählt wird. Die Malereien auf dem Felsen erklären das *tjukurpa*, die Beziehung zwischen Menschen, Pflanzen, Tieren und den physischen Merkmalen des Landes. Für die Ureinwohner hat jeder Riss, jede Narbe und jedes Wasserloch am Berg eine Bedeutung.

Wegen seiner spirituellen Dimension ist der Uluru heilig, aber Sie sehen ja, wie die Touristen ihn behandeln.« Während wir uns unterhalten, trampeln die Leute, die er hierher chauffiert hat, auf dem Heiligtum herum.

Er trinkt seinen Kaffee aus. »Im Verwaltungsgebäude stehen Kisten voller Gesteinsbrocken. Wissen Sie, wo die herkommen?« Ich schüttele den Kopf. »Die Steine wurden von den Touristen mitgenommen. Als sie zu Hause ankamen, haben sie die Brocken per Luftpost oder Kurierdienst zurückgeschickt. Sie haben alles Mögliche veranstaltet, um die Dinger loszuwerden. Und warum? Weil die geklauten Granitstücke ihnen Unglück gebracht haben. Okay, wenn einem das erste oder das zweite Mal etwas passiert, denkt man noch, es sei Zufall. Aber die haben da drüben ganze Kisten voll, angefangen von Brocken und Steinen bis hin zu kleinsten Krümeln, und das ganze Zeug stammt vom Uluru.« Er sieht mich mit hochgezogenen Augenbrauen an. »Das ist kein Zufall. Und wenn das Mitnehmen der Steine Unglück gebracht hat, dann hängt über denen, die auf den Uluru klettern, bestimmt ein noch schieferer Segen.«

»Und warum verhindern die Aboriginals nicht, dass die Touristen den Uluru besteigen?« Die Frage liegt auf der Hand.

»Tja, wissen Sie, die Japaner verlangen ihr Geld zurück, wenn es zu windig oder zu heiß ist und sie deswegen nicht auf den Berg steigen können. Wenn man das Betreten des Uluru generell verbietet, kommen viele nicht mehr nach Australien. Wenn sie erst mal hier sind, dann fliegen sie aber nach Cairns, lassen sich zum Great Barrier Reef rausfahren, schnorcheln ein bisschen und fliegen dann zum Uluru, um den Berg zu besteigen. Die meisten haben kein Interesse, sich Alice Springs anzusehen. Sobald sie hier waren, fliegen sie nach Sydney. Wenn man ihnen verbieten würde, auf den Uluru zu klettern, würden wir die Hälfte der asiatischen Touristen verlieren.«

»Lassen die Aboriginals die Völkerwanderungen auf dem Berg zu, weil sie nicht auf das Geld verzichten wollen?«

Er verneint. »Dahinter steckt die Regierung, es geht ums *Big Business*. Die Aboriginals würden den Uluru sofort für die Öffentlichkeit sperren. ›Weg mit den Touristen‹, sagen sie.« Nachdenklich mustert er den Monolithen. »Und offen gesagt, ich kann sie verstehen.« Jetzt wendet er sich wieder mir zu. »Geld spielt für sie keine Rolle bei dieser Frage. Sie haben ohnehin genug davon.«

»Woher wissen Sie das?«

»Ich habe mit ihnen gesprochen.« Er wird lebhaft. »Es herrscht ein totaler Widerspruch zwischen dem, was jetzt ist, und dem, was sein sollte. Für die *Aboriginal people* ist der Berg ein spiritueller Ort von großer Bedeutung. Aber die Touristen tun so, als sei er ein Kletterfelsen, und latschen auf ihm herum. Was würden wir sagen, wenn Besucher und japanische Touristen anfingen, auf unseren Kirchen herumzuklettern?« Er macht eine Pause, das Thema regt ihn auf. »Die Japse sind verrückt danach, den Berg zu erklimmen, selbst wenn sie dabei umkommen. Und das passiert. Manche sterben an Überhitzung, andere an Herzversagen, wieder andere stürzen ab, besonders bei starkem Wind. Für die Einheimischen ist es schlimm, wenn jemand auf dem Uluru stirbt. Ihrer Tradition nach sind sie für die Sicherheit aller Menschen verantwortlich, denen sie den Zutritt auf ihr Land gestatten. Wenn die Besucher zu Schaden kommen, trifft die Aboriginals die Schuld, und ihr Leben ist verwirkt.«

»Aber die *Aboriginal people* könnten den Uluru doch sperren lassen?«

Er schüttelt den Kopf. »Die Regierung hat 1985 dem ortsansässigen Clan das Land übergeben, aber noch am gleichen Tag haben sie im Namen des *National Parks Service* mit ihm einen Pachtvertrag geschlossen, der eine Laufdauer von 99 Jahren hat. Der Uluru ist zum Nationalpark erklärt worden. Was die Regierung mit der einen Hand gab, hat sie mit der anderen wieder genommen.«

Unser Buskapitän hatte uns eingeschärft, pünktlich zur vereinbarten Abfahrtszeit zur Stelle zu sein, ansonsten würde er uns zurücklassen. Ich erblicke das blaue Greyhound-Logo, als der Bus sich nähert, und laufe so schnell ich kann, denn ich bin sicher, dass er seine Drohung wahr macht. Völlig außer Atem schwinge ich mich auf meinen 1A-Platz. Auf meiner schweißnassen Stirn spüre ich den Luftzug der Klimaanlage. Der Fahrer tadelt mich wegen meiner Verspätung und rührt mit dem Schaltknüppel im Getriebe herum, als der alte Bus einen kleinen Hügel hinaufwuchtet. Von der Anhöhe hat man eine gute Aussicht auf die schier endlose Fläche trockenen, roten Niemandslands. Die weiten, offenen Räume, bar jedes Zeichens menschlicher Zivilisation, haben ihren ganz eigenen Reiz. Als ich wieder zu Atem komme, denke ich darüber nach, was mich an dieser Landschaft so fasziniert. Vielleicht ist es das hemmungslose Nichts, welches hier so offensichtlich ist.

Wir haben eine Stunde, um die Schlucht bei den Olgas hinaufzuwandern, einem dem Uluru ähnlichen Felsmassiv. Das ist nicht lange genug. In gewisser Weise sind die Olgas – von den Aboriginals als »Kata Tjuta« bezeichnet – eindrucksvoller als der Uluru. Aber vielleicht denke ich das nur, weil sich hier nicht so viele Touristen auf dem Pfad tummeln. Da uns nur eine Stunde gewährt wird, müssen wir durch den Einschnitt zwischen den Felsen hasten und gleich wieder zum Bus zurückkehren, wo wir die Kata Tjuta von der Liste der zu besichtigenden Sehenswürdigkeiten abhaken. Dann geht es weiter zum King Canyon Resort, einer Enklave mit touristischen Einrichtungen, die in einer beträchtlichen Entfernung zur heiligen Kata Tjuta erbaut wurde. Während im Ayers Rock Resort Platz für 7.000 Reisende ist, können im Kings Canyon Resort nur 700 übernachten. In dem kleineren Touristengetto hat man weniger den Eindruck, dass man sich an einem Urlaubsort befindet. Als ich einen Spaziergang um die Enklave herum mache, stoße ich an einem Felsen auf ein Messingschild:

Kings Canyon Frontier Lodge – October 1991
An co-operative development by Aboriginal und Torres Strait Islanders Commercial Development Co-operative, Centrecorp Aboriginal Development Corporation Pty. Ltd., Australian Frontier Holidays Ltd., Northern Territories of Australia.

Um eine Ahnung davon zu bekommen, wie es sich anfühlt, allein in der riesigen roten Wüste zu sein, ziehe ich mir Laufschuhe und Shorts an. Alles und jeden hinter mir lassend, jogge ich den Highway hinunter. Vor mir liegen die roten Felsen des Canyons. Papageien, pinkfarbene Galahs, schwarze Kakadus und viele andere farbenprächtige Vögel kehren lärmend zu ihren Schlafplätzen im Astgewirr toter Bäume zurück. Insekten beginnen mit ihrem lautstarken Konzert. Nach einer halben Stunde bleibe ich stehen, um meine Umgebung in aller Stille in mich aufzunehmen. Für einige Augenblicke erstrahlt der Himmel in intensiven Farben, die allmählich verblassen, bis es schließlich ganz dunkel ist.

Das australische Outback hat etwas Urzeitliches an sich, das mich tief berührt. Noch immer suche ich hilflos nach Worten für die Zuneigung, die ich für die Landschaft empfinde. Ich könnte süchtig werden nach diesem Gefühl der Einsamkeit.

Wir sind vor Sonnenaufgang auf dem Weg zum Kings Canyon. Obwohl wir unser Ziel früh am Morgen erreichen, stehen schon diverse Geländewagen und ein alter verbeulter Kombi der Marke Holden auf dem Parkplatz. Versessen darauf, das Gefühl von gestern wiederzuerlangen, entferne ich mich von den anderen. Die Wasserlöcher zwischen den steil aufragenden kargen Felsen umgibt eine üppige Vegetation. Jede der grünen Oasen wirkt in der trockenen Umgebung wie ein Garten Eden. Ganz diesem Bild entsprechend, stoße ich unvermutet auf zwei reizende australische Evas in Shorts und T-Shirts, die hoch auf einem Felsen an einem idyllischen Wasserloch rasten. Es sind Weiße, aber ihre Haut ist tief gebräunt.

Sie heißen Penny und Cathy. »Wir reisen schon drei Monate mit unserem Wagen herum. Vielleicht hast du unsern alten Holden auf dem Parkplatz gesehen.« Anscheinend habe ich ihr Gespräch unterbrochen. Sie sehen sich an, als würden sie ihre Unterhaltung im Geiste fortsetzen, und dann sagt die eine: «An der Ostküste haben wir viele Ausländer kennen gelernt, aber die waren alle so jung und ...«

»Unerfahren«, ergänzt die andere zögernd.

»Woher kommt ihr?«

»Aus Adelaide.«

»Und was tut ihr dort?« Ich habe ein bisschen Feuer gefangen, werde schüchtern und bekomme kaum ein Wort heraus.

»Weißt du, wir haben uns drei Monate frei genommen, um durch unser Land zu fahren; normalerweise arbeiten wir in einem Krankenhaus.«

»Seid ihr Krankenschwestern?«

»Ärztinnen.«

Ich hasse es, wenn mir das passiert. Inzwischen gibt es wahrscheinlich mehr weibliche als männliche Ärzte, aber ich gehe immer noch davon aus, dass eine Frau, die in einer Klinik arbeitet, Krankenschwester ist. Im Gegensatz zu den unerfahrenen Ausländern, die sie an der Küste getroffen haben, sind die beiden Ärztinnen Anfang 30. Beide sind weit gereist, weltgewandt und intelligent. Und das Beste ist: Sie scheinen Lust darauf zu haben, sich mit mir zu unterhalten! Sie sind gemeinsam auf einem LKW durch Afrika gefahren. Wir tauschen uns über unsere Eindrücke von verschiedenen Ecken des Kontinents aus.

»Wie gefällt dir Australien?«, fragt Penny schließlich.

»Gut. Es erinnert mich an Afrika, besonders diese ...«

»Diese was?«

»Diese ... Leere. Und die Farben der Erde und des Himmels und das klare Licht. Ich finde es wundervoll, dass der Himmel so weit ist, dass die Wolken ihn nie ganz verhüllen können. Irgendwo ist immer ein Stückchen blauer Himmel zu sehen. Und ich liebe den Geruch der Erde und die Leere ...« Durch ihre Gegenwart eingeschüchtert, wiederhole ich mich. Manchmal kann ich mich gut artikulieren, aber in bestimmten Situationen, besonders in einer wie dieser, fällt es mir schwer, drei verständliche Wörter aneinander zu reihen. »Na ja, ich weiß nicht genau, wie ich es sagen soll, aber ... äh ... also, keine Ahnung, es gefällt mir einfach ... besonders das Outback.«

»Und was ist mit den Menschen?«

»Ob ich die Aussies mag?« Ich wiederhole die Frage und gebe mir damit Zeit, mir eine ausgewogene Antwort zu überlegen.

»Ja.«

»Bisher eigentlich schon«, antworte ich eloquent.

»Bist du vielen Aboriginals begegnet?«, erkundigt sich Cathy.

Eine verfängliche Frage. »Nur in Pubs. Es ist nicht leicht, in ihre Communitys zu kommen. Ich habe beim Land Council – oder so ähnlich – eine Erlaubnis beantragt, aber man erhält sie frühestens nach sechs Wochen. Die paar, die ich kennen gelernt habe, waren sehr nett. Ich würde gern näher mit ihnen in Kontakt kommen.«

»Es ist ja ein Wunder, dass es noch welche gibt.«

»Wie meinst du das?«

»O, denk mal an die Konflikte zwischen den Aboriginals und den ersten Siedlern«, sagt sie beiläufig, aber ich spüre, dass sie es ernst meint.

Penny deutet auf das idyllische Garten-Eden-Wasserloch neben uns. »Wir haben uns gerade darüber unterhalten, wie wichtig solche

Wasserstellen für ihr Überleben waren und dass man ihnen das alles weggenommen hat.«

Cathys Blick wandert über die Wasseroberfläche. »Unsere Großfarmer-Vorfahren haben den Aboriginals, die in der Nähe solcher Wasserstellen jagten, das Leben zur Hölle gemacht. Abgesehen davon, dass ihr Vieh das Wasser verschmutzt und den Boden zertrampelt hat, haben ihre Herden auch die wild lebenden Tiere verscheucht. Und wenn ein halb verhungerter Aboriginal mit seinem Speer eine Kuh oder ein Schaf erlegt hatte, nahmen die Suchtrupps der Siedler dies als Vorwand, um alle zu töten, die ihnen über den Weg liefen, Männer, Frauen und Kinder.« Sie sagt das mit bebender Stimme, als hätte sie es mit eigenen Augen gesehen. »Sie wurden erschossen, erschlagen, verbrannt oder enthauptet. Die Weißen haben die Leichen in Bäume gehängt, um den anderen Aboriginals zu bedeuten, sie würden alle umgebracht, wenn sie nicht aus dem Gebiet verschwänden.«

»Ich habe gerade etwas über diesen Abschnitt der Geschichte Australiens gelesen«, merke ich an, eifrig darauf bedacht, einen guten Eindruck zu machen.

»Hast du etwas über Myall Creek gelesen?«, hakt Cathy nach.

»Nein.« Ich setze mich auf einen großen Stein.

»Die Morde am Myall Creek wurden zu einem Wendepunkt der australischen Pioniergeschichte, denn damals sind zum ersten Mal weiße Männer, die Aboriginals getötet hatten, vor Gericht gestellt worden. Danach sind die Weißen subtiler vorgegangen. Statt die Aboriginals mit Gewehren abzuknallen, haben die Siedler sich großzügig gegeben und mit Strychnin vergiftetes Brot verteilt oder Decken, die mit Pocken oder anderen ansteckenden Krankheiten kontaminiert waren. Oder sie haben einfach die Wasserlöcher vergiftet.« Die Schilderung dieser Verbrechen ist für Cathy so belastend, dass sie zu weinen beginnt.

Penny legt eine Hand auf Cathys Schulter. »Wir haben viel darüber geredet, seit wir unterwegs sind. Es ist hart, sich damit zu konfrontieren, was unsere Vorfahren getan haben ...«

Sie hat Recht. Die frühen Siedler haben ganze Arbeit geleistet, wenn es darum ging, ihre neuen Kolonien von den Ureinwohnern zu befreien. Als die erste Flotte – elf britische Schiffe mit Strafgefangenen und ihren Aufsehern – im Jahre 1788 hier landete, schätzte man die Zahl der damals in Australien lebenden Menschen auf eine Million. 1911 wurde die erste Commonwealth-Volkszählung durchgeführt; zu diesem Zeitpunkt waren die *Aboriginal people* auf 20.000 dezimiert worden. Die britischen Siedler bewiesen auch große Effizienz, als es darum ging, den Widerstand der Urbevölkerung in Nordamerika oder den der Maori in Neuseeland zu brechen, aber die Auslöschung der indigenen Bevölkerung Australiens grenzt an Genozid.

Ich weiß nicht, was ich sagen soll. Während der kurzen Zeit, in der ich hier bin, habe ich ein paar andere Menschen getroffen, die sich bei diesem Thema genauso offen und mitfühlend gezeigt haben wie Cathy. In Sydney habe ich in einem Buchladen die Besitzerin gefragt, was ich lesen sollte, um mehr über die Aboriginals zu erfahren. Während sie immer mehr Bücher aus den Regalen zog und mir etwas über die Geschichte der Ureinwohner erzählte, begann auch sie weinen. Aber ich habe auch das Gegenteil erlebt, zum Beispiel die Kellnerin, die mir stolz erzählt hat, sie sei Rassistin.

Cathy beruhigt sich. »Tut mir Leid.«

»Nein, nein, schon okay.« Ich werfe einen Blick auf meine Uhr. »Verdammt! Ich verpasse meinen Bus. Ich bin schon gestern zu spät gekommen, unser Fahrer wartet sicher kein zweites Mal auf mich.«

»Wo fährst du hin?«, fragt Penny schnell. »Es wäre schön, wenn wir uns wiedersehen könnten.«

Meine Pulsfrequenz erhöht sich sofort, ba-damm, ba-damm, als wenn mir jemand Adrenalin gespritzt hätte. »Coober Pedy«, antworte ich im Rhythmus meines Herzschlags. Wie wunderbar wäre es, mit den beiden interessanten Frauen in einem Kombi durch Australien zu fahren und am Abend irgendwo am Wegesrand das Nachtlager aufzuschlagen.

»Coober Pedy?« Penny ist erstaunt. »Da wollen wir auch hin. Wann kommst du dort an?« Ich nehme ein schwaches Lächeln wahr. Wahrscheinlich weiß sie, was in meinem Kopf vorgeht.

»Heute«, ba-damm, »Abend«, ba-damm. Mein Herz spielt verrückt, und ich kann nichts dagegen tun. Ich bin zwar kein pickeliger Teenager, verhalte mich aber so. Ich sollte mir ein Comic-Heft kaufen und mein rotes Gesicht dahinter verbergen.

»Wir fahren mit unserem Wagen, aber wir schaffen es frühestens morgen Nachmittag bis nach Coober Pedy. Wollen wir uns treffen?«

BA-DAMM, BA-DAMM! »Na klar«, ba-damm, ba-damm, antworte ich schwachköpfig, vollkommen davon überwältigt, dass sich die beiden für meinen Reiseplan interessieren. Ich sehe noch einmal auf die Uhr und stelle fest, dass der Bus in wenigen Minuten abfährt. »Hört zu«, ba-damm, ba-damm, »ich muss los.« Ba-damm, ba-damm. »Wir sehen uns dort.« Ba-damm, ba-damm, ba-damm, ba-damm. Damit drehe ich mich um und laufe den Schotterweg hinunter.

»Wie heißt du?«, ruft Penny mir nach, als ich enteile.

Ich habe vergessen mich vorzustellen, als sie mir ihre Namen genannt haben. Während ich mich umdrehe, forme ich mit den Händen einen Trichter vor den Lippen, stolpere dann aber im Eifer des Gefechts und falle auf die Schnauze. Ich rappele mich wieder auf und versuche, mich vom Schmutz zu befreien. Meine Knie, die jetzt wie Miniaturpizzas mit Käse und Tomaten aussehen, bluten. Auch meine Nasenspitze ist aufgeschürft. Ich sollte mir einen Helm kaufen, damit ich nicht ernsthaft Schaden nehme. »Andrew«, brülle ich. Dann winke ich den beiden Frauen verstohlen zu und spurte den Pfad hinunter, diesmal mit mehr Erfolg.

Unser Greyhound fährt zurück nach Alice Springs. Diejenigen von uns, die weiter nach Süden wollen, werden bei der Erldunda-Raststätte abgesetzt, wo wir auf den Bus aus Darwin warten, der am späten Nachmittag eintreffen soll. Ich gehe in den Waschraum, widme mich meinen Knien und frage mich, ob die beiden Frauen meine Bauchlandung beobachtet haben. So etwas passiert immer dann, wenn man einen guten Eindruck hinterlassen will. Und mir scheint das besonders oft zu passieren.

Gleich nachdem wir eingestiegen sind, meldet sich unser neuer Buskapitän zu Wort. »Wer von Ihnen im Kings Canyon oder auf dem Ayers Rock herumgeklettert ist, möge bitte die Stiefel anbehalten. Wir wollen doch alle etwas atmen, das frischer Luft ähnelt.« Dann geht er seine Version der Standardverhaltensregeln durch: nicht rauchen, nicht trinken, keine Drogen. »Die Toilette im hinteren Teil des Busses ist nur im Notfall zu benutzen«, erinnert er uns. Wir werden ein ärztliches Rezept vorweisen müssen, damit uns der Zugang zum Abort gestattet wird. »Bitte erledigen Sie Ihre größeren Geschäfte, wenn wir eine Pause einlegen. Sollten Sie die Notfalltoilette dennoch benutzen müssen, dann stellen Sie bitte sicher, dass dort nur Dinge durch die Klobrille fallen, die Sie vorher gegessen haben.«

Wir durchqueren den leeren Kontinent auf einer schnurgeraden Straße und brettern Richtung Süden. Das gleichförmige Brummen des Motors und das Singen der Reifen lullen uns ein, bis wir halb bewusstlos sind. Ab und zu müssen wir wegen eines rumpelnden Road Trains das Tempo drosseln. Obwohl ich nichts anderes tue, als dass ich es mir auf meinem Sitz bequem mache, die Rückenlehne halb zurückgeklappt, bewege ich mich vorwärts und bahne mir allmählich meinen Weg durch Australien.

Als die Sonne aufgeht, fühle ich mich wieder an die Savannen der Serengeti erinnert. Die Landschaft hier ist genau so flach und bringt dieselbe Flora hervor. Aber die wenigen frei lebenden Tiere, die ich erblicke, sind Kängurus und aus Afghanistan importierte Kamele. Außerdem existieren weit und breit keine Dörfer, ganz im Gegensatz zu Afrika. Als einzige Hinweise darauf, dass hier Menschen leben, tauchen gelegentlich Raststätten auf, die an dieser öden Strecke hunderte von Kilometern auseinander liegen. Als es Nacht wird, umgibt uns eine unergründliche Schwärze.

Die Scheinwerfer erfassen ein Schild:

Willkommen in Marla.
BITTE helfen Sie uns,
das Vieh aus der Stadt fern zu halten,
und halten Sie das Tor
am Ortseingang stets geschlossen.

Der Bus rattert über Rindergitter. Auf der Karte ist dieser Ort nicht als Stadt, sondern als Raststätte verzeichnet. Die wettergegerbten Australier, die sich am Tresen der Bar aufgereiht haben, begutachten die Reize der weiblichen Fahrgäste. Die Ankunft des Busses stellt für sie den Höhepunkt des Abends dar.

Bevor wir weiterfahren, zählt der Fahrer die Passagiere, um sicherzugehen, dass keine der Frauen gekidnappt wurde. Dann versetzen mich die angenehmen Geräusche des Motors und der Reifen wieder in einen Dämmerzustand. Während ich versunken aus dem Fester schaue, beflügelt der Gedanke an die australischen Ärztinnen meine Fantasie. Penny war von den beiden die stillere, sie wirkte auch sportlicher. Cathy ist kommunikativer und offener, und ihr Gefühlsausbruch zeigt, dass sie sensibel ist.

Die Aussicht, die beiden wiederzusehen, hat mein Lebensgefühl völlig verändert. Nicht, dass es mir vorher schlecht gegangen wäre, aber jetzt bin ich voller Vorfreude, wie ein Kind am Heiligabend.

Der Bus kommt kurz vor Mitternacht in Coober Pedy an. Mein Gepäck wird in den Kofferraum eines Transporters geworfen, der mich zur Jugendherberge bringt, einer umgewandelten Opalmine. Vor der Treppe, die in die Untergrundherberge hinabführt, hängt ein Schild mit der Aufschrift: »Du betrittst den Schlafkerker – bitte verhalte dich ruhig!« Das ist keine Übernachtungsmöglichkeit für Leute, die an Klaustrophobie leiden. Ein finster dreinblickender Australier geleitet mich in eine Katakombe; das gedämpfte Licht reicht gerade aus, um die Grabkammern ähnlichen Schlafräume zu erkennen, die in die pinkfarbenen und roten Felsen gehauen sind. In jeder Gruft stehen Etagenbetten, auf denen die Schlafenden liegen. Ich gehe jedenfalls davon aus, dass es sich um Schlafende handelt. Es ist totenstill.

Ich verlasse die stille Katakombe, bevor die anderen aufwachen. Im klaren Morgenlicht mache ich einen Rundgang durch die seltsame unterirdische Minenstadt. Der einzige Laden, der um diese Zeit schon geöffnet hat, ist eine überirdische Bäckerei. Ich erkundige mich, ob ich einen Kaffee und ein frisches Brot bekommen kann.

»Wir haben nicht geöffnet, aber okay.«

»Pole?«, frage ich den Mann, der mich bedient.

»Woher wissen Sie das?« Ich erwidere, dass sein Akzent unverwechselbar ist, obwohl ich eigentlich nur geraten habe. Er nimmt mir meinen Vorstoß nicht übel. »Seit 15 Jahren ich bin in Australien und seit acht Jahren in Coober Pedy. Es gefällt mir hier. Ich bin Geologe, habe studiert. In Polen, australische Botschaft hat mir gesagt, ist kein Problem zu finden eine Arbeit hier. Aber wenn ich herkomme, alles ist anders. Ist schwierig, einen Job zu finden, wenn man nicht sprechen kann Englisch. Aber hier ist gut. Hier ist Griechen, Serben, Kroaten, Italiener; alle Nationalitäten arbeiten zusammen, manchmal als Partner. In Coober Pedy ist kein Rassismus.«

Die Fahrt mit dem historischen Zug von Cairns nach Kuranda bietet atemberaubende Ausblicke auf Schluchten und Wasserfälle.

Am Ayers Rock, der heute wieder seinen Aboriginal-Namen Uluru trägt.

Sonnenuntergang am Ayers Rock. Der Berg gilt den australischen Ureinwohnern als heilig.

Kings Canyon, eine spektakuläre 200 Meter hohe Schlucht
im Watarrka National Park

In den MacDonnell Ranges, Blick vom Flugzeug auf weites, unbewohntes Land

Der »Dingo Fence« oder »Dog Fence«, der längste Zaun der Welt. Er soll die Dingos, die australischen Wildhunde, von den Farmen fern halten.

Pinnacles Desert im Nambung National Park, eine Wüstenlandschaft mit bizarr geformten Kalksteinsäulen

Monkey Mia. Am Strand kann man zusehen, wie die vorbeiziehenden Delfine gefüttert werden.

Sandsteinfelsen im Bungle Bungle National Park: die »Bienenkörbe«, eine einzigartige Gesteinsformation, die 2003 zum Weltnaturerbe erklärt wurde.

Ein Waran, der sein Sonnenbad genießt. In Australien leben über 500 Echsenarten.

Auf der Suche nach Bush Tucker, Essbarem aus dem Busch. Nauiya Aboriginal Community, Daly River

Mary und Molly, zwei Frauen aus der Nauiya Community, sitzen am Daly River und angeln.

Die Twin Falls im Kakadu National Park. Obwohl die »Zwillingsfälle« nur im Boot oder schwimmend zu erreichen sind, ziehen sie zahlreiche Touristen an.

»Sie sind Geologe und arbeiten als Bäcker?«

»Kann man besser Geld machen«, antwortet mein Gegenüber lachend und kommentiert die Ironie des Schicksals mit einem Achselzucken.

Ein Aboriginal geht an der Bäckerei vorbei. Ich habe heute Morgen schon ein paar getroffen, die barfuß und in Lumpen gehüllt durch die staubigen Straßen liefen. Wenn wir barfüßige Menschen sehen, denken wir oft automatisch, sie sind so arm, dass sie sich keine Schuhe leisten können. Aber viele Australier, besonders wenn sie auf dem Lande leben, gehen offensichtlich gern barfuß, und es hat nichts mit Armut zu tun. Vielleicht sollte ich auch die barfüßigen Aboriginals etwas vorurteilsloser betrachten.

Der Pole registriert, dass ich den Mann vor dem Laden beobachte. Nach einem Seufzer lässt er seinen Ansichten freien Lauf. »Man sieht sie vorbeigehen, so arm. Sie tun Ihnen Leid, ha? Sie kommen zu mir und wollen anschreiben lassen, aber sie haben nicht Arbeit. Machen keinen Finger krumm, nicht mal so viel.« Er hebt die Faust und streckt einen Finger in die Luft. »Sie kommen nach Coober Pedy und leben von der Stütze. Ich bin kein Rassist – oder vielleicht bin ich einer –, ich sage Ihnen nur, wie sie leben. Sie sind schmutzig, faul, und sie trinken. Sie wollen Land zurück, aber wofür? Sie wollen nichts anfangen mit dem Land. Sehen Sie!« Er deutet durch die verspiegelte Scheibe. »Sie lungern vor ›Kirche‹ herum, das ist Sozialamt, holen ihre Schecks und gehen zum Discount-Schnapsladen.« Sein Zeigefinger ist auf mich gerichtet. «Wissen Sie, ihr Westeuropäer sagt polnischen Leuten«, jetzt deutet er mit dem Daumen auf seine Brust, »wir müssen vergessen Vergangenheit. Wir müssen Frieden machen mit Feinden. Wir müssen vergessen alte Grenzen. Wir müssen vergessen, was Deutsche und Russen uns angetan. Und dass wir müssen denken an Zukunft. Ist komisch, ha? In Europa wir müssen vergessen Vergangenheit, aber hier, sie reden immer über Vergangenheit.« Er schüttelt den Kopf. »Die Aborigines wollen Coober Pedy zurück, aber unmöglich. Sie können nicht zeigen, dass sie hier gelebt haben. Ist kein Wasser hier, bevor Minenarbeiter kommen. Wasser kommt aus Bohrloch, ist 60 Kilometer von hier.«

Er macht weiter damit, seinen Laden zu öffnen; ich kaufe ein Brot und verabschiede mich.

Auf der Straße geht eine Aboriginal vor mir. Zwei weitere sitzen auf der anderen Straßenseite im Staub. Eine von ihnen ruft der Frau vor mir etwas zu, um sie auf sich aufmerksam zu machen. Dann kommunizieren sie nonverbal, mit Gesten ihrer Hände und Köpfe, als seien sie tatsächlich Telepathen.

Der Pole hat mich neugierig gemacht, und so begebe ich mich in das Büro der Familien- und Gemeindefürsorge und versuche, mit der Frau an der Rezeption ins Gespräch zu kommen. Sie ist sehr blass; man würde nie vermuten, dass sie in einer Gegend lebt, die so intensiv von der Sonne beschienen wird. Wahrscheinlich zieht sie sich oft in ihre unterirdische Wohnung zurück. Ich wünsche ihr einen guten Morgen und stelle ihr ein paar Fragen. Es ist nicht leicht, ihr Vertrauen zu gewinnen, aber allmählich wagt sie die eine oder andere Äußerung über ihre Schützlinge. Sie nimmt die Hände von der Computertastatur, und während sie nach einer Tasse Kaffee greift, die hinter ihr auf einem Tisch steht, vergewissert sie sich, dass außer uns niemand im Raum ist.

Mit einem »Hören Sie!« eröffnet sie den nun folgenden Monolog. »Ich bin auf Kangaroo Island aufgewachsen und Australierin der vierten Generation. Meine Vorfahren waren Schotten, Engländer, Iren und Italiener. Ich kann es nur schwer hinnehmen, wenn Aborigines mir immer wieder erzählen, dass ich nicht hierher gehöre und dass dies ihr Land ist. Wo gehöre ich denn hin, etwa in ein europäisches Land?« Die Frage ist rein rhetorischer Natur.

Mit einem Achselzucken deute ich an, dass ich das genauso wenig weiß wie sie.

»Ich habe Australien noch nie verlassen. Weder meine Eltern noch meine Großeltern sind je im Ausland gewesen. Wo sollten wir hinziehen? Nach Kanada, Amerika oder Neuseeland? Wozu? Auch aus diesen Ländern müsste die nicht indigene Bevölkerung hinausgeworfen werden, aus denselben Gründen. Die Aborigines sagen mir, sie seien vor mir hier gewesen, also sei Australien ihr Land. Okay. Soll ich jetzt auch allen Leuten, die jünger sind als ich, sagen, dass ich vor ihnen hier war und dass dies mein Land ist?«

Ich reagiere erneut mit einem Achselzucken.

»Ich würde mich so lächerlich machen wie die Aborigines, die mir sagen, dies sei ihr Land und ich gehöre nicht hierher.« Sie senkt den Blick und schüttelt den Kopf. »Ich gebe mir Mühe, mit ihnen zu fühlen, aber es ist schwierig. Ich kann es nicht mehr hören, wenn sie mir erzählen, dass ihr Lebensstil besser ist als unserer und dass ihre Kultur 50.000 Jahre alt ist.« Sie sieht mir wieder in die Augen. »Wenn ihre Kultur so verdammt großartig ist, warum geben sie die dann auf und akzeptieren so bereitwillig unsere?«

Als ein zerzaust aussehender Aboriginal den Raum betritt, hüllt sich meine Gesprächspartnerin sofort in Schweigen. Er setzt sich, und sie nimmt den Faden an anderer Stelle wieder auf. »Wenn Sie einen kleinen Einblick in das Leben der Aborigines bekommen wollen, müssen Sie mindestens ein Jahr mit ihnen verbringen. Erst dann werden Sie anfangen zu verstehen, wo sie herkommen. Sie haben keine Ahnung, um was es eigentlich geht.« Abgewimmelt …

Auf dem Rückweg zur Gruft für Rucksackreisende betrete ich ein Opalgeschäft. Der bärtige Herr hinter dem Tresen ist gerade dabei, zwei Amerikanern Opale anzudrehen. Mit einem breiten griechischen Akzent lässt er den Standardspruch vom Stapel: »Ich überlasse sie Ihnen zum Einkaufspreis.«

Ich bin aufgeregt, weil ich heute Abend die australischen Ärztinnen treffen werde, und so kaufe ich einen Fleckentferner und widme mich meiner Garderobe. Um all das Fett zu entfernen, das es nicht ganz in meinem Mund geschafft hat, schütte ich eine große Menge Waschpulver in die Maschine. Ich will heute Abend salonfähig sein und mich in makelloser Kluft präsentieren. Nachdem ich meine Haare gewaschen habe, schneide ich die Strähnen ab, die mir zu lang erscheinen, und stutze meinen fransigen Bart. Als ich meine Shorts getrocknet und gebügelt habe und einigermaßen vorzeigbar aussehe, ist es Zeit für eine Sightseeingtour durch Coober Pedy. Zufrieden damit, dass die *Fish-and-chips*-Flecken auf meinen Klamotten fast unsichtbar geworden sind, schließe ich mich einer Gruppe Rucksackreisender an.

»Obwohl höchstens 4.000 Menschen in Coober Pedy leben, sind hier 48 verschiedene Nationalitäten vertreten, die in 50 verschiedenen Sprachen und Dialekten miteinander kommunizieren. 70 Prozent der Einwohner leben in unterirdischen Behausungen, in Wohnungen, die man dem Erdreich abgewinnt. Für den Wohnungsbau werden Hügel bevorzugt, also Grundstücke mit Hanglage. Die besten Wohnhöhlen von Coober Pedy befinden sind auf einem alten Minengelände, das Potch oder Posh Gully heißt.«

Wer durch Posh Gully kommt, kann den Eindruck gewinnen, dass es sich um einen Steinbruch handelt. Das Einzige, was dagegen spricht, sind aus der Erde ragende Fernsehantennen und Lüftungsrohe.

Während wir durch Posh Gully fahren, erzählt uns unser Stadtführer: »Ob Sie es glauben oder nicht, das ist beste Wohnlage. Der Felsen hier ist gut, er lässt sich wunderbar aushöhlen. Um sich seine Wohnung zu gestalten, braucht man nur eine Tunnel-Bohrmaschine. Sie bohren sich ins Gestein, gehen einmal nach links und einmal nach rechts, und schon haben Sie für nur 35.000 Dollar eine

Wohnung mit drei Schlafzimmern. Ein paar von den Leuten, die in letzter Zeit hierher gezogen sind, haben beim Aushöhlen ihrer Räume Opale im Wert von mehreren 100.000 Dollar gefunden. Eine der Höhlen hat 15 Schlafzimmer. Es ist nicht so, dass der Besitzer 15 Kinder hätte, nein, er hat immer mehr Opale gefunden. Eine andere Behausung besitzt ein 30 Quadratmeter großes Wohnzimmer. Das Problem besteht darin, dass diese Zone als Wohngebiet ausgewiesen ist; es ist also nicht erlaubt, Opale abzubauen. Wenn jemand Opale findet, muss er eine Genehmigung für die Vergrößerung seiner Wohnung beantragen, denn es ist nicht mehr gestattet, gezielt nach den Edelsteinen zu suchen. Das ist eine der Gründe, warum Posh Gully als eins der beliebtesten Wohngebiete Coober Pedys gilt. Die Kosten für den Kauf eines Grundstücks und für das Aushöhlen der Räume können sich durch den Fund von Edelsteinen vollkommen amortisieren.«

Für Fred Feuerstein und seine Familie mag es erstrebenswert sein, in einer Opalmine zu wohnen, aber nicht für mich – selbst dann nicht, wenn ich beim Aushöhlen meiner eigenen vier Wände reich werden könnte.

»Im Winter liegen die Nachttemperaturen hier manchmal um null Grad, und im Sommer kann das Quecksilber tagsüber auf 50 °Celsius klettern. Aber in den unterirdischen Wohnungen bleiben die Temperaturen immer konstant bei 18 bis 20 Grad. Und wenn Sie mehr Raum brauchen, nehmen Sie einfach einen Presslufthammer und bohren sich ein neues Zimmer, und schon hat der Nachwuchs seinen eigenen Raum. Zudem ist es sehr ruhig in den Höhlen. Man hört es nicht, wenn die Nachbarn feiern. Der erste Raum ist immer die Küche, denn da braucht man das meiste Licht. Die Schlafzimmer befinden sich am hinteren Ende der Wohnhöhle. Im Hochsommer ist es so heiß, dass nur zwischen vier und elf Uhr morgens in den Minen gearbeitet werden kann. Danach können Sie zu Ihrer Höhle gehen und in den dunklen, kühlen Schlafraum abtauchen. Sie haben keinen Rasen, der gemäht werden müsste, und wie Sie sehen, gibt es hier weder Straßenlaternen noch Straßenschilder, und das aus gutem Grund. Kein Mensch kann diese Behausungen finden, es sei denn, man hat eine genaue Wegbeschreibung. Auf diese Weise können Sie sich das Finanzamt vom Hals halten. Außerdem weiß niemand, wie reich die Höhleninhaber sind. Sie können 20 Stunden pro Woche arbeiten und trotzdem Arbeitslosengeld kassieren, das ist nicht illegal. Sie müssen dem Arbeitsamt nur mitteilen, wie viel Sie während Ihrer Arbeitszeit in den *Minen* verdient haben.« Er grinst und nickt. »Die Minenarbeiter sind vielleicht nicht die hellsten Köpfe der Welt, aber sie sind auch nicht blöd.«

Wir fahren zur Schule. »Hier sehen Sie das einzige Fleckchen Grün in Coober Pedy. Es wurde während der Schulferien angelegt. Der Rasen wird mittels unterirdischer Rohre bewässert. Am ersten Schultag nach den Ferien haben die Kinder geweint, als sie hinausgehen und spielen sollten. Sie hatten noch nie so grünes Gras gesehen.« Als Nächstes wird uns die Polizeiwache gezeigt. Unser Fahrer hebt ab auf die über dem Ort liegende Wildwestatmosphäre, als er sagt: »In dieser Gegend leben viele Typen, die mit Dynamit umgehen können, und viele sind nicht abgeneigt, eine Ladung davon unter der Polizeiwache hochgehen zu lassen.«

»Vor der Stadt warten Schächte auf nichts ahnende Touristen. Sie sind 20 Meter tief und einen Meter im Durchmesser.« Kein Wunder, dass die Aboriginals den Ort »Erdloch des weißen Mannes« oder Coober Pedy nennen. »Es sind schon drei Touristen ums Leben gekommen; sie wollten ein Foto machen, gingen drei Schritte rückwärts und fielen in einen der unverschlossenen Schächte. Und warum haben die Behörden diese Schächte zum Schutz geistesabwesender Touristen nicht mit Geröll zugeschüttet?« Eine Frage, die er selbst beantwortet. »Wenn ein Minenbesitzer einen horizontalen

Stollen in das Gestein treiben und dabei auf einen zugeschütteten Schacht stoßen würde, könnte sich das darin befindliche Geröll in seinen Stollen ergießen und ihn lebendig begraben. Und die Behörden und ihre gewählten Vertreter sorgen sich nun mal mehr um die ortsansässigen Minenbesitzer als um Leute, die dem Ort nur einen kurzen Besuch abstatten.«

Ich versuche so zu sitzen, dass meine frisch gebügelten Shorts und mein T-Shirt nicht wieder zerknittern. Keine leichte Aufgabe, wenn man eimerweise Schweiß absondert.

Auf Boot Hill, dem Friedhof von Coober Pedy, liegen unverhältnismäßig viele junge Menschen begraben. »Alkoholmissbrauch«, erklärt uns unser Führer, als ich bei einem Rundgang auf diese Tatsache aufmerksam werde. »Die Leute hier haben die Tendenz, sich zu Tode zu saufen.« Auf einer Ruhestätte befindet sich ein Grabstein in der Form eines Bierfasses. Die Inschrift lautet »Ruhe in Frieden, und nimm es leicht!« »In den 1970er-Jahren betrug das Verhältnis von Männern und Frauen 400 zu eins.«

Unser Führer deutet auf ein Dutzend Satellitenschüsseln vor einem heruntergekommenen Wohnwagen. »Der Besitzer hat einen Opal im Wert von 100.000 Dollar gefunden. Er kaufte sich die Satellitenschüsseln und wurde seitdem nicht mehr gesehen.«

Der berühmteste Einwohner von Coober Pedy behauptete, der wahre Crocodile Dundee zu sein. Aber sein Name ist nicht Crocodile Dundee, sondern Crocodile Harry. Unser Führer liefert keine Erklärung dafür, warum dieser Crocodile Dingsda ausgerechnet hier gelebt hat, denn es gibt wohl kaum einen weniger geeigneten Lebensraum für Krokodile als Coober Pedy. Auch lässt er sich nicht darüber aus, warum der »echte« Crocodile Dundee vor kurzem in Darwin von Polizisten erschossen wurde. »Crocodile Harry ist heute nicht da, sonst würdet ihr Mädels im Handumdrehen auf seinem Schoß sitzen«, sagt unser Fahrer, an die weiblichen Tourteilnehmer gerichtet.

»Seine Wohnung ist eine stillgelegte Opalmine; als Fenster dienen Windschutzscheiben, die in Felslöcher zementiert wurden.« In die Wände von Harrys Schlafzimmer sind die Namen von 1.000 Frauen eingeritzt. BHs und Schlüpfer, die vermutlich von weiblichen Besuchern zurückgelassen wurden, tragen zur anrüchigen Atmosphäre bei. Ein paar Schnappschüsse zeigen den jüngeren Crocodile Harry beim Ringkampf mit Krokodilen, aber auf weitaus mehr Fotos ist ein älterer Harry im Clinch mit diversen Frauen, einige nur spärlich bekleidet, zu sehen, welche die verschiedensten Figuren und Größen aufweisen. Wie er das geschafft hat, bleibt auch ein ungelüftetes Geheimnis, denn er muss schon in den Siebzigern sein. »Crocodile Harrys Exfrau wohnt seit 22 Jahren in einer Mine auf der anderen Straßenseite. Sie kam aus Deutschland hierher, nachdem sie etwas über ihn gelesen hatte; die Ehe hat aber nur zwei Wochen gehalten.«

Außer ihr lebt in einem Umkreis von einem Kilometer niemand hier.

Wir steigen wieder in den Bus ein. Es ist so heiß, dass ich in einen stumpfen Dämmerzustand verfalle.

Es dauert eine Weile, an nur einem kleinen Teil einer Farm vorbeizufahren, die größer ist als ganz England. Wie wir erfahren, handelt es sich sogar um die größte Farm der Welt. Uns wird gezeigt, wo *Mad Max* gedreht wurde; außerdem sehen wir den *Dingo Fence*, einen Zaun, der 9.600 Kilometer in nordsüdlicher Richtung verläuft und die Dingos fern halten soll. Aber nichts von all dem beeindruckt mich. Ich muss immer an die beiden Aussie-Ärztinnen denken, die versprochen haben, heute Abend aufzutauchen. Nach einem spektakulären Sonnenuntergang wird es stockfinster, dann erscheint der Vollmond am Himmel. Romantischer geht es nicht.

Ich überprüfe meine Shorts. Die Bügelfalten haben der Gluthitze nicht standgehalten, aber glücklicherweise sind die Fettreste durch die Sonderbehandlung mit Fleckentferner kaum noch zu erkennen.

Als der Bus ankommt, warten Penny und Cathy schon auf mich. »Wir waren zuerst bei der anderen Jugendherberge, aber da warst du nicht als Gast eingetragen, also sind wir hierher gefahren. Wir warten schon den ganzen Nachmittag auf dich. Wir sind sogar herumgefahren, um den Sightseeingbus zu finden.«

Ich trete verschämt von einem Fuß auf den anderen und hoffe, dass sie mein Haarschnitt nicht stört, der aussieht, als hätte ich ihn einer Kettensäge zu verdanken. Gleichzeitig bete ich, dass meine von *Fish-and-chips*-Flecken weitgehend befreiten Shorts Eindruck schinden, auch wenn die Bügelfalten längst wieder eingeebnet sind.

»Und, was hast du heute Abend vor?«, fragt die eine, während sie meine jodfleckigen Knie begutachtet.

»Um Mitternacht nehme ich den Bus nach Port Augusta und von dort aus fahre ich weiter nach Perth. Ich habe einen Platz im Greyhound gebucht, der von Perth die Westküste hochfährt.«

»Wir haben gehofft, dass du ein paar Tage in Cooper Pedy bleibst.«

Ich trete mir mit dem Absatz der rechten Sandale auf die Zehen des linken Fußes und gebe mir Mühe, nicht so verlegen auszusehen, wie ich bin. Ich muss meinen Verstand checken lassen. Sie hatten ja gesagt, dass sie mich hier treffen wollten. Verlegen reibe ich meine schorfbedeckte Nasenspitze. Warum habe ich nicht früher daran gedacht? Ein Anruf hätte genügt, um die Busreise entlang der Westküste zu verschieben. Für jemanden, der nach langer Zeit völlig ungebunden ist, der weder eine Freundin noch andere Verpflichtungen hat, bin ich ganz schön begriffsstutzig.

»Wir können ja in ein Restaurant gehen. Im *Miners Club* kann man angeblich gut essen. Hast du Lust, mit uns hinzugehen?«

»Na klar.« Meine Zehnägel müssen geschnitten werden.

Wir wandern durch die seltsame Untertagebau-Community, bis wir den Miners Club gefunden haben. Ich bin froh, dass ich mich ein bisschen herausgeputzt habe. Da missachtet man die Maßstäbe der materiellen Welt, aber wenn es zur Sache geht, ist man gleich wieder damit beschäftigt, wie man aussieht und was man anhat. Wir setzen uns an einen Tisch. Die Minenarbeiter starren uns an. Vielleicht starren sie auch nur meine Begleiterinnen an. Ich starre selbstgefällig zurück. Verblasst vor Neid, Leute! In Coober Pedy kommen 400 Männer auf eine Frau, und ich habe zwei an meiner Seite. Penny presst ihr Knie gegen mein verletztes Knie. Nach einer Reihe Operationen, bei denen fast alle Nerven herausgeschnitten worden sind, ist dieser Bereich fast taub. Mein Knie reagiert auf Berührungen so sensibel, als wäre es ein Gummireifen. Vielleicht berührt ihr Bein das meine rein zufällig. Andererseits … ich bin mir nicht ganz sicher.

Wir bestellen eine zweite Runde Bier. Die Unterhaltung wird persönlicher, als wir uns darüber auslassen, wie schwierig es ist, allein zu reisen, ohne Freunde oder Familienangehörige und mit einem Minimum an Körperkontakten. Als ob meine missliche Lage ihr Mitgefühl erregt, presst Penny ihr Bein fest gegen meines. Mein Herz pocht wie wild, völlig außer Rand und Band.

»Denkst du, dass wir Lesben sind?« Cathy ist ziemlich direkt.

»Nein, natürlich nicht. Auf den Gedanken wäre ich nicht gekommen.« O Mann, das würde alles ändern.

Sie sehen sich an. »Wir sind nicht lesbisch, aber es ist eigenartig, dass uns alle australischen Männer dafür halten, nur, weil wir gemeinsam reisen.«

»Und weil wir uns nicht für sie interessieren«, ergänzt Penny und verstärkt auf nicht besonders subtile Weise den Druck gegen mein Knie.

»Sie sind nur frustriert«. Ich schleime, was das Zeug hält.

Ich bin total mit meinen Begleiterinnen beschäftigt. Nachdem ich ein paar Bier intus habe, fühle ich mich immer wohler und bestelle eine weitere Runde sowie etwas zu essen: Drei Portionen *fish and chips*. Es kommt mir nicht in den Sinn, dass es ein wenig skurril ist, in Coober Pedy Fisch zu ordern.

Wir reden über Australien, wo wir schon waren und was wir gesehen haben. Penny ist auf einer Farm in New South Wales aufgewachsen, nicht weit von Bourke entfernt. »Wie war das so?«

»Es war ganz okay. Ich meine, was sagst du, wenn ich dich frage, wie es war, überall auf der Welt aufzuwachsen?«

»Ich sage, dass es ganz okay war. Ich kenne es ja nicht anders, was soll ich also antworten?«

»Siehst du? Mit meiner Kindheit und Jugend im Outback ist es genauso. Ich kenne es nicht anders, und es war ganz okay.«

»Diese ganze Frage der Landrechte, könnt ihr mir die erklären?«, frage ich ernsthaft. Wahrscheinlich würden die beiden am liebsten über Sex reden, aber ich bin so hirnverbrannt, unser Gespräch auf ein Thema zu lenken, bei dem selbst die Leidenschaft des feurigsten Liebhabers erlöschen würde.

Penny sieht ihre Freundin an. «Cathy ist Expertin. Sie ist in einer Aboriginal-Community aufgewachsen. Ihr Vater hat als Arzt im Outback gearbeitet.«

Cathy holt tief Luft, als sei sie kurz davor, etwas zu tun, was sie besser bleiben lassen sollte. »Hast du vom Eddie-Mabo-Fall gehört?«

»Nur flüchtig.«

Sie atmet tief durch. »Interessiert dich das wirklich?«

»Ja, ganz bestimmt.«

»Also gut. In den 1970er-Jahren verklagte Eddie Mabo, ein Torres-Strait-Insulaner, die Regierung von Queensland, weil man ihm sein Land weggenommen hatte. 1990 fällte der Oberste Gerichtshof Australiens schließlich ein Urteil zu seinen Gunsten.« Sie nimmt einen kräftigen Schluck Bier. »Dieses Urteil war von enormer Tragweite, weil Australien damit offiziell eingestanden hatte, dass die indigene Bevölkerung über entwickelte soziale Organisationsformen und über ein Rechtssystem verfügte, bevor die Briten kamen. Mit anderen Worten, es war kein leeres Land.«

»*Terra nullius*«, werfe ich ein. Ich erinnere mich an Trevor.

»Genau.« Sie nimmt noch einen kräftigen Schluck. »Und wenn es kein leeres Land war, keine *terra nullius,* dann hätte die Britische Krone es nicht in Besitz nehmen dürfen. Mabo war nur ein Fall auf einer winzigen Insel in der Torres-Straße, aber die Tatsache, dass der Oberste Gerichtshof der indigenen Bevölkerung einen *native title*, einen Uranspruch auf Grund und Boden, anerkannt hatte, stellte alle gesetzlichen Regelungen, die auf der *Terra-nullius*-Doktrin basierten, auf den Kopf.

»Klingt ziemlich wichtig.«

»Das ist eine Untertreibung. Es hätte ein Chaos gegeben, wenn in Australien alle Rechtstitel auf Land ihre Gültigkeit verloren hätten, und deshalb ist ein Verfahren geschaffen worden, mit dem man die – jetzt kommt das Schlagwort – ›Aufhebung von Uransprüchen‹ betreiben kann, sofern ein Grundeigentum bereits existiert, bevor ein Aboriginal darauf Anspruch erhebt.«

Es fällt mir schwer, ernsthaft zu bleiben und mich auf ein so komplexes Thema zu konzentrieren, weil ich den nicht ganz so subtilen Druck von Pennys Knie spüre. »Aufhebung von Uransprüchen?«, keuche ich, während meine linke und rechte Gehirnhälfte auseinander streben und zu zwei autarken Planeten werden.

»Dieser Aufhebung von Uransprüchen ist es zu verdanken, dass kein Aboriginal sich das Stadthaus meines Vaters in Adelaide unter den Nagel reißen kann. Er hat es gekauft, und er ist in Besitz der Urkunden, die beweisen, dass das Grundstück ihm gehört. Die große Frage ist nun, ob die bestehenden Pachtverträge für Weideland zwischen der Regierung und den Farmern ebenso durch Uransprüche aufgehoben werden können. Theoretisch gesehen, haben die Farmer das Land nur gepachtet – sie haben es nicht erworben.« Genau das hatte ich der amerikanisch-irakischen Radfahrerin erklären wollen. »Das bedeutet, dass ein Ureinwohner sich die Farm von Pennys Vater schnappen kann, die gepachtet ist. Natürlich wehren sich die Farmer dagegen. Mehr als 90 Prozent von Westaustralien kann von den Ureinwohnern als ihr Eigentum beansprucht werden, inklusive des Landes, wo Bodenschätze vermutet werden. Deren Abbau können die Aboriginals durch ein Veto verhindern. Ein ganzer Berg voller Probleme steht also zur Lösung an.«

»Und das ist der aktuelle Stand?«

»Nein, denn danach kam die Regierung Howard mit den Wik-Gesetzen, um den Schaden politisch zu begrenzen, den der oberste Gerichtshof mit einem Urteil in einem anderen Fall angerichtet hatte.« Ich kann mich kaum noch konzentrieren, weil sich das Bier auf den Rest der grauen Masse auswirkt, der nach der Teilung meiner beiden Gehirnhälften noch verfügbar ist. »Eines der Wik-Gesetze besagt, dass die indigene Bevölkerung eine ›andauernde physische Verbindung mit dem Land‹ beweisen muss.« Sie hebt beide Hände und malt mit den Fingern Anführungszeichen in die Luft. »Wie sollen Menschen, die vor 100 oder 150 Jahren von ihrem Land vertrieben wurden, eine ›andauernde physische Verbindung‹ nachweisen? Die Wik-Gesetze haben Schlupflöcher für die Pächter geschaffen, die ihnen gestatten, ihre Landrechte aufrechtzuerhalten«, sagt sie verächtlich.« Die Debatte hat sich auf Fragen der Landverwaltung reduziert und nimmt kaum noch Bezug auf die Menschenrechte der Aboriginals.«

Während ich mich glänzend mit den beiden Ärztinnen unterhalte, fällt die Kellnerin von hinten über mich her.

Ihr Tablett ist mit drei Portionen *fish and chips* und einem großen Krug Bier beladen. Sie stolpert über den Teppich. Ich sehe den erschrockenen Ausdruck in Cathys Augen, dann ergießt sich die ganze Ladung über meinen Kopf und meinen Rücken.

Ich glaube es einfach nicht.

Einen guten Teil dieses Tages habe ich mich bemüht, ein einigermaßen vorzeigbares Äußeres zu produzieren, und die Kellnerin macht all meine Anstrengungen zunichte. Warum sind alle Kellner und Kellnerinnen Mitglieder einer internationalen Verschwörung mit dem Ziel, mir das Leben schwer zu machen? Ich sitze reglos da, aus meinen klatschnassen Haaren trieft Bier. Kartoffelchips rutschen über mein Gesicht. Ich pflücke einen von meiner Schulter und stecke ihn in meinen Mund.

Penny, Cathy und die Kellnerin werkeln an mir herum und bemühen sich um Schadensbegrenzung, aber was geschehen ist, ist geschehen. Mit stoischem Blick ignoriere ich die Heiterkeitsausbrüche der Minenarbeiter an der Bar. Ich werde nie wieder derselbe sein. Von nun an wird *immer* eine tief verwurzelte Angst in mir hochkriechen, wenn sich eine Kellnerin von hinten nähert. Penny nimmt mich bei der Hand und führt mich in den Waschraum der Damentoilette, um sich dort meines verletzten Wohlgefühls anzunehmen und mich zu säubern.

Normalerweise trinke ich nicht viel Bier, aber wir bestellen noch eine Runde und leeren zügig unsere Gläser. Wie es aussieht, können die beiden mich leicht unter den Tisch trinken. Wir reden über nichts Besonderes, aber mir erscheint alles, was sie sagen, irrsinnig interessant. Penny sitzt neben mir, und obwohl mein Gummiknie im Laufe des Abends immer gummiartiger wird, spüre ich immer noch den nicht unbedingt subtilen Druck ihres Knies.

»Es ist fast Mitternacht!« entfährt es mir um Viertel vor zwölf.

»Na und?«, kontert Penny.

»Ich muss den Bus kriegen, in ein paar Tagen muss ich in Perth sein«, wiederhole ich mich. »Ich habe den Greyhound gebucht, der die Westküste hochfährt; wenn ich den verpasse, werde ich nicht so schnell wieder einen Platz ergattern.«

»Ist der Bus wirklich so wichtig?«, fragt Penny.

»Die Busse fahren nicht so oft die Küste hoch; ich habe gehört, dass man rechtzeitig buchen muss, sonst wartet man ewig.« Ich hasse es, in einer Stadt herumzuhängen, weil ich raus will, in die unendliche Weite. Andererseits habe ich es satt, allein zu sein ...

Ich beharre auf meiner Absicht, also gehen wir zurück zur Jugendherberge. Von dort aus fahren mich die beiden mit ihrem alten Holden zur Bushaltestelle und parken direkt neben dem Greyhound. Ich greife nach meinem Gepäck und eile hinüber zum Buskapitän. Die beiden Aussiefrauen lehnen lässig an ihrem Oldtimer; sie haben ihre Hände in den Hosentaschen vergraben und die Jeansjacken bis obenhin zugeknöpft, um sich vor der Kälte zu schützen. Sie sehen so cool und süß aus, als seien sie die Hauptdarstellerinnen in einem Film. Ich dagegen sehe aus wie einer, der in eine Friteuse gefallen ist und aus Versehen in die Dreharbeiten hineinstolpert.

Der Fahrer wirft meinen Rucksack in den Gepäckraum. Die Fahrgäste im Bus beobachten durch die Fenster, wie ich die beiden verlegen umarme. Widerwillig nehme ich meinen Sitzplatz ein. Um Punkt Mitternacht verwandele ich mich von einem potentiell glücklichen Prinzen in ein armes, einsames Würstchen. Penny und Cathy winken mir zum Abschied zu, dann bahnt sich der Bus seinen Weg durch eine öde endlose Wüste, die vom Vollmond beschienen wird.

Anders als beim »Alternativen Busreisenetzwerk für Rucksacktouristen« wird man in einem Greyhound nicht verhätschelt. Zu jeder Tages- und Nachtzeit steigen Fahrgäste ein oder aus. Es ist kurz vor Tagesanbruch, als wir den Bus in Port Augusta verlassen. Es gibt hier zwar einen Greyhound-Busbahnhof, aber die Stadt sieht nicht viel versprechend aus. Die auf dem Fahrplan abgedruckten Kurzbeschreibungen der Haltestellen zwischen Alice Springs und Port Augusta sprechen für sich: Orange Creek, Briefkasten; Starts Well, Raststätte; Erldunda, Raststätte; Kulgera, Hotel; De Rose Hill, Briefkasten; Indulkana, Abzweigung; Chandler, Raststätte; Wintinna, Briefkasten, Cadney Park, Raststätte; Coober Pedy, Greyhound-Pioneer-Busbahnhof; Bulgunnia, Briefkasten; Bon Bon, Briefkasten; Glendambo, Briefkasten; Coonhambo, Briefkasten; Wirraminna, Briefkasten; Woomera, Banool Bahnhof; Pimba, Raststätte; Port Augusta, Greyhound-Pioneer-Busbahnhof. Die meisten Haltestellen bestehen nur aus einer Raststätte, einem Briefkasten oder einer Abzweigung vom Stuart Highway, der meistens schlicht und ergreifend *The Track* genannt wird.

Unser Bus ist pünktlich angekommen, aber die Wartehalle wird erst in einer Stunde geöffnet. Die Passagiere verteilen sich draußen und sitzen mit unglücklichen Gesichtern in der Kälte.

Ich habe nun ein paar Tage vor mir, an denen ich, eingesperrt im Bus, über meine verfrühte Abreise aus Coober Pedy nachdenken kann. Wie geht der Spruch noch? *Carpe diem.* Nutze den Tag. Ich verschwende meine Tage wie ein unfähiger, einarmiger Jongleur.

Um sechs Uhr morgens lässt sich in Port Augusta nicht viel unternehmen. Ich schlendere mürrisch herum und warte darauf, dass die Stadt erwacht. Ein älteres Paar ist auf der Suche nach leeren Mineralwasserflaschen. Als sie stehen bleiben und in einem Mülleimer herumwühlen, hole ich die beiden ein. »Ist das die Hauptstraße?« Ich bin froh, mit jemandem reden zu können.

»So ist es.«

»Sind Sie Müllkontrolleure?«, frage ich unverschämt.

»Wir bekommen fünf Cent für jede leere Flasche«, sagt die Frau zufrieden und hält eine Tasche hoch, in der sich Flaschen in Wert von rund einem Dollar befinden.

Durch ein Fenster in Ozzies Café beobachte ich, wie Leben in die Stadt kommt. Aus Ozzies Küche wabert deprimierende Musik zu mir herüber. Doris Day schnulzt: *Whatever will be, will be, the future's not ours to see.*

Ich werfe einen Blick in eine lokale Tageszeitung. Es ist der 12. Mai, mein Geburtstag! Ich befinde mich in einer abgeschiedenen Gegend auf einem leeren Kontinent, sitze in einem Cafe, in dem ich mit nostalgischen Liebesliedern von Perry Como und Frank Sinatra eingelullt werde, trinke aufgewärmten Kaffee von gestern und beobachte, wie das Provinznest erwacht. Das soll der passende Rahmen für meinen *Geburtstag* sein? Letztes Jahr habe ich Heiligabend allein an einem menschenleeren Strand an der Westküste von Neuseeland verbracht. Diese Ein-Mann-Show *muss* endlich ein Ende finden. Ich hätte meinen Geburtstag mit zwei intelligenten Frauen feiern können, die offensichtlich so scharf auf mich waren wie ich auf sie. Mir ist zum Heulen.

Stattdessen bestelle ich noch eine Tasse Kaffee.

»Kein Problem«, näselt der Besitzer in australischer Manier; es klingt, als sei es sehr wohl ein Problem. Gut, dass ich keine Halbautomatik im Hosenbund habe, sonst würde ich jetzt für Schlagzeilen sorgen. Ich vergrabe meine Stirn in meinen Handflächen.

Ozzie serviert mir den Kaffee. Auf der Untertasse befindet sich mehr Flüssigkeit als in der Tasse. Als ich das abgestoßene Porzellan zum Mund führe, spüre ich, wie sich einzelne Tropfen von der Tasse lösen und auf meine Shorts fallen.

Fototapeten, auf denen Vögel zu sehen sind, Poster mit Landschaften aus Europa, Seidenblumen in Messingvasen, schmierige Plastiktischdecken und irritierende Musik einer vergangenen Epoche – es wird Zeit, dass ich den Laden verlasse, bevor ich meine Ozzie-Mordfantasien in die Tat umsetze. Schade, dass das Leben kein Video ist, das man jederzeit zurückspulen kann. Wenn das möglich wäre, würde ich den Greyhound jetzt zurück nach Cooper Pedy spulen – und dann würde ich den Rest des Drehbuchs umschreiben.

Aber das Leben ist weder ein Film noch eine Kostümprobe, es findet wirklich statt. Vergiss deine Fantastereien über eine eventuelle Romanze, die du gleich im Keim erstickt hast, Andrew. Meine Realität sieht so aus: Ich trete bald die ultimative Busreise an und fahre durch die Nullarbor Plain, die an die Große Australische Bucht angrenzt. Bis nach Perth werde ich 3.000 Kilometer hinter mich bringen, was einer Busreisedauer von ca. 33 Stunden entspricht. Ich werde meinen Geburtstag in einem Greyhound verbringen, der durch den trostlosesten Teil Australiens rollt. Selbst wenn ich ein bisschen mogle und den Zeitunterschied zwischen Australien und Europa oder gar Kanada berechne, muss ich meinen Geburtstag im Bus absitzen, egal, welche Zeitzone der Welt ich als Bezugspunkt nehme. Bei den auf dem Nullarbor-Fahrplan verzeichneten Haltestellen handelt es sich wieder um Raststätten, Abzweigungen, Kolonialwarenläden oder Motels. Keiner dieser Orte eignet sich dafür, meinen Ehrentag gebührend zu zelebrieren. Wer seinen Geburtstag vergessen will, der sollte sich auf eine Reise wie diese begeben.

Es ist einfach, die Australier unter den Fahrgästen auszumachen, denn sie haben alle Decken und Kissen dabei, als sie in den Bus einsteigen. Die Frauen tragen wie immer weite, aber bequeme Sweatshirts. Unter den Passagieren befinden sich nur wenige Rucksackreisende oder Normaltouristen. Diese Fahrt ist nur etwas für Hartgesottene, die das Geld für einen zwar teureren, aber weniger anstrengenden Flug über den Kontinent nicht ausgeben wollen. Meine Entschuldigung dafür, dass ich mir diese geisttötende Tour zumute, ist, dass ich ganz Australien in Bodennähe erleben möchte. Ich will unbedingt eine wirkliche Vorstellung von der Unermesslichkeit des Landes und seiner unfassbaren Leere bekommen. Bedauerlicherweise bin ich manchmal stur und dickköpfig, wenn es um solche Dinge geht. Andererseits mache ich es mir ja auf einem Bussitz mit weit zurückgestellter Rückenlehne bequem und bin weder mit dem Fahrrad unterwegs, noch campiere ich am Straßenrand.

Wir sind ein noch wilderer Haufen als die Meute, die vor einigen Tagen in Townsville einstieg. Kerle mit rasierten Schädeln, enormen Bärten und gewaltigen Bierbäuchen sitzen neben Typen, deren Kopf ein zeitloser Haarschnitt ziert: oben und an den Seiten kurz, hinten lang und dauergewellt. Beliebte Accessoires sind Tätowierungen, knappe Shorts oder schwarze Jeans, stromlinienförmige Sonnenbrillen und Cowboyhüte. Mein eigenes Outfit trägt die Spuren, welche die über mich geschütteten drei Portionen *fish and chips* und der Krug Bier hinterlassen haben. Eine Untertasse voll Ozzies Kaffee rundet das Bild ab.

Während wir noch am Busbahnhof sitzen und auf die Abfahrt warten, unterhält sich ein liebenswerter Australier aus Viktoria mit mir. Zunächst ist mir diese Ablenkung von meiner gegenwärtigen Lebenslage willkommen, aber dann treibt er mich mit der Art, wie er »*Yeah*« sagt, in den Wahnsinn. Er zerrte das Wort auseinander und moduliert es so, dass es zu einem mehrsilbigen Gejaule mutiert. Er beginnt sein »*Yeah*« mit tiefer Stimme, die dann immer höher wird, bevor sie wieder abfällt, und am Wortende macht er einen schnellen Schlenker. So klingt das gedehnte »*Yeah*« immer wie eine Frage, auch dann, wenn er zustimmt, etwas bejaht oder mir einfach bedeuten will, dass er zuhört. Er kommt mir vor wie ein Kind, das einem Erwachsenen widerspricht. Aus seinem Munde erfahre ich, dass er eine Gehirnoperation über sich ergehen lassen musste und seitdem mit dem Greyhound um Australien herumfährt. Zum dritten Mal umrundet er nun per Bus den Kontinent. Zumindest hat er eine Entschuldigung.

Wir verlassen Port Augusta mit zwei Fahrern, die bis Perth unsere Buskapitäne sein werden. Mit göttlicher Omnipotenz erläutert der Dienst habende Buskapitän seinen unbedeutenden Fahrgästen alle Verhaltensregeln, die in seinem Universum einzuhalten sind. Es handelt sich um die Zehn Gebote des Buskapitäns, denen wir entnehmen können, was wir in *seinem* Bus tun und oder nicht tun dürfen. Die Liste der Verbote ist lang. Uns ist lediglich gestattet, mit auf dem Schoß gefalteten Händen vollkommen still auf unseren Plätzen zu sitzen und ruhig zu atmen. Je abgeschiedener die Orte sind, desto länger wird die Liste der Vorschriften in den Bussen.

Die Landschaft unterscheidet sich von dem, was ich bisher in Australien gesehen habe. Bis zum Horizont erstrecken sich sanft gewellte Ebenen aus braunem, landwirtschaftlich genutztem Boden oder trockenen, bereits abgeernteten Weizenfeldern, die wohl bald umgepflügt werden. Dort, wo monströse Traktoren gerade die Erde aufschneiden, hängen Staubfahnen in der Luft. Schafe bilden weiße Punkte auf riesigen, grünen Weiden. Es ist eine ländliche Idylle, aber weitaus mehr beeindruckt mich die immense Größe der Äcker, Felder und Weiden. Ich mag gigantische Ausmaße. Europa ist niedlich mit seinen anheimelnden kleinen Dörfern und den gewundenen Straßen, aber die extrem unterbevölkerte Landschaft hier hat auch ihre Attraktionen. Wir überholen große Mähdrescher mit der Aufschrift *South Australia Co-operative Bulk Handling*. Es wird mir komisch vorkommen, sollte ich mal wieder durch bewirtschaftete Gegenden fahren.

Zuerst dachte ich, es sei Zufall, aber jetzt ist mir klar, dass es sich um Unternehmenspolitik handelt. Wenn von einem Greyhound-Buchungsbüro oder vom Fahrer Plätze vergeben werden, stellt man immer sicher, dass Männer und Frauen getrennt sitzen, außer es handelt sich um ein Paar. Je länger ich darüber nachdenke, desto sinnvoller scheint mir diese Geschlechtertrennung, besonders bei

Übernachtfahrten wie dieser. Wenn du mit abgesenkter Rückenlehne nebeneinander sitzt, ist das fast so intim, als liege man zu zweit in einem Einzelbett. Eine 50-stündige Busreise kommt dann einem Wochenende gleich, das du mit deiner Partnerin im Bett kuschelnd verbringst.

Meine Nachbarin auf der anderen Seite des Mittelgangs ist eine junge Japanerin. Neben ihr thront eine übergewichtige Australierin. Ihr Busen ist so riesig, dass eine Brust über die Rückenlehne vor ihr quillt. Als die kleine Japanerin einschläft, sieht sie wie eine Stoffpuppe aus; ihr Kopf fällt nach vorn, das Kinn ruht auf der Brust. Im Laufe des Nachmittags neigt sich der Oberkörper der Japanerin allmählich zur Seite, in Richtung der Australierin. Diese versucht nun, mit ihrer erheblichen Körpermasse auf Distanz zu der zarten Japanerin zu gehen, aber der begrenzte Raum vereitelt das Manöver. Erfolglos in dem Bemühen, sich weiter von ihrer Nachbarin zu entfernen, muss die Aussiefrau mit ansehen, wie die Japanerin immer weiter in ihre Privatsphäre eindringt.

Ihr Dilemma erhält eine komische Komponente, als der Kopf der Japanerin sich allmählich auf den Busen der Australierin senkt, der ein perfektes Kissen für ihr anlehnungsbedürftiges Haupt darstellt. Mit starrem Blick ignoriert die füllige Frau stoisch das Geschehen, als kurz darauf der Kopf der orientalischen Passagierin langsam von ihrer voluminösen Brust abrutscht und auf ihrem ebenso umfangreichen Schoß landet.

Noch zwei Videos, dann erreichen wir Border Village, ein Dorf, das an der Grenze von West- und Südaustralien liegt. Trotz des ähnlichen Namens sollte man es nicht mit der Stadt Bordertown verwechseln, die in entgegengesetzter Richtung an der Grenze von Südaustralien und Viktoria zu finden ist.

Die Durchquerung der Nullarbor Plain fällt mit dem Anbruch der Nacht zusammen. Die Monotonie des endlosen schwarzen Nichts wird nur unterbrochen, wenn ein uns entgegenkommender Road Train an uns vorbeidonnert oder wenn ein Känguru vom Kängurugitter mit einem dumpfen Geräusch ins Jenseits befördert wird.

Ich bin erschöpft, da ich bereits die letzte Nacht in einem Bus verbracht habe. Daher krame ich meinen Schlafsack hervor und nicke ein. Der Jahrestag meiner Geburt verstreicht allmählich, ganz gleich, in welcher Zeitzone man ihn ansiedelt.

Ich bin noch nicht richtig wach, als die Sonne aufgeht und ich mit roten Augen die Landschaft betrachte. Draußen ist es neblig und kühl. Im Widerspruch zu dem, was der Name Nullarbor anklingen lässt, sind die Ebenen mit kleinen Bäumen bedeckt. Ich erkläre mir den Widerspruch damit, dass wir die baumlose Ebene während der Nacht durchquert haben oder dass die Straße dicht an der Großen Australischen Bucht verläuft, wo mehr Niederschläge fallen.

Meine Nachbarinnen auf der anderen Seite des Gangs schlafen tief und fest. Während der Nachtstunden hat sich die Japanerin für ihren Kopf ein sicheres Nest auf dem geräumigen Schoß der fülligen Australierin geschaffen. Das Doppelkinn der beleibten Frau ruht jetzt bequem auf der Schulter der Japanerin. Die beiden wirken wie zwei Teile eines Puzzles, die perfekt ineinander passen – ein Bild des Friedens und der Harmonie.

Als wir in Kalgoorlie anhalten, nimmt ein Australier den Platz neben mir ein. »*How'ya going, mate*«, begrüßt er mich, dann zückt er eine Hochglanzzeitschrift, die ganz Allradfahrzeugen gewidmet ist, und studiert den neuesten Stand der Geländewagentechnik. Auf der Mittelseite ist ein Toyota Landcruiser abgebildet; zudem enthält das Magazin zahlreiche Fotos kurvenreicher Heckleuchten und von Auspufftöpfen, aus verschiedensten Blickwinkeln aufgenommen.

Sowohl in Kalgoorlie als auch in Coolgardie herrscht eine Atmosphäre wie in den Goldgräbersiedlungen des Wilden Westens. Das ist kein Wunder, denn beide Orte sind Goldgräberstädte. Das eindruckvollste Bauwerk ist das *Mining Registrar building*. Nachdem hier am Ende des 19. Jahrhunderts Gold gefunden wurde, zog es 200.000 Schürfer in die Wüste. Beide Goldgräberstädte erfreuen sich noch immer einer gewissen Blüte. Unser nächster Halt ist Yellowdine, und dort sieht es ganz anders aus. Yellowdine ist eine echte Geisterstadt, die nur aus einer Raststätte und wenigen baufälligen Gebäuden besteht. Entlang der Straße verläuft eine hölzerne Pipeline, durch die Wasser von Perth bis nach Kalgoorlie fließt. 1903 drehte man in Perth den Hahn auf, doch in Kalgoorlie kam kein Wasser an. Der für den Bau der Rohrleitung verantwortliche Ingenieur nahm sich daraufhin das Leben. Einen Tag später ergoss sich das Wasser in die Stadt. In der Raststätte frage ich die Bedienung an der Essenausgabe, wie viele Menschen heute in Yellowdine leben.

»Acht.«

»Acht?« Das überrascht mich.

»Es waren mal über 1.000.«

Acht birnenförmige Überlebende klammern sich in einer Raststätte ans Überleben.

Wir haben unseren Buskapitän die ganze Zeit über im Auge behalten, und als er nun aus der Raststätte kommt, drängen wir uns zurück in den Bus. Keiner von uns will auch nur das geringste Risiko eingehen, hier zurückgelassen zu werden.

In Norseman sind wir rechts und in Coolgardie links abgebogen, aber ansonsten fahren wir, seit wir gestern in Ceduna in Südaustralien zu Abend gegessen haben, auf Straßen, die so gerade sind wie die Schnittlinie eines Landvermessers. Ich spreche den Cowboy neben mir an, der aussieht, als sei er mit allen Wassern gewaschen. »Was tun Sie so in Kalgoorlie?«

Ich bin Schweißer.« Er legt seine Allradzeitschrift weg, rückt seinen Cowboyhut zurecht und kreuzt einen Cowboystiefel über den anderen. »Ich habe in den Minen gearbeitet, aber nachdem ich einen *blue* mit meinem Boss hatte, habe ich gekündigt.«

»*Blue*?«

»Schlägerei.«

»Und was kann man in Kalgoorlie so machen«, interessiere ich mich, »außer seinen Boss verprügeln?«

»Auf die Piste gehen.« Er denkt nach. »Eine Stripshow angucken oder einen *knock shop* besuchen. Der einzige Ort, in dem die Prostituierten legal sind, außer Viktoria.«

»Leben viele Aboriginals in Kalgoorlie?«

»Ja, genau wie in Alice Springs. Die meisten trinken. Die Aborigines aus Zentral- und Südaustralien sind ein übler Haufen. Sie trinken zu viel, gehen auf *Walkabout*. Regelmäßige Arbeit, das ist nichts für sie. Die Aborigines von der Westküste, aus Broome und aus Darwin, sind besser. Das Gleiche gilt für den Haufen, der nördlich von Cans lebt; die sind auch wach geworden.

»Haben Sie mit *Aboriginal people* zusammengearbeitet?«

»Nein. Das Problem ist, dass sie keine Jobs kriegen. Aber ich bin mit ihnen zur Schule gegangen, außerhalb von Perth. Einer meiner besten Freunde ist ein Aborigine. Er war der Boxchampion unserer Schule, und deshalb hatten sie großen Respekt vor ihm. Ich besuche ihn jetzt. Er hat keinen Job, aber nicht, weil er keinen will. Er kriegt keine Arbeit, weil er ein Schwarzer ist.«

Nachdem wir die Siedlung Southern Cross passiert haben, fahren wir wieder durch landwirtschaftlich genutzte Gebiete. Ich studiere meine Karte. Das rote Band, welches die einzige Route markiert, die von Osten hierher führt, mündet in ein ganzes Straßennetz. Der zweite Buskapitän spürt, dass wir bald Perth erreichen, und kommt aus seinem Schlafabteil im hinteren Bereich des Greyhounds. Er steht auf der Treppe neben der Tür und scherzt mit dem Fahrer und zwei australischen Frauen, die vorn sitzen.

»Ich hab mal zwei Abos angefahren«, erinnert er sich. »Der eine ist durch die Windschutzscheibe geflogen, und der andere wurde ins Gestrüpp am Straßenrand geschleudert. Als die Polizei kam, hab ich die Bullen gefragt, was jetzt sie tun wollten. Die Antwort war: ›Den einen verhaften wir wegen Einbruch und den anderen wegen Unfallflucht.‹«

Gelächter.

3 Westaustralien

Auf der internationalen Skala freundlicher und entspannter Menschen rangieren die Australier sicher ganz weit oben. Aber die Westaustralier sind besonders nett und relaxt. Die Leute nehmen sich immer Zeit für ein Lächeln und fragen mich, wie es mir geht. Ich jogge am Swan River entlang, der eher ein großer See ist, den ganzen Weg bis zum Kings Park. Dort setze ich mich hin und genieße den Ausblick auf die Stadt. Auch Perth ist eine unglaublich schöne Metropole, wenn auch nicht so überwältigend groß wie Sydney – noch nicht. Genau wie in Sydney kann ich mir gut vorstellen, hier zu leben.

Am Abend schwimme ich anderthalb Stunden in einem Freibad, um die Speckringe abzutrainieren, die sich während der langen Busreisen um meine Hüften herum angesammelt haben. Danach schlendere ich durch Northbridge, ein munteres Viertel mit vielen Cafés, Pubs, Restaurants und Nachtklubs. Ich will irgendwo etwas essen gehen; in Anbetracht all der elegant gekleideten Australier überkommt mich aber das Gefühl, dass ich mit meinen von Fettflecken strotzenden Klamotten aus dem Rahmen falle. Viele, die aus den Szenekneipen auf den Gehweg stürzen, sind betrunken. Bei weißen Yuppies, die sich amüsieren wollen, ist übermäßiger Alkoholgenuss ein allgemein akzeptiertes Verhalten. Ich umrunde den Häuserblock ein paar Male, traue mich aber nicht, eins der angesagten Restaurants zu betreten. Ich bin einfach zu schüchtern, das könnt ihr glauben oder nicht. Auf dem Weg ins Zentrum von Perth überquere ich eine Brücke, die über eine Eisenbahnlinie führt. Im

Schatten haben sich *Aboriginal people* versammelt, junge und alte, Männer und Frauen. Viele der Erwachsenen sind offensichtlich betrunken. Dass sich Aboriginals in der Öffentlichkeit dem Alkohol hingeben, ist nicht akzeptabel, während der ebenso wenig erbauliche Anblick weißer Yuppies, die vor einer Szenekneipe volltrunken über den Bürgersteig torkeln, keine stigmatisierende Wirkung hat.

Als ich durch eine der großen Fußgängerzonen schlendere, treffe ich auf einen Mann, der in einem Rollstuhl sitzt und den Beatles-Song *Eleanor Rigby* zum besten gibt. Mir kommt es vor, als sei der Sänger nicht ganz bei Verstand, so grauenvoll klingt sein Gejaule. Trotzdem bleibe ich stehen und höre zu. Als er fertig ist, lüge ich: »Nicht übel.«

»Aber auch nicht gut«, antwortet er mit normaler Stimme.

»Jedenfalls singen Sie besser als ich«, räume ich wahrheitsgemäß ein.

Seine Schultern hängen so nach vorn, als seien sie mit dem Oberkörper verschmolzen, und seine Handgelenke sind von Metallreifen umschlossen. Die Magengegend ist unnatürlich aufgebläht. Er schlägt sich einige Male auf den Bauch, als ob der eine Trommel wäre, und stimmt dann *Stand By Me* an. Er trifft die Töne nicht, singt die Textzeile *I don't want to live in a world without love* aber mit sehr viel Gefühl. Als er das Lied vorgetragen hat, zieht er an einem Draht, an dem ein kleiner Eimer befestigt ist, nimmt die wenigen Münzen heraus und steckt sie in die Tasche.

»Packen Sie zusammen?«

»Ich kann nicht mehr singen.«

»Warum nicht?«

»Ich spüre Ihre Gegenwart«, antwortet er.

»Soll ich weggehen?«

»Nein, das hab ich nicht gesagt.«

»Sind Sie öfter hier?«

Er schlägt sich wieder fest auf den Bauch, damit er Luft bekommt. Es muss ihn schmerzen, wenn er so auf sich einprügelt. »Oft genug«, antwortet er. »Zu oft. Ist nicht gut für meine Gesundheit.«

»Und warum lassen Sie es dann nicht?« Ich kann eine beharrliche kleine Nervensäge sein.

»Ich brauch das Geld.«

»Bekommen Sie kein Geld vom Staat?« Für wen halte ich mich? Bin ich Sozialarbeiter?

Er sieht mich lächelnd an. »Haben Sie schon mal mit Frau und zwei Kindern von Arbeitslosengeld leben müssen?«

»Sie waren also nicht immer so schlecht dran?« Manchmal glaube ich, dass ich verrückt bin. Ich unterhalte mich lieber mit dem Mann, als in einer Bar eine Frau anzuquatschen. Vielleicht stimmt das nicht so ganz. Vielleicht unterhalte ich mich lieber gut mit ihm, als dass ich bei dem Versuch scheitere, eine Frau in einer Bar anzuquatschen. Das hat noch nie geklappt. Ich habe ja nicht mal den Mut, allein in eine Bar zu gehen.

»Trunkenheit am Steuer; hatte einen Unfall«, sagt er ohne jedes Selbstmitleid.

»Hat man Ihnen den Eimer mit dem Geld schon mal geklaut?« Ich kann es nicht lassen, in anderer Leute Leben herumzustochern.

»Einmal haben sie sich meine Tasche geschnappt.« Er zeigt sie mir. »Alles rausgenommen. Ich hab sie gebeten, mir wenigstens meine Papiere zu lassen, aber den Gefallen haben sie mir nicht getan.«

»Wer?«

»Drei Aborigine-Frauen.« Er packt weiter zusammen.

»Und, was halten Sie von den *Aboriginal people*?«, frage ich provokant.

»Ich bin mit einer Aboriginal verheiratet.« Er lacht. »Was nicht heißt, dass ich kein Rassist bin.«

»Sie können wohl kaum Rassist sein, wenn Ihre Frau eine Aboriginal ist.«

»Warum nicht?«

»Wie lange sind Sie schon mit ihr verheiratet?«

»23 Jahre.« Er hat seine Siebensachen zusammengepackt und ist bereit aufzubrechen.

»Darf ich Sie zu einem Glas einladen?«

»Ich hab meine Lektion gelernt; ich trinke nicht mehr.«

»Einen Kaffee vielleicht?«

»Hab schon zu viel davon getrunken. Danke.«

»Wie heißen Sie?«

»Charlie. Und Sie?

»Andrew.« Ich schüttele vorsichtig seine Hand.

Zwei junge weiße Australier kommen auf uns zu, ein junger Mann und ein Mädchen, beide knapp unter 20. Das Mädchen zittert. Der Bursche sagt angriffslustig zu Charlie: »Hast du immer noch keine neuen Lieder drauf? Du willst neue Songs lernen, hast du doch gesagt.«

Das Mädchen beachtet ihren Freund nicht weiter und wirft mir einen flehenden Blick zu. »Geben Sie uns ein bisschen Geld, damit wir mit dem Bus nach Hause fahren können, Mister? Wir sind beklaut worden. Hier, sehen Sie, sie haben mir die Bluse aufgeschlitzt.«

Der junge Bursche sagt: »Sie wollten sich meinen Plastikbeutel schnappen, und dabei haben sie ihn kaputtgerissen.« Er zeigt mir eine Einkaufstasche, die ein Loch im Boden hat.

»Wer hat euch überfallen?«, erkundige ich mich.

»Eine Bande Aborigines, da unten im Park. Sie haben gefragt, ob wir ihnen 'n paar Dollar geben könnten, und als ich mein Portemonnaie herausgeholt habe, haben sie es mir aus den Händen gerissen und sich ihren Beutel gegriffen. Und dann sind sie abgehauen.«

Er hat sich die Wollmütze tief ins Gesicht gezogen. Seine Begleiterin ist noch sehr jung. Sie hat dunkle Schatten unter den Augen und sieht aus, als habe sie eine Woche lang nicht geschlafen. Die beiden kommen mir unglaubwürdig vor. Ich habe wenig Lust, mein Portemonnaie aus der Tasche zu ziehen und ihnen Geld zu geben. Als sie merken, dass bei mir nichts zu holen ist, ziehen sie weiter.

»Haben die mich angelogen?«, frage ich Charlie, als die zwei außer Hörweite sind.

»Ja. Sie tauchen fast jeden Abend hier auf. Die beiden sind immer auf Drogen. Immer dasselbe mit ihnen. Haben die Sie um Geld gefragt? Das ist ihre Standardnummer. Gut, dass Sie Ihre Brieftasche nicht gezückt haben. Sie hätten sie sich geschnappt und wären abgehauen. Aber die Geschichte mit dem Aboriginal-Überfall ist gar nicht schlecht; genau das, was die Leute hören wollen.«

Wahrscheinlich wäre es Charlie nicht gut bekommen, wenn er mich gewarnt hätte. Sie kennen ihn und hätten ihn gefunden, und als Querschnittsgelähmter kann er sich kaum verteidigen.

Als der Greyhound in Perth losfährt, macht uns der Buskapitän mit ein paar innovativen Regeln bekannt. »Hört zu, Leute, wenn ihr eure Rückenlehne in Liegeposition bringt, dann denkt an die Menschen hinter euch und rammt ihnen nicht ihre Knie in die Brust. Und, Leute, wenn ihr dem Mitreisenden hinter euch in die Nasenlöcher gucken könnt, dann ist das ein Hinweis darauf, dass ihr eure Rückenlehnen zu weit abgesenkt habt. Vergesst nicht, die Sitze sind keine Betten. Hände, Beine, Taschen oder Messer sollten nicht in den Gang hineinragen. Es kann sein, dass ich wegen Viehzeugs, anderer Tiere oder weiblicher Autofahrer scharf bremsen muss, und ich habe es satt, Leute von der Windschutzscheibe zu kratzen. Und noch was, Leute: Wenn ihr dem stillen Örtchen einen Notfallbesuch abstatten müsst, dann macht das bitte leise, damit der zweite Fahrer nicht gestört wird, wenn er ein bisschen Schlaf auftankt. Bis Broome sind wir 30 Stunden unterwegs, und wir brauchen so viel Schlaf wie möglich.«

In Australien sind alle Busfahrer Kapitäne, und die Fahrgäste sind Leute.

Wer in einen Überlandbus steigt und damit zu diesen Leuten gehört, hat das Gefühl, er sei Passagier auf einem Transatlantikflug. Auch im Greyhound entsteht das Bewusstsein einer Zusammengehörigkeit, einer Fahrtgemeinschaft, die sich auf eine weite Reise in eine andere Welt begibt.

Ich studiere den Fahrplan. Der Trip von hier nach Darwin ist ein Epos, das 56 Stunden oder zweieindrittel Tage dauert beziehungsweise 4.425 Kilometer lang ist. Ich addiere die einzelnen Abschnitte auf dem Greyhound-Fahrplan: Von Sydney nach Cairns, von Cairns nach Alice, von Alice nach Port Augusta, von Port Augusta nach Perth, von Perth nach Darwin, von Darwin herunter nach Adelaide, von Adelaide nach Sydney. Die ganze Strecke ist ungefähr 18.220 Kilometer lang, was einer Reisedauer von 248 Stunden entspricht: Zehn volle Tage, an denen man sich von Raststättenessen ernähren muss.

Die Passagiere, die jetzt zusteigen, haben Kissen und Decken bei sich. Die meisten sind echte, einfache Australier, die der arbeitenden Bevölkerung angehören – was bestätigt, dass die Westküste sich deutlich von der touristischen Ostküste unterscheidet.

Als wir Perth hinter uns gelassen haben, fahren wir durch eine Region, in der Viehzucht betrieben wird. Hier und da steht inmitten der großflächigen grünen Weiden ein eichenähnlicher Baum, der den Tieren Schatten spendet. Auf gigantischen Rasenflächen, groß wie Golfplätze, tummeln sich golfballrunde Schafe. Aber wo sind die Farmgebäude und Farmer? Es ist, als seien die Rinder und Schafe Selbstversorger. Gelegentlich müssen wir wegen landwirtschaftlichen Geräts bremsen, das die ganze Straße einnimmt. Als wir den Westküsten-Highway weiter hinaufgondeln, verwandeln sich die gewaltigen Weizen-, Gerste- und Haferfelder allmählich in mit Gestrüpp bedeckte Ebenen. Durch die Windschutzscheibe sehe ich wilde Emus; wie sie so durch die Landschaft laufen, erinnern sie an braune weibliche Strauße in der afrikanischen Savanne.

Obwohl wir nach Geschlechtern getrennt sitzen sollten, hat neben mir eine Frau Platz genommen. Der Bus ist voll; vielleicht ist es wie bei der Reise nach Jerusalem, und sie ist übrig geblieben. Oder vielleicht bin ich überzählig. Sie kommt von einem Einkaufsbummel und ist auf dem Rückweg nach Cervantes.

»Was fängt man in Cervantes an, wenn man sich amüsieren will?«

»Die Frauen fahren nach Perth und gehen einkaufen, die Männer betrinken sich.«

»Ist das alles, was man tun kann, wenn man Spaß haben will? Shoppen gehen und trinken?«

»Ja, so ziemlich. Ich habe früher in Port Hedland in einer Bar gearbeitet. Da ist der Mann ein Held, der sich besäuft. Am nächsten Tag geben die Typen damit an. Wenn sie so betrunken waren, dass ihnen noch immer schlecht ist, umso besser. Je weniger sie sich an irgendwas erinnern, desto mehr protzen sie damit herum. Wer einen großen Furz lässt und durch den Gestank alle Gäste aus der Bar vertreibt, von dem redet man noch Monate später.« Sie zuckt mit den Schultern und hebt die Hände. »Ich kannte einen Typen, der jeden Tag in die Bar kam, selbst am Weihnachtsabend und zu Silvester. So, wie er von seiner Frau sprach, habe ich sie mir fett und hässlich vorgestellt. Als sie dann auf der Bildfläche erschien, war ich überrascht, denn sie sah gar nicht übel aus. Aber er hing immer in der Bar herum. Eines Tages hat sie ihn verlassen, ist zu ihrer Mutter nach Perth zurückgegangen. Er konnte sich nicht im Mindesten vorstellen, warum sie das getan hatte, und hat zu mir gesagt: »Ich bin nach Hause gekommen und habe ihr meine Lohntüte gegeben. Was will sie noch mehr?« Er hatte wirklich keinen blassen Schimmer, was er falsch gemacht hatte. Seine Kumpel waren ihm wichtiger als seine Frau.«

Am Abzweig nach Cervantes steigt sie aus. Ein dubioser Typ nimmt ihren Platz ein. Sein Atem riecht nach Bier und Zigaretten. Der Kapitän schiebt ein Video in den Rekorder und bittet uns, die Vorhänge zu schließen. Eine ganze Ladung Busleute düst nun in einem abgedunkelten Greyhound durch das Outback und sieht *Dumm und dümmer*, *Kevin – Allein zu Haus* oder einen geistlosen Mel-Gibson-Actionfilm. Ich habe nicht rechtzeitig gebucht und sitze daher ganz hinten; von meinem Platz aus sehe ich den Bildschirm nur aus der Tunnelblick-Perspektive. Wenn ich die Landschaft draußen genießen will, muss ich diskret den Vorhang zur Seite schieben und durch einen kleinen Schlitz hinauslugen. Aber das Video anzuschauen ist keine echte Alternative; ich komme mir vor, als würde ich im Kino durch ein Fernglas, das ich verkehrt herum halte, auf die Leinwand starren.

Als das Video abgelaufen ist, tritt der Typ von Platz 1A, auf dem ich normalerweise sitze, den langen Weg zum Notfallörtchen an.

Uns wird klar, was er vorhat, als er über seinen schlafenden 1B-Nachbarn klettert. 1A taumelt durch den Gang in den hinteren Teil des Busses und hält sich an den Rückenlehnen fest. Nicht mehr vom Video abgelenkt, richten sich 50 Augenpaare auf ihn. 1A bemüht sich um einen unbekümmerten Gesichtsausdruck, aber jeder weiß genau, wohin er will. Unsere Blicke warnen ihn davor, dort die verbotenen großen Geschäfte zu erledigen. Der Buskapitän observiert 1A durch den Rückspiegel. Sollte er mehr als ein paar Minuten auf dem Örtchen verbringen, werden will alle wissen, was er dort getan hat.

Mein ominöser Nachbar erzählt mir, dass er bei der Perlenfischerflotte arbeitet. Er verwendet die Wörter *mate* und *bro* in beinahe jedem Satz. »Mir ist 'n Job in Queensland angeboten worden, *mate*, hab ihn aber ausgeschlagen, wegen so 'ner blöden *sheila*. Sie hat jetzt mit mir Schluss gemacht und mich rausgeschmissen. War sowieso nicht viel mit ihr zusammen, *bro*. Hätte losziehen und den Job annehmen sollen. Hab's locker genommen, bringt ja nichts, wenn man zu viel schuftet, die vom Finanzamt ziehen dir sowieso alles wieder aus der Tasche. Werd mich mit 40 zur Ruhe setzen. Super Plan, eh?« Alle Australier wollen sich mit 40 zur Ruhe setzen. Sein Bart ist fransig, sein Haar lang und ölig, und er trägt eine verspiegelte Sonnenbrille. »Wo willst 'n hin?« Sein Tabakatem schlägt mir ins Gesicht.

»Broome.«

Er rammt mir einen Ellbogen in die Rippen und sagt verschwörerisch: »Lass es krachen. Da gibt's *sheilas* ohne Ende. Du wirst mehr zu tun haben als ein Einbeiniger bei einem Arschtritt-Wettbewerb.«

»Ah ja.« Ich bringe die Aboriginals ins Spiel, um ihn vom Thema *sheilas* abzulenken.

Das bringt ihn aber nicht ins Schleudern. »Da draußen gibt's 'ne Menge guter schwarzer Kumpels, *mate*.

»Hast du Freunde, die Aboriginals sind?«

Meine Frage bringt ihn zum Lachen. »Na klar, *mate*. Ein paar meiner besten Kumpels sind *bros*. Du musst ihnen nur aus dem Weg gehen, wenn sie blau sind.«

Wir fahren nach Geraldton hinein, um dort die Mittagspause zu verbringen. Wie ein guter Flugkapitän informiert uns auch der Buskapitän jedes Mal, bevor wir an einer Raststätte Halt machen, über die geschätzte Ankunftszeit. Außerdem erhalten wir eine detaillierte Beschreibung, wo sich Toiletten, Telefone und Speiseräume befinden, und zu guter Letzt werden wir darin erinnert, dass wir unsere Rückenlehnen wieder aufrichten müssen und den Bus nicht mit freiem Oberkörper verlassen dürfen. Damit wir den Berg an Informationen und Anweisungen leichter verdauen, wird uns alles gleich noch einmal vorgekaut. Und weil die Greyhound-Leute nicht gerade die Hellsten sind, setzt der Buskapitän noch eins drauf und wiederholt das Ganze ein drittes Mal.

Nach der Pause überbrückt mein Sitznachbar die Zeit, bis das nächste Video anfängt, indem er das vorher angesprochene Thema wieder aufnimmt. »Wenn die Regierung den Abos weiter Land gibt, fließt Blut.«

»Ich denke, deine besten Freunde sind *bros*?«

»Ja, aber ich bin doch nicht für das verantwortlich, was damals passiert ist. Außerdem kriegt jeder Abo pro Jahr eine Million Dollar von der Regierung.«

»Wie bitte?«, entfährt es mir.

»Tatsache. Ich hab's mit ihnen beredet. Sie können nicht gut mit Geld umgehen, und sie werden von ihren Mischlingen abgezockt.« Der Film fängt an. »Weißt du, wie man definiert, was ein Aborigine ist?«

O Gott, es ist so weit. Jetzt kommt wieder ein rassistischer Witz.

»Ein Aborigine ist jeder, der sich als Aborigine fühlt und der von einer Aborigine-Community akzeptiert wird.« Er meint es ernst. Um dem Gesagten Nachdruck zu verleihen, sieht er mir in die Augen. »Ich weiß, wovon ich rede, *mate*, ich hab mich damit befasst. Auch wenn ich keinen Tropfen schwarzes Blut in mir hab: Wenn ich mich als Aborigine fühle und meine *bros* zustimmen, kann ich einer sein. Dann hab ich alle Vorteile, die sie haben, und ich kann eine Million pro Jahr absahnen. Weißt du, was ich täte, wenn ich Aborigine wär'?«

»Äh, äh.« Ich bin nicht sicher, ob ich es wissen will.

»Abspalten und unabhängiger Staat.« Er zieht die Augenbrauen hoch. »Tatsache. Und das wollen viele von ihnen. Zwei Australien.« Das Geflacker auf der Mattscheibe lenkt meinen Nebenmann ab.

»Warum nicht? Australien gehört sowieso den verdammten Yankees«, sagt er, als er den Yankee-Akzent der Hollywoodschauspieler hört. »Das ist die volle Wahrheit, *bro*. Sie haben ihren Stützpunkt bei Exmouth geschlossen, aber dafür eine Marinebasis bei Pine Gap errichtet, in der Nähe von Alice Springs. Und da haben die Yankees Aliens und Ufos und Geräte, mit denen sie die Schwerkraft aufheben können. Tatsache, *mate*. Mach bloß keinen Mist und versuche, an Informationen über Pine Gap zu kommen, sonst bist du weg, *bro*. Das ist einem unserer Premierminister passiert. Er ist zum Strand runter und wollte schwimmen gehen, und da haben die Yankees sich ihn geschnappt.«

Die Sonne versinkt. Gegen den blutroten Himmel zeichnen sich die Silhouetten einsamer Windmühlen ab, auf denen der Schriftzug *Southern Cross* prangt: Ein allgegenwärtiger Anblick im Outback. Bald darauf ist die kleine Kapsel, in der wir durch das Nichts katapultiert werden, von tiefschwarzer Dunkelheit umfangen.

Mitten in der finsteren Wüste befindet sich eine Oase des Lichts. Auf der Landkarte sieht es aus, als besitze Overlander ein Mindestmaß an Infrastruktur; aber es ist nichts weiter als eine von Neonröhren beleuchtete Raststätte mitten im Niemandsland. Wenn ich 100 Meter in eine beliebige Richtung ginge und jemand schaltete das Licht in der Raststätte aus, wäre ich vollkommen aufgeschmissen.

Ich reihe mich in die Schlange bei der Essenausgabe ein und werde nachdenklich. Könnte es sein, dass ein einziges birnenförmiges Team einem Greyhound quer durch das Land von Raststätte zu Raststätte folgt? Speisen und Personal kommen mir in den einzelnen Raststätten absolut identisch vor. Ich werde einen Hamburger oder ein Hühnerbein mit einem kleinen Zeichen versehen. Vielleicht finde ich das markierte Objekt in der nächsten Raststätte wieder. In einem Korb liegen drei schrumpelige Äpfel; als ich sie genauer betrachte, entdecke ich in einem die sichelförmigen Abdrücke eines Daumennagels.

Jemand ist auf die gleiche geniale Idee gekommen.

Möglicherweise handelt es sich um den verzweifelten Versuch, den Mangel an interessanter Umgebung zu kompensieren: Alle erhältlichen Souvenirs, wie Handtücher, Teller, Tassen und Tischsets, sind mit dem Schriftzug *Overlander Roadhouse* bedruckt. Als ob Overlander ein beliebtes Touristenziel wäre und nicht einfach eine Raststätte im westaustralischen Outback. Obwohl es Mai ist, hängen Weihnachtsdekorationen von der Decke. Wahrscheinlich sollen sie uns von den fehlenden Linoleumfliesen im Fußboden ablenken. In einer endlosen Reihe Country-und-Western-Songs geht es immer wieder um Männer, die von ihrer Frau verlassen worden sind, deren Hunde sterben und die nun verzweifelt vor halbleeren Whiskeyflaschen hocken.

Eine Hälfte der Raststätte ist der Versorgung der Reisenden gewidmet: Hamburger, Pommes Frites, Hot Dogs und Cola. Die andere Hälfte dient der Versorgung der Fahrzeuge, die uns hierher bringen: Motoröl, Keilriemen, Batterien, Abschleppseile. Ich nehme mir einen der ausgetrockneten Hamburger, die man sicher auch als Bremsbacken für Road Trains verwenden könnte. Die Pommes sind so matschig, dass sie mir auf die Shorts fallen, bevor ich sie mir in den Mund stopfen kann. Nach der Viskosität des Fetts zu urteilen, könnte man das Öl in der Friteuse auch als Motoröl verwenden. Vielleicht ist es Motoröl. Als ich mein Essen zahle, glaube ich, die birnenförmige Kellnerin wieder zu erkennen. Die Frau hat mich schon in Border Village bedient, da bin ich mir sicher. Oder war es in Bordertown?

Ich muss die Zeit totschlagen, bis der Anschlussbus nach Monkey Mia eintrifft, und setze ich mich draußen an einen Picknicktisch. Eine junge Frau gesellt sich zu mir; sie verzehrt etwas, das vage an eine Frühlingsrolle erinnert. Sie trägt ihre Baseballkappe mit dem Schirm nach hinten, ansonsten ist sie mit T-Shirt und Jeans bekleidet. Die junge Frau gehört anscheinend zu der burschikosen Sorte. Während sie mit einer Hand ihre Kappe dreht, bis der Schirm nach vorn zeigt, fragt sie mich, ob ich nach Norden will.

»Ja.« Ich wünschte, ich hätte auch eine Baseballkappe, die ich drehen könnte. »Wie heißt du?« Es muss das tausendste Mal auf dieser Reise sein, dass ich jemanden nach seinem Namen frage.

»Gemma mit G.« Der Singsang in ihrem Tonfall weist sie eindeutig als Irin aus, und ihr Händedruck ist fest. Als sie die Kappe abnimmt, kommt kurzes, rostrot gefärbtes Haar zum Vorschein. Der zentimeterlange schwarze Haaransatz zeigt, dass sie schon einige Zeit unterwegs ist. Ihr ist eine jungenhafte Ausstrahlung zu Eigen, die vom schelmischen Funkeln ihrer Augen, von den Grübchen in ihren Wangen und den Sommersprossen auf ihrer Nase verstärkt wird. »Und für den Fall, dass es dich interessiert«, fährt sie mit breitem irischem Akzent fort, »ich bin 26, einen Meter 54 groß, komme aus Irland und arbeite dort als Programmiererin bei IBM.«

Sie sieht nicht älter aus als 18. »Wie hat dir Sydney gefallen?«, erkundige ich mich.

»Ich liebe die Stadt. Warst du dort?«

»Ja.«

»Und was denkst du?«

»Es ist sicher die schönste Großstadt der Welt. Sie liegt direkt am Meer, da ist ein riesiger Hafen, und das Klima könnte nicht besser sein. Sydney hat eigentlich alles, was du dir wünschst, besonders, wenn du direkt am Wasser oder in der Nähe der Strände wohnst.«

»Warst du am Bondi Beach?«, fragt Gemma.

»Ja. Wenn man schon in einer großen Stadt leben muss, dann am besten wohl in Sydney. Bist du die Ostküste hochgefahren?« Die junge Irin könnte eine von den Gleichgesinnten und unabhängig

Reisenden des Alternativen Busreisenetzwerks gewesen sein, die sich schlafend und trinkend die Ostküste hinaufbewegen. Aber vielleicht hat sie so genau Auskunft über ihre berufliche Qualifikation gegeben, weil sie sich von der Masse abheben will.

Gemma bestätigt meine Vermutung. »Die Ostküste ist voller Partymenschen.« Sie hebt beide Hände. »Versteh mich nicht falsch«, fügt sie schnell hinzu, »ich feiere auch gern ein bisschen, aber das war einfach zu viel des Guten. Ich bin nicht den ganzen Weg hierher gekommen, um Bier in mich hineinzuschütten, abzutanzen und den nächsten Tag im Bus zu verpennen. Ich will auch was von Australien sehen.«

Gemeinsamer Boden. «Wie schmeckt das?«, frage ich, als sie sich den Rest der Frühlingsrolle einverleibt. »Ich habe die Dinger in sämtlichen Rasthäusern herumliegen gesehen.«

»Das ist eine *Chiko*-Rolle. Fast das Einzige mit Gemüse hier. Wahrscheinlich Kohl oder so was Ähnliches.« Sie wischt sich die fettigen Finger an einer Papierserviette ab. »Zumindest ist kein Fleisch drin. Gar nicht so einfach, als Vegetarierin in Australien herumzureisen.«

Wir warten auf einen kleineren Bus, der uns nach Monkey Mia an der Shark Bay bringen wird; und da man sich hier kaum mit etwas anderem die Zeit vertreiben kann, unterhalten wir uns die ganze Zeit. Ich mag Gemma mit G. Sie hat einen bissigen Humor und ist leicht zum Lachen zu bringen, eine gute Mischung.

»Ich habe in Sydney gearbeitet. Ist total einfach, in Australien einen Job zu finden; ich konnte es kaum glauben, so leicht ging das.« Sie nuckelt an einer Bierflasche. »Äh – das einzige Problem ist, dass ich meinen Freund vermisse. Er ist in Irland.«

Als der Minibus ankommt, quetschen sich so viele Rucksackreisende hinein, dass es für die nächsten paar Stunden kaum Bewegungsmöglichkeiten gibt. Monkey Mia entpuppt sich als kaum mehr als ein Caravan-Feriencamp; als wir dort ankommen, ist es bereits Mitternacht. Gemma und ich teilen mit zwei Holländern einen heruntergekommenen Wohnwagen. Wie nach einem Manöver erschöpfte Soldaten fallen wir in die Etagenbetten und schlafen sofort ein.

Ein weiterer Sonnenaufgang, ein weiterer strahlend blauer, wolkenloser westaustralischer Himmel. Es ist schon heiß. Durch das Labyrinth aus alten Wohnwagen, die man zu Ferienquartieren umgewandelt hat, wandere ich zum Strand hinunter. Am Wasser stehen ein paar Leute und beobachten Delfine, die gefüttert werden wollen. Die Bucht, das Meer, der Ozean, was immer es sein mag, ist so glatt wie ein Ölteppich. Nicht eine einzige Welle kräuselt die Oberfläche, nicht der Hauch einer Brise streift meine Haut. Ich habe noch nie eine so große Wasserfläche gesehen, die so unbewegt ist.

Ein Beamter des *Conservation and Land Management*, kurz *CALM*, überwacht das Spektakel. Er steht bis zu den Knien im Wasser; die Delfine schwimmen um ihn herum und reiben sich an seinen Beinen.

Gezähmte Delfine, die Kunststücke vorführen, beeindrucken mich nicht. Aber hier handelt es sich um frei lebende Tiere, die im Laufe der Jahre begriffen haben, dass die Fischer an der Stelle immer ihre Abfälle ins Wasser kippen. *CALM* hat sich eingeschaltet und überwacht nun die Fütterung der wilden Delfine. Dies geschieht unter der Aufsicht von Rangern der Nationalparkverwaltung, und das Ganze wirkt ein wenig überorganisiert. Die Fischer müssen erstaunt gewesen sein, als damals die ersten Delfine angeschwommen kamen und wie freche Köter aus der Nachbarschaft um Futter bettelten.

Die andere Seite der Shark Bay ist zu weit entfernt, als dass man die Küste sehen könnte. Auf dieser Seite der Bucht besteht der Küstenstreifen aus endlosen Stränden, die von roten Wüstendünen gesäumt sind. Die Shark Bay, die Haifischbucht, scheint ihrem Furcht erregenden Namen alle Ehre zu machen, aber ich schwimme trotzdem eine Stunde an der Küste entlang. Durch meine Tauchermaske sehe ich eine Schildkröte, diverse Flundern und jede Menge anderer Fische, doch zum Glück keine Haie. Als ich nach meinem zweistündigen Abenteuer aus dem Wasser steige, sind am Strand drei Fischer damit beschäftigt, an einem behelfsmäßigen Tisch Fische auszunehmen. Vier bettelnde australische Pelikane haben vorwitzig ihre Schnäbel auf den Tisch gelegt. Als einer der Männer einen Fischkopf in den Sand fallen lässt, nimmt ein Pelikan ihn vorsichtig auf, watschelt damit zum Wasser und wäscht seine Beute, bevor er sie verschlingt.

»Haben Sie Delfine zu Gesicht bekommen?«, fragt einer der Fischer, ohne von seiner Arbeit aufzublicken.

»Nein. Aber heute Morgen habe ich welche gesehen.«

»Ich fische hier seit 33 Jahren, und mindestens ebenso lange füttere ich die Delfine. Jetzt haben die Ranger ein verdammtes Video, in dem so eine dumme Ziege behauptet, sie habe damit angefangen. Soll sie sagen, was sie will; die Fischer haben die Delfine hierher gelockt. Jetzt verbieten uns die Aufseher, die Tiere zu füttern. Diese Trottel von *CALM* werden von meinen Steuergeldern dafür bezahlt, dass sie faul auf ihren Ärschen herumsitzen. Wir füttern die Pelikane mit Fischabfällen, damit sie, wenn sie sich hinterher auf dem Gebäude der *Conservation und Land Management*-Behörde niederlassen, kräftig darauf scheißen.«

Ich sehe ihnen zu, wie sie einen ganzen Berg Fische filetieren. Als sie die Reste an die Pelikane verfüttern, meint ein Fischer: »Unsere T-Bones müssten inzwischen aufgetaut sein.«

»Das kann nicht Ihr Ernst sein«, wundere ich mich. »Sie haben hier jede Menge frischen Fisch und essen tiefgekühlte Steaks?«

»Es macht mehr Spaß, die Fische zu fangen, als sie zu essen. Wir frieren sie ein, und irgendwann landen sie dann mal auf dem Grill.«

Am Horizont verändert sich nichts. Das Meer bleibt spiegelglatt. Nichts bewegt sich. Nur die Sonne zieht langsam am Himmel ihre Bahn, und die Delfine suchen im Wasser nach weiteren Leckerbissen.

Am Abend sagen die beiden Holländer zu mir: »Wir gehen nach Denham, da gibt es wenigstens einen Pub. Hier ist ja überhaupt nichts los.«

»Klasse, oder?«, fällt mir dazu ein.

Die desillusionierten Niederländer haben kaum den Wohnwagen verlassen, als Gemma hereinschneit. Die Sommersprossen auf ihrer Nase haben sich deutlich vermehrt. »Ich habe den alten Männern da hinten ein paar Fische abgeschwatzt.« Mit ihrem unbezwingbaren Lächeln im Gesicht sieht sie aus wie der *Artful Dodger* aus Oliver Twist. »Isst du was mit? Allein schaffe ich das nie.«

»Das müssen ein paar Kilo sein«, wundere ich mich. »Ich habe auch mit ihnen geredet, aber mir haben sie keinen Fisch angeboten. Das nächste Mal komme ich als Frau nach Australien.«

»Gut, oder? Ich kann immer ein Bier abstauben, wenn ich eins haben will. Ich hocke mich nur in eine Kneipe und sage zu dem erstbesten Australier: ›*Howzit going, mate*‹ Sie haben mir Autos und Wohnungen angeboten, mich auf dem Boot mitgenommen, und alles nur, weil ich eine Frau bin und die Typen total heiß sind.« Sie dreht ihre Kappe, bis der Schirm nach vorn zeigt; das Lächeln verschwindet aus ihrem Gesicht, und ihre Augen verengen sich zu Schlitzen. »Ich würde ihnen ihre verdammten Arme brechen, wenn sie es wagten, mich anzufassen. Eine unmissverständliche Antwort genügt aber auch.« Ich kann mir nicht vorstellen, dass Gemma etwas Unmissverständliches von sich gibt, vielleicht übertreibt sie in dieser Hinsicht. »Und wenn sie nicht aufhören, mich anzubaggern, dann stehe ich auf und gehe.« Das kann ich mir vorstellen.

Wir braten die Fischfilets in Butter und würzen sie mit Salz, Pfeffer, viel Knoblauch und Zitrone. Ich trage eine Flasche Wein zu dem Festmahl bei, das wir gemütlich am Strand genießen. Die Sonne geht unter; hin und wieder pflügt die Rückenflosse eines Delfins so sanft durch das Wasser, dass kaum eine Welle entsteht.

Das Meer ist genauso reglos wie gestern. Der Ozean in der Shark Bay ist eine enorme Fläche stillen Wassers. Delfine gleiten lautlos durch die Fluten und betteln. Die Ranger füttern sie immer zu verschiedenen Zeiten und nur während der Morgenstunden; auf diese Weise wollen sie die Tiere dazu ermuntern, selbst auf Nahrungssuche gehen. Ein Delfinbaby schwimmt auf dem Rücken; es folgt seinem angeborenen Angebertrieb und wedelt mit den Flossen. Unbeweglich wie eine Skulptur steht ein Pelikan auf einer kleinen Grünfläche neben dem Rasensprenger und lässt sich das Wasser in den weit aufgesperrten Schnabel regnen.

Das Caravan-Feriencamp war ursprünglich eine Unterkunft für zählebige australische Fischer. Es mauserte sich zu einem Punkt auf der Landkarte, weil ein paar frei lebende Delfine angeschwommen kamen, die von den Fischern gefüttert werden wollten. Inzwischen hat man 500 Betten in die lädierten Wohnwagen gequetscht, und der Besitzer will die Kapazitäten auf 800 erweitern. Millionen Dollar wurden investiert und werden abgeschöpft, und alles nur wegen ein paar Futter suchender Delfine.

Als ich zu unserer Unterkunft zurückkehre, dringt aus einem Radio *Stand By Me* an mein Ohr. Ich muss daran denken, wie Charlie in seinem Rollstuhl den Song in das abendliche Perth hinausgeschmettert hat. Ich kann ihn mir in dieser Umgebung nicht vorstellen und frage mich, ob es ihm hier wohl gefiele.

Gemma ist endlich wach. Als ich den Wohnwagen betrete, steht sie vor dem Spiegel.

»Du mufft mir helfen!«

»Was ist denn los?« Ich lege mein Buch weg und öffne den Kühlschrank, um eine Flasche Wasser herauszunehmen. Man dehydriert hier so leicht, ich muss mich zwingen, regelmäßig etwas zu trinken.

»Ich kann nicht fprechen.« Sie klingt, als sei sie in Panik. «Meine Funge flutft in meinem Mund herum wie ein Fifch im Eimer.«

Während ich das kühle Nass in mich hineinlaufen lasse, mustere ich sie skeptisch aus den Augenwinkeln; ich setze erst ab, als die Flasche leer ist. »Was hast du für ein Leiden?« Ich bin ein wenig beunruhigt, da die wortgewandte Gemma sich in eine Sprachbehinderte verwandelt hat.

»Mein Atem hat von dem Effen geftern fo nach Knoblauch geftunken, defhalb habe ich diefef Mundfpray benutft. Jetft ift mein Mund ganf taub. Ich hab kein Gefühl in den Lippen, in der Funge und in der Kehle auch nicht.«

»Mundspray?« Ich bin mir nicht sicher, ob sie mich auf den Arm nehmen will. Sollte sie mir etwas vormachen, wäre sie eine wirklich gute Schauspielerin.

Gemma hält mir eine kleine Dose unter die Nase. »Ich habe fie hier gefunden und dachte, ef wäre ein Atemerfriffer. Und da habe ich mir etwaf von dem Feug in den Mund gefprüht.« Sie reicht mir die Dose und betrachtet ihre Zunge im Spiegel. »Du mufft mir helfen!« Tränen schießen ihr in die Augen.

»Wo hast du sie gefunden?«

»Vielleicht hat einer der Holländer fie hier vergeffen. Fie ftand da in der Ecke.« Gemma zeigt mir, wo sie das Spray gefunden hat. »Oder gehört daf Feug dir?«

Ich betrachte das fragliche Objekt und lese *Stud Delay*. Das klingt eigentlich nicht nach Mundhygiene. Nachdem ich die winzige Gebrauchsanweisung entziffert habe, kommt Licht in das Dunkel. »Hey Gemma, das musst du dir auf den Penis sprühen.«

»Ich habe keinen Penif.«

Das hätte ich mir denken können.

Ich lese den relevanten Abschnitt noch einmal durch. »Man sprühe sich das Produkt auf den Penis, dann wird er unempfindlicher, und man kann länger Geschlechtsverkehr haben.« Ich sehe sie forschend an. »Du hast keinen Geschlechtsverkehr gehabt, oder?«

»Daf ift nicht luftig, Andrew!« Sie stampft mit dem Fuß auf und fragt verzweifelt: »Wie lange hält die Wirkung an? Muff ich etwa erfticken?«

»Keine Ahnung, ich habe so was noch nie benutzt.«

Sie begutachtet ihre Zunge im Spiegel.

Mitfühlend sage ich zu ihrem Spiegelbild: »Hör mal, ich kann nicht sehen, dass was nicht stimmt. Vielleicht wirkt das Zeug wie eine Betäubungsspritze beim Zahnarzt. Deine Lippen fühlen sich vielleicht gummiartig und geschwollen an, aber sie sehen ganz normal aus«, will ich sie beruhigen.

»Waf foll ich denn jetft tun?« Gemma richtet die Frage an mein Spiegelbild.

»Vielleicht rufst du in einem Krankenhaus an.«

»Hilf mir bitte!« Kurz davor, die Fassung zu verlieren, stampft sie wieder mit dem Fuß auf.

»Okay.« Ich nehme sie bei der Hand und führe sie zu den Telefonen vor den Duschräumen. Ich muss mehrere Notfallnummern wählen, bis ich endlich eine Krankenschwester an der Strippe habe. »Meine Tochter« – Gemma rollt bei der leichten Verdrehung der Tatsachen mit den Augen – hat sich aus Versehen *Stud Delay* in den Mund gesprüht, und nun ist ihr Mund ganz taub, und sie hat große Angst. Wissen Sie, wie lange die Wirkung anhält?«

Am anderen Ende der Leitung ist es eine Zeit lang still, dann sagt die Schwester: »Das sollten Sie wissen, *mate*.«

Sie hat schon aufgelegt, als ich den Hörer einhänge. Ich schätze grob, wie lange das Spray an einem Penis wünschenswerterweise wirken sollte, und lüge Gemma an. »20 Minuten, hat sie gesagt.«

Wir buchen Plätze in einem Bus, der zur Coral Bay fährt. In Australien ist es wunderbar ruhig und friedlich, aber ich habe das Gefühl, dass meine Zeit knapp wird. Dieser Kontinent ist ganz anders als Neuseeland; wenn man dort ein paar Stunden unterwegs ist, sieht man sehr unterschiedliche Landschaften. Hier fährt man tagelang durch die Gegend, ohne dass sich die Szenerie ändert. Trotz der großen Entfernungen und der mangelnden Abwechslung würde ich aber gern noch länger bleiben.

Den überwiegenden Teil des zweiten Tags an der Shark Bay bringe ich mit Lektüre über die indigene Bevölkerung Australiens zu, dann schwimme ich wieder für zwei Stunden an der Küste entlang. Das Wasser ist sehr salzig und trägt so gut, dass ich mich kaum anstrengen muss. Als ich zurückkomme, sitzt Gemma am Strand.

»Geht's dir besser?«, rufe ich ihr aus dem Wasser zu.

»Tut mir Leid, dass ich gestern so unausstehlich war.«

»Für das, was dir passiert ist, hast du dich ganz gut gehalten. Ich sollte mich bei dir entschuldigen, weil ich es lustig fand, aber ich konnte einfach nicht anders. Hast du dein handliches Spray dabei?«

Sie sieht mich vorwurfsvoll an.

»Wegen der Fliegen. Ich möchte ausprobieren, ob man die Biester damit betäuben kann. Wo hast du es gelassen?«

»Also, ich dachte, dass *du* so was nicht brauchst. Ich habe es den Fischern geschenkt, um mich für die Filets zu revanchieren.«

Mein Unterkiefer klappt herunter. »Das ist ein Scherz, oder?«

»Ich wollte mich für ihre Freigebigkeit bedanken.«

»Haben sie irgendwas gesagt?« Ich kann es immer noch nicht fassen.

»Nein, aber die Frauen meinten, dass ihre Männer eher Viagra brauchen als *Stud Delay*.«

»Lügnerin.«

Am späten Nachmittag statten wir den Fischern erneut einen Besuch ab; sie stehen wieder vor ihrem behelfsmäßigen Tisch und sind dabei, bergeweise Kabeljau auszunehmen. Einer der Männer schlitzt gerade einen Fisch auf, der so groß ist, dass Kopf und Schwanz über die Tischkanten ragen. Ein paar Meter weiter schwimmen Delfine. Das Meer ist so dickflüssig wie geschmolzenes Gold.

»Erzähle unseren Gästen doch mal, was heute passiert ist, George«, sagt einer der Fischer zu einem Kollegen, der sich verdächtig ruhig verhält.

»Ja, erzähl ihnen, was los war«, fordert ihn ein Dritter auf.

»Da gibt'f nicht viel fu erfählen«, antwortet George. Man kann ihn kaum verstehen; er klingt, als flutschte die Zunge in seinem Mund herum wie ein Fisch im Eimer.

Oje, oje ...

»Was war denn los?«, hake ich nach. Ich werfe Gemma schnell einen Blick zu und sehe in ihren Augen, dass wir das Gleiche denken. Aber nein, das wäre ein zu großer Zufall, ihm kann unmöglich dasselbe passiert sein. Anderseits leidet George eindeutig an irgendetwas, und er zeigt dieselben Symptome, die sich am Vortag bei Gemma bemerkbar gemacht haben.

»Glaubst du, er hat sich ... *Stud Delay* in den Mund gesprüht?« Ich flüstere den Satz in Gemmas Ohr, damit die Fischer ihn nicht verstehen.

Sie zuckt zurück und starrt mich an, als hätte ich den Verstand verloren.

»George hat geangelt; er stand im Boot, mit seiner Angelrute in der Hand, und plötzlich musste er niesen«, erklärt einer von Georges Freunden. Er macht eine Pause, die von betretenem Schweigen erfüllt ist.

»Und?« Gemma will es wissen.

»Er hat seine Zähne dabei verloren.«

»Seine Zähne verloren?«, käue ich wieder.

»Ja. Er hat seine Zähne verloren. Sie sind ihm aus dem Mund geflogen, als er geniest hat. Er hat die Rute losgelassen und versucht, nach seinem Gebiss zu greifen. Dabei hat er die Rute *und* seine Zähne verloren. Wir haben eine lange Schnur mit einem Haken und einem Senkblei versehen und die nächste halbe Stunde damit zugebracht, nach seiner Angelrute zu fischen. Die Chancen standen eine Million zu eins, aber der Haken hat sich an der Rute verfangen. George hat sie aus 15 Meter tiefem Wasser gezogen! Da wir so viel Glück hatten, haben wir unsere Butterbrote ins Wasser geworfen; in der Hoffnung, dass sein Gebiss nach ihnen schnappt und wir es einfangen können.« Gelächter. Als sie sich beruhigt haben, fährt er fort: »Aber das ist noch gar nichts. Letztes Jahr – wir waren den ganzen Tag fischen gewesen und gerade auf dem Rückweg – hat George sich am Heck über Bord gelehnt, um die Fischwanne zu reinigen. Die Wanne hat sich mit Wasser gefüllt und ihn vom Boot gezogen. Es hat ein bisschen gedauert, bis wir es bemerkt haben und umgekehrt sind. Als wir ihn fanden, saß er in der Wanne.«

»Er saß in der Wanne?«, frage ich verblüfft. »Mitten in der Shark Bay?«

»Ja. Die Wanne war voller Wasser, und er saß drin.«

»Ist sie nicht gesunken?«

»Na ja, das nicht gerade, aber sie trieb auch nicht auf dem Wasser. Er hat sich darin zusammengekauert. Man konnte nur seine Augen sehen.«

»Aber warum hat er sich in die Wanne gesetzt?«, frage ich verständnislos.

»Um mich vor den Haien fu fütfen«, stößt George hervor und klingt ganz so, als wolle er jemanden imitieren, der sich *Stud Delay* in den Mund gesprüht hat.

Ich sehe Gemma vorwurfsvoll an. Sie rollt daraufhin wütend mit den Augen. »Und was machen Sie nun mit dem Riesenkabeljau, da Sie ihn nicht essen können?« Ich hege die Hoffnung, dass George den Fisch Gemma und mir überlässt.

»Ja, George«, stimmen die anderen ein, »schenke ihn den beiden.«

»Ich hab noch 'n paar Weizenkekse im Wohnwagen«, sagt einer hilfsbereit. »Die musst du dir über Nacht in Milch einweichen, dann kannst du sie morgen Früh lutschen.«

»Und ich hab noch ein bisschen Pudding, George«, tröstet ihn der andere.

Eine der Ehefrauen erlöst George, indem sie Gemma und mich für den Abend zum Grillen einlädt.

»Ja, und morgen könnt ihr mit uns zum Angeln rausfahren«, bietet uns einer der Männer an. »Wir haben jetzt ja Platz im Boot, denn George hat genug damit zu tun, sein Frühstück einzuspeicheln.

Wir lehnen dankend ab und gehen am Strand entlang zu unserem Wohnwagen zurück. In der Stille ist nichts anderes zu hören als das Gelächter der beiden Fischer, die immer noch den schweigsamen George ärgern. Die Sonne geht unter. Am Ende der Mole sitzt eine einsame Gestalt, versunken in den Anblick eines grandiosen Himmels. Auf der polierten, bronzefarbenen Meeresoberfläche spiegeln sich die Silhouetten der Fischerboote. So ruhig liegen sie im Wasser, dass die Leinen durchhängen, mit denen sie festgemacht sind. Pelikane gleiten vorbei; ihre Flügelspitzen malen große Bögen auf das Wasser. Weiter draußen zerteilen zwei Rückenflossen den schimmernden Ozean.

Um zwei Minuten vor vier stelle ich den Wecker ab. Der Himmel ist schwarz, und es herrscht Totenstille. Wir schlüpfen eilig in unsere Klamotten, denn wir haben uns nur ein paar Minuten gegeben, um den Minibus zurück zur Raststätte Overlander zu erwischen. Dort wollen wir in den Greyhound zur Coral Bay umsteigen. Der Minibus ist wieder bis zum Anschlag voll mit Rucksacktouristen. Während der Fahrt nicken sie im Stehen ein, von den Körpern ihrer Mitreisenden gestützt. Außer dem Fahrer bin ich der Einzige, der wach ist. Benommen starre ich auf die Lichtkegel der Scheinwerfer. Eine Fahrt durch die einsame Wüste ist zu märchenhaft, als dass man sie verschlafen sollte. Kaninchen rasen im Zickzack vor uns her, bis sie endlich kapieren, dass sie von der Straße weghoppeln müssen. Ab und zu erfassen die Scheinwerfer ein Känguru, das unseren Weg kreuzt. In den staubigen Pferchen bei den Rasthäusern wirken sie wie unbeholfene Krüppel, die erbärmlich vor sich hin hopsen. Aber wenn sie in Freiheit durch die Landschaft springen, sehen sie anmutig und elegant aus.

Kurz vor Sonnenaufgang erreichen wir Overlander. Wie eine Armee abgekämpfter Soldaten im Manöver steigen wir aus dem Bus. Als ich mich für eine Tasse Tee anstelle, erkenne ich die drei runzeligen Äpfel im Korb wieder. Einer weist die verräterischen Daumennagelspuren auf. Ich frage mich, ob die Chicken Wings, die Hamburger und Pommes Frites auch so alt sind. Aber es ist fast unmöglich, auf einem matschigen Hamburger oder auf der schrumpeligen Haut eines Hühnerbeins Fingernagelabdrücke zu erkennen. Eine ausgemergelte Frau, für die Lächeln ein Fremdwort ist, reicht Gemma und mir unser Frühstück: anämische Eier und angebrannten Gummischinken. Ich habe Lust, der Bedienung meinen Daumennagel in die faltige Stirn zu drücken, damit ich sie eindeutig identifizieren kann, falls sie in der nächsten Raststätte wieder vor mir steht.

Wir geben es auf, unser Frühstück, das vor unseren Augen zu einer zähen Masse wird, gänzlich zu verzehren, und setzen uns nach draußen. Jedes Mal, wenn ein Road Train vorbeidonnert, erhebt sich eine Horde rosafarbener Galahs lärmend in die Luft. Die Sonne erhebt sich am Himmel; mit der zunehmenden Hitze werden die Fliegen immer unerträglicher. Wir vertreiben die summenden Insekten mit nervösen Handbewegungen.

Als der Bus endlich eintrifft, sind wir katatonisch.

Der Greyhound hat zwei Stunden Verspätung. Ein Passagier, mit pflaumengroßen Tränensäcken unter den Augen, erzählt uns, dass der Motor den Dienst versagt und der Fahrer eine Stunde lang versucht hat, ihn zu reparieren. Erst dann hat einer der Passagiere die Frage gestellt, ob vielleicht das Benzin ausgegangen sei. Und genau das war die Ursache. Der Buskapitän musste den 24-Stunden-Notdienst rufen, der daraufhin so viel Sprit anschleppte, dass der Bus zur nächsten Tankstelle fahren konnte. Dort floss Treibstoff im Wert von 420 Dollar in den Tank. Zum Glück ist ein Greyhound kein Flugzeug. Unser Buskapitän trägt trotzdem eine Pilotensonnenbrille. Ich vergebe ihm, dass er sich so verkalkuliert hat, als er meinen Namen auf der Passagierliste liest und mir meinen Lieblingsplatz 1A zuweist. In der Greyhound-Buchungszentrale denkt jemand mit. Als die Tür geschlossen wird, bin ich die erste halbe Sunde der Fahrt damit beschäftigt, mit dem Vorhang heimlich Fliegen am Fenster zu zerquetschen. Dann kommt Gemma nach vorn geschlichen und setzt sich neben mich.

»Es ist nicht erlaubt, dass Männer und Frauen nebeneinander sitzen«, flüstere ich und rücke, so weit es der verfügbare Raum zulässt, von ihr ab.

»Ach, komm schon! Es ist nicht verboten, wenn man zusammen ist.«

»Wir sind aber nicht zusammen«, argumentiere ich.

»Na ja, irgendwie schon. Ich meine, wir sind doch Freunde und so.« Sie wirft dem Buskapitän einen schuldbewussten Blick zu. »Andrew«, flüstert sie, »er weiß doch gar nicht, dass wir nicht richtig zusammen sind.«

»Dann sage ich es ihm.«

Gemma stöhnt. »Schade, dass ich das *Stud Delay* nicht behalten habe.«

Die Klimaanlage funktioniert nicht, und bald wird es unerträglich heiß. Da wir ganz vorn sitzen und eine gute Rundumsicht haben, erfinden Gemma und ich ein Spiel; gewinnen soll derjenige, der die meisten Tierkadaver sieht. Wir entdecken tote Adler, Emus, Warane, Wildkatzen, Kühe, jede Menge zermalmte Kängurus und eine Schlange, die fünf Meter lang gewesen sein muss. Ohne dass ein Gewinner feststeht, hören wir irgendwann damit auf, denn uns fallen die Augen zu.

Wir verlassen den Highway und fahren durch sandiges, von Gestrüpp bedecktes Terrain Richtung Coral Bay. Auch diese Straße ist eine Sackgasse, sie endet am Indischen Ozean. Dort befinden sich zwei Caravancamps, die Freizeitangler und die steigende Zahl der Rucksacktouristen, die Westaustralien bereisen, aufnehmen.

»Sollen wir uns ein Zimmer teilen?«, fragt Gemma mich.

»Gern. Vorausgesetzt, du benutzt kein Mundspray.«

»Sehr lustig.«

»Dongas« nennt die Frau an der Rezeption die Zimmer. Mit ihren schweren Türen und Türgriffen, die an gewerblich genutzte Kühlschränke erinnern, wirken die Dongas wie begehbare Gefrierfächer. Alle Dongas sind mit Doppelbetten und einer zentral gesteuerten Klimaanlage ausgestattet. Wir tun so, als seien wir »zusammen«, und mieten uns ein Gefrierfach. Dann schließen wir die Kühlschranktür, legen uns auf unsere Betten und erholen uns in der erfrischend kühlen Luft.

Gemma bedeckt ihr Gesicht mit ihrer Basketballkappe und sagt in stark irischem Tonfall: »Wenn mein Vater mich so sähe! Ich teile mein Zimmer mit einem fremden Mann, und das am heiligen Sonntag und so.«

»Ich bin kein fremder Mann.«

»Aber so gut kennen wir uns auch nicht. Ist ja auch egal. Um mich braucht sich mein Vater sowieso keine Sorgen zu machen«, tönt sie nachdenklich unter ihrer Kappe.

»Warum denn nicht?«

»Ich mache viele Worte, denen aber keine Taten folgen. Das ist meine persönliche Form von Empfängnisverhütung.« Wir genießen die Vorzüge der Klimaanlage, haben aber trotzdem keine Lust, den Tag in einem begehbaren Kühlschrank zu verbringen. So leihen wir uns Schnorchel, Tauchermasken und Flossen aus und wandern zum menschenleeren Strand.

»Bist du eine gute Schwimmerin?«, frage ich, als wir die Flossen überstreifen.

»Ich war in der Schwimmmannschaft der Uni«, antwortet Gemma.

»Okay, das ist gut genug.«

Ohne das ganze Brimborium, das am Great Barrier Reef veranstaltet wird, waten wir in die Gewässer des Ningaloo Marine Park. Hier muss man keine Eintrittskarten lösen, und Tauchboote, Tauchlehrer oder andere Klugscheißer sind hier unbekannt. Man zieht einfach vom Caravancamp los und läuft über den Sand direkt ins Wasser.

Anders als beim Great Barrier Reef, wo die ersten Riffe gute 20 Kilometer vor der Küste liegen, kann man hier schon wenige Meter vom Strand entfernt die ersten Korallen bewundern. Wir schwimmen zwei Stunden zum äußeren Riff, wo die Wellen wie wandernde Berge aussehen. Ihr unablässiges Donnern klingt, als ob eine unendlich lange Reihe Road Trains die Straße entlangbrettert. Das Wasser ist warm, und die Riffe sind gemustert wie orientalische Teppiche. Die farbenprächtigen Geweih-, Tisch-, Gehirn-, Blumenkohl-, Nelken- und Fingerkorallen leuchten grün, zitronengelb, purpurn, blau und fliederfarben. Zwischen den Korallenriffen erstreckt sich bisweilen eine freie Sandfläche, und um uns herum wimmelt es von Fischen und Schildkröten. Das viel stärker kommerzialisierte Great Barrier Reef wirkt im Vergleich dazu eher blass. Wie Segelflieger gleiten wir über Täler und Berge der Riffe. Manchmal ist das Wasser über den Korallen so flach, dass wir gerade noch darüber hinwegschwimmen können. An anderen Stellen ist es plötzlich so tief, dass wir Mühe hätten, zum Grund hinabzutauchen. Die Schatten der Wellen auf dem Meeresboden tanzen wie Sonnenstrahlen, die durch windgeschütteltes Astwerk auf Waldboden fallen.

Gemma schwimmt dicht neben mir und hält ängstlich nach Haien Ausschau. Ein Schwarm aus Füsilierfischen und Makrelen flitzt im metertiefen Wasser an uns vorbei, hunderte schillernder Fische. Hinter uns fliegt ein anderer Schwarm durch das Wasser. Ich höre, dass Gemma in ihren Schnorchel schreit. Als ich meinen Kopf aus dem Wasser hebe, fragt sie: »Vor wem oder was laufen die alle weg?«

»Das sind Makrelen, die laufen nicht, sie schwimmen. Sie bewegen sich immer in Schwärmen, um sich zu schützen.«

»Schützen? Wovor?« Als Gemma ihre Maske abnimmt, hinterlässt diese einen ovalen Abdruck in ihrem Gesicht. Sie tritt so energisch Wasser, dass ihr Oberkörper aus dem Meer ragt.

»Vor Räubern.« Ich bin weitaus gelassener als sie.

»Was für Räuber?« Sie klingt jetzt fast wütend und hebt sich noch ein Stück weiter aus dem Wasser.

»Du weißt schon«, antworte ich, »Raubfische.«

»Meinst du Haie?«, fragt sie vorwurfsvoll. Wenn sie so weitermacht, dauert es nicht mehr lange, und sie läuft auf dem Wasser.

»Zum Beispiel.«

»Was ist, wenn die Fischschwärme vor einem blutrünstigen Hai geflüchtet sind?« Die Angst lässt ihren irischen Akzent stärker werden.

»Haie fressen Makrelen und keine Menschen.«

»Da habe *ich* aber etwas ganz anderes gehört!« Vorwurfsvoller kann man kaum klingen.

»Du hast zu viele Hollywoodfilme gesehen. An den Riffen hier gibt es keine gefährlichen Haie«, sage ich, ein Experte. Dabei würde ich mich jetzt fürchten, wenn Gemma nicht bei mir wäre. Zu zweit sind wir sicherer, denn falls einer von uns gefressen wird, stehen die Chancen 50 zu 50, dass nicht ich es sein werde. Außerdem hat sie die Größe eines Appetithäppchens.

Trotz der Haiparanoia wollen weder sie noch ich aus dem Wasser, und so setzen wir unsere Tauchermasken wieder auf und schwimmen weiter. Schon bald sind wir wieder vollkommen in die Unterwasserwelt eingetaucht, die so anders ist als all das, was wir sonst in unserem Alltag erleben. Wir haben das Gefühl, auf einem anderen Planeten gelandet zu sein. Anderthalb Stunden später zerrt Gemma an meinen Flossen und zeigt auf die Gänsehaut auf ihren Armen. Ich nicke, und wir schwimmen Richtung Küste.

Ein weiterer entschiedener Pluspunkt für Coral Bay sind die beiden Pubs, die hauptsächlich von waschechten australischen Anglern bevölkert sind. Als ich an diesem Abend mit Gemma *Fish and Chips* esse, kommt eine Frau in den Pub, die mit einem sehr knappen Jeans-Minirock bekleidet ist. Als sie sich über die Theke lehnt, entblößt sie einen nackten Hintern. Ich starre mit weit aufgerissenen Augen auf die Sehenswürdigkeit; Gemma folgt meinem Blick.

»Schlampe. Wenn ich ein paar Gläser Bier mehr getrunken hätte, würde ich ihr jetzt raten, eine Unterhose anzuziehen«, sagt sie aufgebracht.

»Woher willst du wissen, dass sie eine Schlampe ist? Vielleicht hat sie gerade große Wäsche. Ich wasche all meine Unterwäsche immer auf einmal, und dann habe ich auch keine Unterhose an.«

»Aber du trägst keinen Minirock, wenn du ohne Unterhose rumläufst.«

»Ich besitze gar keinen Minirock.«

»Gut, das ist ein Schritt in die richtige Richtung.«

Wir verziehen uns wieder in unseren vollklimatisierten Kühlschrank. Unsere Betten stehen so dicht nebeneinander, dass kaum Raum dazwischen ist. Erschöpft von unserem langen Tauchausflug, frage ich Gemma. »Was ist das Schlimmste, was du in deinem Leben getan hast?«

Sie denkt eine Zeit lang nach, bevor sie antwortet. »Als ich klein war, habe ich in dem kleinen Eckladen bei uns mal Süßigkeiten geklaut.«

»Etwas Schlimmeres hast du in deinem ganzen Leben nicht angestellt?«, wundere ich mich ungläubig. Das Licht ist aus, und ich kann ihr Gesicht nicht sehen.

Gemma schweigt lange. Ich denke schon, sie ist eingeschlafen, da antwortet sie endlich: »Ich glaube nicht. Äh – es sei denn, du rechnest die Tatsache mit ein, dass ich meinen Eltern erzählt habe, ich arbeite hier auf der Farm bei der Traubenlese.«

Ich sitze aufrecht im Bett und starre dorthin, wo ich sie in der Dunkelheit vermute. »Du meinst, du hast deinen Eltern weisgemacht, dass du auf einem Weingut arbeitest, obwohl du dich in Wirklichkeit damit amüsierst, Australien zu durchqueren und im Meer zu schnorcheln?«

»Sie sorgen sich, dass ich mein gesamtes Geld ausgeben könnte. Ich habe ihnen erzählt, dass ich den IBM-Job in Sydney gekündigt habe und jetzt in Westaustralien bin. Ich musste ihnen das mit der Traubenlese erzählen – es war nur eine Notlüge«, murmelt sie.

»Aber es ist trotzdem eine Lüge«, sage ich, als sei ich die Stimme ihres Gewissens. »Was würde dein Vater sagen, wenn er wüsste, dass du Geld ausgibst, um dich zu amüsieren, statt dass du was verdienst?«

»Er vertraut mir.« Gemma klingt schuldbewusst.

»Und was ist, wenn ich ihn anrufe und ihm die Wahrheit sage?« Ich spreche die Drohung auf eine Weise aus, die ich für eine gelungene Imitation ihres irischen Akzents halte.

»Wem, glaubst du, wird er wohl glauben? Seiner eigenen Tochter oder einem Mann, den er gar nicht kennt?«. Sie legt wieder eine Denkpause ein. »Außerdem werde ich ganz rot im Gesicht, wenn ich lüge, und mein Vater weiß das.«

»Dann findet er es heraus, wenn du nach Hause kommst.«

»Das war, *bevor* ich nach Australien kam. Das Leben hier hat alle Röte aus mir herausgetrieben, und das weiß er noch nicht.«

Am frühen Morgen schwimmen wir wieder über Korallenteppiche und tiefe Schluchten. Wir sehen schlafende Schildkröten, die sich unter Korallen verkrochen haben, eine Menge graue Stechrochen und Schwärme junger Hechte, Gitter-Doktorfische, golden gestreifter Kaninchenfische und Makrelen. Zwischen den Köpfen der Korallen tummeln sich verschiedene Kabeljauarten. Eine Zeit lang verfolgen wir einen unbeholfenen Riesenkugelfisch, der seine kleinen Flossen wie Miniaturpropeller bewegt. Orientalische und gestreifte Süßlippenfische mit ihren Mick-Jagger-Mäulern schwimmen selbstbewusst herum. Wir finden unzählige große Muscheln, deren farbiges Fleisch aus den geöffneten Schalen quillt. Trotz der alptraumhaften Vorstellung, die Muscheln könnten sich schließen, unsere Finger einklemmen und uns so lange festhalten, bis wir elendig ertrunken sind, tauchen wir hinab und berühren das schleimige Fleisch. Wenn man ohne Flaschen taucht, hat man das Gefühl, dass man sich viel mehr der Situation aussetzt, nackter und verwundbarer ist, und dadurch erlebt man alles viel intensiver.

Ich bin so von der Unterwasserwelt fasziniert, dass ich geistesabwesend durch den Schnorchel einatme und Wasser in mich hineinsauge. Dem Ertrinkungstod nahe, tauche ich auf, huste und würge eine Weile.

»Was ist passiert?«, werde ich von einer sehr besorgten Gemma gefragt.

»Ich habe vergessen, dass ich keine Sauerstoffflaschen auf dem Rücken trage.« Ich spucke wieder Wasser. »Und da habe ich durch den Schnorchel eingeatmet«, erkläre ich, während ich Wasser trete und noch mehr Schleim aushuste.

»Also, wirklich, Andrew, manchmal bist du mir unheimlich.«

»Das ist nicht lustig.« Zur Abwechslung benutze mal ich diesen Satz.

»Ich finde das auch nicht zum Lachen.« Sie setzt ihre Tauchermaske wieder auf. »Konzentriere dich bitte auf das, was du gerade tust. Das ist ein Schnorchel und nicht das Mundstück einer Pressluftflasche.« Damit schiebt sie sich ihren Schnorchel wieder in den Mund und schwimmt weiter. Mir bleibt nichts anderes übrig, als mich an ihre Flossen zu heften.

Gegen Mittag bringt das von den Wellen gefilterte Sonnenlicht die Korallen eindrucksvoll zum Leuchten. Blaue Neon-Demoisellen mischen sich mit blaugrünen Schwalbenschwänzchen. Wenn die Schwärme die Richtung wechseln, verändern sich ihre schillernden Farben so rasch und so synchron wie die blinkenden Glühbirnen der Reklametafeln am Piccadilly Circus. Am Spätnachmittag werden im Wasser treibende Partikel und Laich von den schräg einfallenden Sonnenstrahlen erfasst.

Wir stoßen auf einen Schwarm vielfarbiger Papageienfische; um vorwärts zu kommen, benutzen sie nicht ihre Schwänze, sondern ihre Brustflossen, mit denen sie die Flügelbewegungen eines Papageis nachahmen. In den Korallen versteckt sich eine Schwindel erregende Vielfalt schüchterner Falterfische; es ist ein Kinderspiel, die Blaupunkt-, Tränentropfen-, Fähnchen-, Tüpfel- und Rippen-Falterfische an Hand ihres Namens zu erkennen. Die Wimpelfische und die halbkreisförmigen Kaiserfische sind nicht so zurückhaltend wie andere Riffbewohner; aggressiv verteidigen sie ihr Revier. Besonders furchtlos geben sich die winzigen Jungfernfische; sie flitzen auf uns zu, als ob sie uns angreifen wollen, um gleich darauf einen eiligen Rückzug anzutreten.

Als Ebbe herrscht, kommen wir über manche Riffe nicht mehr hinweg; wir müssen unseren Weg durch die Korallenbänke mit aller Sorgfalt erkunden und manchmal zurückschwimmen, weil wir in eine Sackgasse geraten sind. Am äußeren Riff, wo sich die Ozeanwellen brechen, ist das Wasser tiefer. Hier gibt es Flächen sandigen Meeresbodens, auf dem sich all das angesammelt hat, was von den Korallen abgebrochen ist. Auf der Suche nach Nahrung durchwühlen Meerbarben mit ihren Barteln den Sand. Hin und wieder erblicken wir einen Schwarm junger Welse, die wie überdimensionale Kaulquappen aussehen. Je näher wir dem äußeren Riff kommen, desto stärker wird die Strömung und desto schlechter die Sicht.

Schließlich drehen wir um, um wieder in flacheres Wasser zu gelangen; in diesem Moment zieht ein Weißspitzen-Riffhai an uns vorbei. Gemmas Augen werden so groß, dass sie die ganze Tauchermaske ausfüllen. Ich schwimme dem langsamen Hai hinterher, der auch in flacheres Wasser will, und Gemma folgt mir. Er ist ungefähr so lang, wie ich groß bin; mit lässigen Seitwärtsbewegungen seiner Schwanzflosse gleitet er gemächlich durch das Wasser. Es ist leicht, mit dem Tempo des unbekümmerten Raubtiers mitzuhalten.

Dann taucht der Hai ins Korallendickicht; wir folgen ihm noch 20 Minuten, bis wir schließlich aufgeben.

Es war spannend. Gemma und ich sitzen nicht vor einem Fernseher und gucken Discovery Channel. Das ist die Realität. Unsere Realität. Wir sind nass, wir sind müde, und wir hatten Angst. Wir sind einem Weißspitzen-Riffhai gefolgt. Einem echten.

»Warum haben wir das getan?«, fragt Gemma, als ich auftauche, um meine Maske abzuwischen.

»Was?«

»Warum sind wir dem Hai hinterhergeschwommen?« Jetzt nimmt auch sie ihre Maske ab.

»Warum nicht?«

»Weil es ein Hai ist.«

»Du hättest dich mir ja nicht anschließen müssen.«

»Für dich ist das okay, du bist größer als ich. Er überlegt es sich zweimal, bevor er dich frisst. Aber mich könnte er ganz gemütlich zum Frühstück vernaschen«, sagt Gemma mit aller Autorität, die sie aufbieten kann.

»Aber er hat es nicht getan.« Mein Argument stützt sich auf erwiesene Tatsachen.

»Das war reines Anfängerglück«, ist ihr letztes Wort.

Am Abend ruft Gemma ihre Mutter in Irland an und schildert ihr in beredten Worten, wie hart es ist, an der Westküste Trauben zu lesen. Sie belügt ihre Mutter, ohne mit der Wimper zu zucken, und erzählt mir hinterher haargenau, welche Märchen sie ihr aufgetischt hat.

Dann telefoniert sie mit ihrem Freund. Was sie ihm erzählt hat, verrät sie mir nicht.

An unserem letzten Morgen an der Coral Bay gehen wir noch einmal schnorcheln. Das Wasser ist noch klarer als an den Tagen zuvor, denn es herrscht keine Strömung. Die Wellen glitzern im Sonnenschein; es sieht aus, als würden die Korallen tanzen und uns entgegenhüpfen. Wenn die Sonne hinter einer Wolke verschwindet, wird das Meer eintönig blau, aber sobald sie wieder zum Vorschein kommt, erstrahlt die Welt in neuem Glanz. Besonders die Schwalbenschwänzchen und die Neon-Demoisellen glitzern wie Lametta an einem Weihnachtsbaum.

Wir schaffen es gerade noch, unseren Greyhound zu erwischen. Da wir die letzten Tage überwiegend im Wasser verbracht haben, sind wir ziemlich erschöpft. Nun machen wir es uns auf unseren Plätzen in der ersten Reihe gemütlich, während wir durch eine Landschaft brettern, die überwiegend aus roter Erde, niedrigem Gestrüpp und Termitenhügeln besteht.

»Die Westküste ist völlig unerschlossen. So muss auch die Ostküste vor 100 Jahren ausgesehen haben. Hierhin mochte ich gern noch mal zurückkehren. Ja, ich kann mir vorstellen, in Australien zu leben«, erklärt mir Gemma.

»Ich auch. Leider bin ich nicht in die Gegend südlich von Perth gefahren. Alle sagen, dass es dort noch schöner ist.«

»Was gefällt dir hier so gut?

»Es ist alles so unverdorben und unerschlossen. Keine Ahnung ... die Westküste entspricht einfach eher dem Bild, das ich von Australien hatte, auch, wenn meine Erwartungen unrealistisch waren.«

»Du meinst, im Vergleich zur Ostküste?«

»Ich meine, sieh dir nur diese Leere an.« Ich lasse meinen Blick schweifen. »Nichts als Wüste. Nur an der Küste sind ein paar Siedlungen, und die liegen weit auseinander. Die meisten der Ferienorte hier sind eher für australische Touristen als für Ausländer. Denk zum Beispiel mal an unsere Tauchgänge am Ningaloo-Riff. Wir brauchten nur über den Strand zu laufen und loszuschwimmen, und schon waren wir inmitten der schönsten Korallen und Fische.

Aber außer uns planschte dort niemand herum. Das genau gefällt mir hier.«

Wir fahren an einer Reihe Erhebungen vorbei, die vertikal aus dem Boden ragen. Von 1B aus fragt Gemma den Buskapitän: »Äh, die braunen Erdklumpen da, was ist das?«

»Versteinerte Dinosaurierkötel.« Offensichtlich nimmt er Gemma nicht so ernst wie ich.

»Termitenhügel«, flüstere ich ihr ins Ohr. »Du hättest mich fragen sollen.«

In Exmouth quartiere ich mich in die Jugendherberge ein und buche für den nächsten Tag einen Platz bei einer Walhaiexpedition. Gemma hatte schon einen Platz im Bus nach Broome reserviert, bevor wir uns trafen; er fährt heute Abend um halb zehn ab. »Willst du nicht doch noch ein paar Tage hier bleiben und mit mir auf Walhaisuche gehen?« Ich genieße Gemmas Gesellschaft; wir kommen gut miteinander aus, und ich mag ihren Humor. Obwohl sie einen Freund hat, verbindet uns eine unausgesprochene Zuneigung. Aber da sie von Anfang an klar gemacht hat, dass sie gebunden ist, hat es nie zwischen uns geknistert. Wir sind einfach Freunde und haben jeden sexuellen Hintergedanken von vornherein beiseite geschoben.

»Ich habe die Abenteuerreise durch die Kimberleys schon bezahlt, und ich muss nach Broome, weil sie dort losgeht. Wenn ich länger hier bleibe, übernachte ich nur einmal in Broome, und ich möchte auch was von der Stadt sehen.«

Gemma nutzt meine Unterkunft übergangsweise als Stützpunkt. Nachdem sie abends geduscht hat, macht sie sich fein, denn wir haben einen Tisch in einem Restaurant reserviert, in dem Wein auf der Getränkekarte steht. Ich behalte meine speckigen Shorts an, die ich seit dem Zwischenfall in Coober Pedy nicht mehr gewaschen habe. Aber ich tausche mein T-Shirt gegen ein Hemd, das zusammengerollt ganz unten in meinem Rucksack verstaut war. Und genau so sieht es aus.

»Du trägst ja Ohrringe, hast dir die Lippen angemalt und überhaupt«, staune ich, als wir unser Menu zur Hälfte verzehrt haben. Während wir essen, behalte ich die Kellnerin fest im Auge – für den Fall, dass sie sich von hinten an mich heranschleicht.

»Ich bin ein weibliches Wesen, falls du es noch nicht bemerkt hast.«

»Willst du wirklich nicht hier bleiben?« Ich imitiere ihren irischen Akzent.

Nach einer langen Pause sagt sie entschlossen: »Nein. Ich steige heute Abend in den Bus.«

»Walhaie werden bis zu 18 Meter lang; sie schwimmen vor dem Ningaloo-Riff, auf der anderen Seite des Golfs von Exmouth, die Küste rauf und runter«, informiert uns unser Tauchleiter, als wir früh am nächsten Morgen in einem Minibus sitzen. Ich sitze allein und vermisse Gemma; es war schön, eine Reisegefährtin zu haben.

»Der Walhai ist der größte Kaltblüter der Welt, aber wir wissen nicht viel über ihn. Er wird vom Planktonreichtum im Riff angezogen, das ist ein Festmahl für Walhaie. Wir veranstalten diese Touren jetzt im zehnten Jahr. Von zwei Flugzeugen unterstützt, halten wir den ganzen Tag nach den Tieren Ausschau, so finden wir sie mit ziemlicher Sicherheit. Wenn ihr im Wasser seid, dann schwimmt immer seitlich des Hais, nie vor, unter oder hinter ihm. Wenn ihr direkt vor ihm seid, kann er euch nicht sehen, und wenn ihr hinter ihm schwimmt, kommt ihr vielleicht seinem Schwanz ins Gehege. Egal, ob ihr vor oder hinter ihm seid, ihr zieht in jedem Fall den Kürzeren. Haltet daher Abstand! Den Hai anzufassen ist verboten.«

Während das Boot über die funkelnden Wellen vor dem Riff holpert, freunde ich mich mit den zwölf Walsuchern und der dreiköpfigen Mannschaft ein wenig an. Wenn ich vom Meer aus Richtung Küste schaue, sehe ich eine lange Linie weißer Gischt; dort brechen sich die Wellen am äußeren Riff. Hinter der Brandung und den geschützten Korallenriffen liegt die Küste, ein vollkommen unbewohnter Landstrich. Exmouth liegt auf der anderen Seite der Halbinsel. Auf der Suche nach den verräterischen Schatten von Walhaien, die sich dicht unter der Wasseroberfläche Plankton einverleiben, fliegen zwei kleine Flugzeuge des Typs Cessna 150 die Küste auf und ab. Es ist schon Spätnachmittag; uns überkommt langsam das Gefühl, dass wir heute vergeblich unterwegs sind, als plötzlich das Funkgerät knistert und sich eines der Flugzeuge meldet. »Ich sehe einen großen Mantarochen, ganz in eurer Nähe.« Der Pilot übermittelt uns die ungefähre Position, und schon brausen wir zu der besagten Stelle; die Motoren brummen, und Wellen schlagen gegen das Boot. Als wir langsamer werden, sagt der Kapitän: »Okay, ihr könnt jetzt ins Wasser. Verfolgt den Rochen nicht. Während er sich am Plankton gütlich tut, schwimmt er wahrscheinlich in Form einer Acht um euch herum.« Ich sehe einen dunklen Schatten, den Rücken des Tieres. Es ist riesig – so breit wie unser Boot.

Ich springe als Erster von Bord. Sekunden, nachdem ich abgetaucht bin, habe ich den Manta vor mir. Seine Unterseite ist weiß, sein Rücken grau wie ein Schlachtschiff, und er schwimmt direkt auf mich zu. Gewaltige Kopfflossen kanalisieren das Plankton in einen Mund, der groß genug ist, um mich in einem Stück zu verschlucken. Kann auch der Rochen nicht sehen, was sich direkt vor ihm befindet? Ohne das geringste Anzeichen, dass er mich bemerkt hätte, hält er weiter auf mich zu. Ich gehe tiefer, hoffe, unter ihm wegtauchen zu können, doch der Manta neigt sich zur Seite und weicht mir aus. Er behält die Schräglage bei und schwimmt eine Kurve; dann legt er sich auf den Rücken und gleitet mit elegantem Flügelschlag unter mir durch.

Diesen Anblick werde ich nicht so schnell vergessen. Es scheint, dass ich einen Platz in der ersten Reihe erwischt habe, weil ich so schnell unter Wasser getaucht bin. Wir erblicken noch zwei weitere Mantarochen, aber das Tier, das um mich herumgeschwommen ist, war bei weitem das größte.

Als die Mantas schließlich weiterziehen, klettern wir wieder an Bord. Mehrere Adrenalinschübe haben uns in Hochstimmung versetzt. Am Abend fahren wir mit Höchstgeschwindigkeit zum Ankerplatz zurück. Die Enttäuschung darüber, dass wir keinen Walhai gesehen haben, ist groß, aber die Begegnung mit den Mantarochen war ein unerwartetes Plus. Als unser Boot an einer Boje vertäut ist, steigen wir in ein kleineres um und fahren zur Küste. Dort wartet der Bus, der uns zurück nach Exmouth bringt. Immer noch beseelt von dem Abenteuer mit den Mantas, blicken wir von unseren Sitzen aus in die untergehende Sonne. Parallel zum Bus galoppiert eine Herde Wildpferde; die letzten Sonnenstrahlen verfangen sich in ihren fliegenden Mähnen und Schwänzen. Es ist eines jener Bilder, an die du dich noch Jahre später erinnerst und die dir immer wieder ein Lächeln aufs Gesicht zaubern.

Die Reisebüros, die diese Touren organisieren, garantieren, dass jeder, der beim ersten Mal keinen Walhai zu Gesicht bekommt, noch einmal an einer Exkursion teilnehmen darf – vorausgesetzt, es stehen genügend freie Plätze zur Verfügung. Ich nehme das großzügige Angebot an und schreibe mich für den nächsten Tag ein. Wir pflügen sechs Stunden lang durch die Wellen, bis uns am Nachmittag von einem der Flugzeuge der Funkspruch erreicht: »Zehn Meter langen Walhai gesichtet.« Dann dirigiert uns der Pilot zu einem langen schwarzen Schatten unter der Meeresoberfläche.

Ich sitze neben dem Kapitän, habe meine Flossen übergestreift, die Tauchermaske aufgesetzt, den Schnorchel in den Mund gesteckt und bin bereit. Der Kapitän stellt die Motoren ab, gibt uns ein Zeichen. Ich sitze bereits auf dem Dollbord und lasse mich rückwärts ins Wasser fallen, als ob ich mit Pressluftflaschen tauchen würde. Mit einem lauten Klatscher lande ich in den Fluten, blase meinen Schnorchel aus und sehe mich um. Ich kann den Walhai nirgendwo entdecken, was in Anbetracht seiner Größe und einer Sichtweite von 50 Metern ziemlich merkwürdig ist. Dafür wimmelt es im klaren Wasser von ballongroßen Quallen, was mir Unbehagen bereitet, zumal ich auf einen Neoprenanzug verzichtet habe. Ich beginne gerade, die Kälte zu spüren und mich darüber zu wundern, warum außer mir niemand im Wasser ist, als ich weit unter mir einen Hammerhai erblicke.

Wahrscheinlich bin ich so rasend schnell zum Boot geschwommen, dass nur die Spitzen meiner Finger und meiner Flossen die Wasseroberfläche berührt haben. So flott bin ich in meinem Leben noch in kein Boot geklettert.

»Wieso war außer mir keiner im Wasser?«, frage ich keck, als ich auf die Plattform am Bootsheck steige. Niemand gibt mir eine Antwort. »Stimmt irgendwas nicht?«, hake ich nach und ziehe meine Flossen aus. Alle wenden sich von mir ab, die Stimmung an Bord hat sich verändert. Ein Hauch von Meuterei liegt in der Luft, und die offenkundige Feindseligkeit richtet sich nicht gegen den Kapitän, sondern gegen mich. Die Motoren springen an, und die Tauchleiterin lässt ihr Fernglas sinken; sie hat es aufgegeben, den Walhai zu finden. Ich drängle mich zu ihr durch; wir haben uns in den letzten beiden Tagen ein paar Stunden lang unterhalten und damit, so glaube ich, eine Grundlage geschaffen, auf der wir vernünftig miteinander kommunizieren können.

»Was ist denn los?«

Sie sieht mich nicht an. »Du bist auf das Wasser aufgeklatscht, als du mit einer Rückwärtsrolle abgetaucht bist. Der Krach hat den Walhai verscheucht.« Um mir nicht ins Gesicht sehen zu müssen, beeilt sie sich damit, ihre Ausrüstung wegzuräumen.

Ich bin vollkommen verdattert. »Das wusste ich nicht.« Gib dich nicht so selbstsicher, Andrew. »Dann hast du wohl bei der Vorbesprechung nicht richtig zugehört.« Gut möglich; ich höre nie zu, wenn man mir etwas sagt. »Man muss vorsichtig vom Bootsheck aus ins Wasser gleiten, damit man das Tier nicht stört. Nicht alle Walhaie sind so sensibel, aber der hier war es. Und du hast dich ins Wasser plumpsen lassen, bevor die anderen überhaupt eine Chance hatten, dir zu folgen. Als sie so weit waren, war der Hai schon weg.« Sie mustert einen Passagier. »An deiner Stelle würde ich mich für den Rest des Tages ganz klein machen. Ich glaube, die anderen haben große Lust, dich durch den Fleischwolf zu drehen. Du kannst von Glück sagen, dass wir keinen an Bord haben.«

Sie hat Recht. Die Fahrt zum Ankerplatz dauert ein paar Stunden, und niemand spricht ein Wort mit mir. Ein kleines Boot ist kein angenehmer Aufenthaltsort, wenn du von allen geächtet wirst und niemand mit dir redet. Wahrscheinlich würden die meisten am liebsten sämtliche Bleigürtel, die sich an Bord befinden, um meinen Hals legen und mich dann versenken. Ich verziehe mich in den abgeschiedensten Winkel und bleibe dort still und unbeweglich sitzen, so unauffällig wie eine Kröte in einem dunklen Loch – für den Fall, dass die vielen Bleigürtel eine allzu große Versuchung darstellen.

Am Abend meide ich die Jugendherberge; dort haben sich meine Bootstourgenossen in Rage geredet und binden jedem Neuankömmling, wobei sie anklagend den Zeigefinger auf mich richten, auf die Nase, dass ich ihnen die Chance verpatzt habe, einen Walhai aus nächster Nähe zu bewundern. Sie sitzen herum und schütten Bier in sich hinein, und jedes Mal, wenn ich vorbeikomme, verfallen sie in mürrisches Schweigen. So weiß ich genau, dass sie über mich geredet haben. Da ich wahrscheinlich gelyncht werde, wenn ich noch länger bleibe, verdrücke ich mich in einen Pub, in dem es keine Rucksacktouristen und frustrierten Walhaitaucher gibt.

»*How'ya going, mate?*«, fragt mich ein Aussie, der an der Theke herumlümmelt.

»Zu früh und zu laut«, antworte ich mürrisch.

Meine Antwort entmutigt ihn nicht, und das halte ich für ein gutes Zeichen. Scott streckt mir eine Hand entgegen und gibt mir das Gefühl, dass mich die menschliche Rasse wieder als einen der Ihren betrachtet. »Schöner Tag heute«, sagt er und: »Was willst du trinken?« Würde mir irgendwo anders in der englischsprachigen Welt ein freundlicher Unbekannter ein Getränk spendieren, nähme ich an, er wolle mich aufreißen. Nachdem ich mir Scott näher angesehen habe, kann ich mir aber nicht vorstellen, dass irgendjemand, egal ob Mann oder Frau, so liebestoll er oder sie auch sein mag, versuchen würde, Scott aufzureißen, oder – um näher am Sachverhalt zu bleiben – Interesse daran haben könnte, von ihm aufgerissen zu werden.

Scott erzählt mir, dass er seinen Lebensunterhalt verdient, indem er Zäune baut, und dass er meistens draußen im Busch übernachtet. Und so sieht er auch aus. Das halbe Outback-Erdreich scheint eine feste Verbindung mit seiner Haut eingegangen zu sein. Er zwinkert mir permanent zu und knufft mich mit den Ellbogen. Ein nervöser Tick zwingt ihn, alle paar Minuten seinen speckigen Aussiehut zurechtzurücken, der auf seinem langen, ungekämmten Haar sitzt. Er ist schmuddelig, sein T-Shirt ist von der Erde braun verfärbt, und seine Fingernägel sind schwarz. Auf den Knöcheln einer Faust hat jemand stümperhaft das Wort L-O-V-E eintätowiert.

Alle in dieser walhaibesessenen Stadt wissen, dass ich der Kerl bin, der aus dem Boot gesprungen ist und den Walhai verscheucht hat. Ich brauche jeden Freund, den ich bekommen kann. Da Scott den ganzen Tag Zäune gebaut hat, gehe ich davon aus, dass er von meinem Fehltritt noch nichts weiß. Er ist mein Kumpel, und fast alles, was ihm in den Sinn kommt, ist »einsame Spitze«. Immer, wenn etwas »einsame Spitze« ist, wirft er beide Arme in die Luft, als schleudere er Salz und Pfeffer über die betreffende Schulter. Als ihm kaum noch Dinge einfallen, die »einsame Spitze« sind, und er seinen Verstand mit einigen Gläsern Bier geölt hat, erzählt er mir ein paar Witze. Der am wenigsten anrüchige Brüller – der Einzige, den ich hier wiedergeben kann – handelt von drei Ratten, die sich gegenseitig übertrumpfen wollen. »Drei Ratten sitzen in einer Bar. Die Erste sagt: ›Ich bin so hart im Nehmen, dass ich Rattengift fresse.‹ Die Zweite behauptet: ›Ich bin so knallhart, dass ich den Käse aus einer Mausefalle fresse und zum Nachtisch die Falle verspeise.‹ Da sagt die dritte Ratte: ›Ich ziehe jetzt mal los und bumse die Katze.‹« Scott wirft beide Arme in die Luft. »Einsame Spitze!«

»Ha, ha, ha, ha«, lache ich begeistert. Scott ist der Einzige in ganz Exmouth, der sich mit mir abgibt, und ich will meinen letzten Verbündeten nicht beleidigen, indem ich nicht über seine blöden Witze lache. »Ha, ha, ha, ha, ha, ha, ha«, gröle ich hysterisch, froh, einen *mate* zu haben.

Er blickt suchend um sich, ob wohl jemand mitbekommen hat, wie großartig ich mich über seine Bonmots amüsiere. Am Ende des Tresens stehen vier Frauen; sie kichern, aber ich fürchte, dass sie nicht mit uns, sondern über uns lachen. Sie tragen aufreizende schwarze Spitze. Zwei gehen auf die Tanzfläche und tanzen zu den Klängen der Band. Ich nehme an, dass es sich um irische Musiker handelt, da sie wie grüne Leprechauns, Irlands Kobolde, gekleidet sind. Ihren Songs nach zu urteilen, ist es allerdings schwer auszumachen, ob es sich um irische Balladensänger oder um bulgarische Zigeuner handelt. Die beiden Frauen geben es auf, zu der bulgarischen oder irischen Folklore herumzuhopsen, kehren wieder zur Theke zurück und nuckeln durch Strohhalme an einem mit Bundaberg-Rum versetzten Dosengetränk. »Du bist entweder ein Bundaberg-Mann oder ein Jim-Beam-Mann«, erklärt mir Scott. Er begutachtet die Tätowierungen der Frauen und wirft dann wieder die Hände über seine Schultern. »Kennst du den Unterschied zwischen einer Nutte und einem Miststück?«

»Nein.« Garantiert muss ich gleich wieder in hysterisches Gelächter ausbrechen.

Er reißt beide Arme hoch und wirft Salz über die linke Schulter, Pfeffer über die rechte. »Eine Nutte treibt es mit jedem in der Stadt. Ein Miststück treibt es mit jedem in der Stadt, außer mit mir.«

»Ha, ha, ha, ha, ha«, lache ich fleißig.

Er mustert die Frauen in Spitze mit voreingenommenem Blick und fügt hinzu: »Und diese Nutten sind Miststücke.« Um dem Gesagten mehr Nachdruck zu verleihen, nimmt er seine Buschkappe ab und entblößt seinen uralten Buschkopf. Einsame Spitze.

Die Männer im Pub sind ein wilder Haufen: Rastas reden mit kahlköpfigen Skinheads, und die unterhalten sich mit Hippies, die sich die langen Haare zu Pferdeschwänzen zusammengebunden haben. Das Einzige, was sie vereint, ist ihre Vorliebe für schwarze Accessoires. Schwarze Spitze für die Frauen und schwarze Jeans für die Typen, außer für Scott. Der ist von oben bis unten schmuddelig braun. Cowboy- und Aussiehüte sind gleichermaßen beliebt und werden mit schwarzen, ärmellosen Oberteilen und Lederwesten aller Art kombiniert. Australische Blundstone-Stiefel konkurrieren mit spitzen Cowboystiefeln. Die Männer sind mehr dem *Footy* im Fernsehen verfallen als den Spitzenfrauen am anderen Ende des Tresens. Die einzige gemischte Gruppe besteht aus vier Leuten, die Poolbillard spielen. Vor der geöffneten Tür sitzt ein schwarzer Hund und wartet auf irgendjemanden oder irgendetwas.

»Willst du am Mittwoch mit mir angeln gehen?« Scott rückt seinen Hut zurecht und wirft die Hände über die Schultern.

»Ich kann nicht. Fahre heute Abend nach Broome. Außerdem werde ich auf einem Boot zu einem wandelnden Fluch. Aber vielen Dank für das Angebot.«

So wie Gemma gestern Abend nehme ich um halb elf den Bus zum Abzweig nach Giralia. Um ein Uhr morgens erreichen wir die T-Kreuzung. Dort ist eine Asphaltpiste, der Highway One, die schmale Nebenstraße, über die wir von Exmouth gekommen sind, und sonst nichts, nicht einmal eine Raststätte. Vermutlich stehe ich an der einzigen Stelle im australischen Outback, wo das Aufeinandertreffen zweier Straßen nicht mit dem Bau einer Raststätte gefeiert wurde. Aber ich wette, im Laufe der nächsten Jahre werden birnenförmige Raststättenangestellte hierher ziehen und eine Raststätte errichten, um in der Küche Secondhand-Raststättenfraß aufzubraten und ihn unschuldigen »Busleuten« anzubieten.

Wir steigen aus dem Minibus und verteilen uns auf der Nebenstraße. Ich befinde mich nun mitten im Niemandsland. Das Gefühl der Isolation wird durch den Umstand verstärkt, dass kein Mond die Dunkelheit erhellt und kein einziges Auto vorbeifährt. Drei Japaner singen leise ein paar Songs, einer klimpert dazu auf einer Gitarre. Die anderen rollen ihre Schlafsäcke an der Straße aus und legen sich hin. Der Klang gedämpfter Stimmen lässt uns die Stille nur noch deutlicher empfinden. Ich gehe die Straße ein gutes Stück hinunter, bis ich allein in der Leere bin, und verkrieche mich in meinen Schlafsack. Ich blicke auf die Milchstraße über mir – einen hellen Fleck aus unzähligen Sternen. Nur hin und wieder stört ein Road Train den Frieden. Er kündigt sich durch unheimliches Leuchten am Horizont an, das ein wenig an einen Mondaufgang erinnert. Anders als das Mondlicht blitzt es dann aber auf, und Lichtkegel aus starken Scheinwerfern durchdringen die Finsternis. Mit mächtigem Motorengebrüll und scharfem Rauschen verdrängter Luftmassen donnert ein Laster mit drei Anhängern in der Geschwindigkeit eines

Intercitys vorbei. Gelbe Lichterketten verschwimmen, rote Rücklichter verblassen, und schließlich wird das Ungeheuer von der tiefschwarzen Wüste verschluckt.

Der Greyhound hat einige Stunden Verspätung; es ist fast vier Uhr morgens, als er endlich vorfährt. Dank seiner Verzögerung kosten wir eine der wertvollsten Erfahrungen länger aus, die Australien bieten kann: nämlich unter freiem Himmel in der Wüste übernachten. Ich könnte immer hier draußen schlafen. Mitten im Outback in den Sternenhimmel zu blicken, während man auf den Bus wartet – ich stelle dieses Erlebnis mit der Ersteigung eines hohen Berges, einem Streifzug durch den Regenwald oder einem Tauchgang an einem fischreichen Korallenriff auf eine Stufe.

Die Fahrt vom Giralia-Abzweig nach Broome wird mehr als 18 Stunden dauern. Zunächst begrenzen noch einige Höhenzüge den Horizont, aber dann wird die Landschaft zu nichts als flacher, roter Erde. Auch der Fahrer hat Schwierigkeiten, wach zu bleiben. Ich beobachte ihn; er kaut Kaugummi, streckt seine Arme, trinkt literweise Cola und reibt sich mit den Händen das Gesicht. Es ist, als fiele man in Hypnose, wenn man endlos geradeaus fährt und das Sonnenlicht die Augen blendet. Uns kommt kein anderes Fahrzeug entgegen, nicht einmal ein Road Train.

In Port Hedland legen wir eine Pause ein, damit wir etwas essen können. Ich schnappe mir das Lokalblatt und setze mich draußen auf eine Bank. Die Schlagzeilen verkünden, dass heute *Sorry Day* ist. Ich lese, dass weiße Eltern ihre Kinder nicht zur Schule schicken, weil sie gegen den *Sorry Day* sind. »Warum sollte Johnny sich für etwas entschuldigen, das vor drei Generationen geschehen ist?«, lautet der Kommentar zu einem Foto, auf dem eine wütende, übergewichtige Frau die Hand ihres Sohnes hält. Sie sieht aus, als sei sie schon ihr Leben lang wütend. Ich möchte nicht mit dem Jungen tauschen.

Eine Aboriginal setzt sich zu mir auf die Bank und mustert mich und meine Zeitung. Ich breche das Eis, indem ich »Hallo« sage und frage, was es mit dem *Sorry Day* auf sich hat.

»Ich war eins von den Kindern.« Sie deutet mit einem knochigen Finger auf eine Schlagzeile.

»Wirklich?«

»Ja. Ich war sechs Jahre alt, da hat mich der Verwalter der Farm, auf der ich geboren bin, zu einer anderen Farm gebracht und einfach dort gelassen. Ich habe geweint und geweint und geweint. Stellen Sie sich mal vor, wie es ist, wenn man auf diese Art plötzlich zur Waise wird. Es war, als ob ich einen Unfall gehabt hätte, bei dem alle, die ich kannte, ums Leben kamen.« Sie kämpft mit den Tränen. »Ich habe viele Jahre nicht darüber gesprochen. Ja, und jetzt zahlt mir die Regierung die Fahrt nach Broome, damit ich am *Sorry Day* teilnehme. Ich weiß nicht, wozu das gut sein soll.«

Ich kann nicht anders, als die Stille mit Worten zu füllen. »Wie lange waren Sie auf der Farm, auf die man Sie gebracht hat?«

»Viele Jahre. Sie haben meinen Namen geändert. Ich habe mit anderen Mädchen hinter dem Haus in einem Zelt gewohnt. So etwas wie Erziehung haben wir kaum bekommen. Als wir alt genug waren, mussten wir putzen, und nur beim Putzen durften wir das Haus betreten. Wir haben den Weißen gedient bis zum Umfallen. Die Jungen haben bei der Versorgung des Viehs geholfen, Zäune repariert und so weiter, während die Kinder der Weißen zur Schule gehen konnten. Von dem Gemüse, das wir angepflanzt und geerntet haben, erhielten wir nichts, das war für die Weißen. Wir haben das Grün der Steckrüben gegessen und die äußeren Blätter der Kohlköpfe. Wenn es uns nicht gelang, einen Vogel zu töten, hatten wir an dem Tag kein Fleisch. Auf der Farm habe ich meinen Mann kennen gelernt. Er hatte einen schottischen Vater und eine Aboriginal-Mutter, genau wie ich. Als wir uns verliebten, mussten wir den

Verwalter bitten, bei den Behörden eine Heiratserlaubnis für uns einzuholen. Wir haben 20 Jahre dort gearbeitet. Dann wurde die Farm verkauft, und wir mussten über Nacht weg. Einmal wollte ich die Farm besuchen, auf der ich zur Welt gekommen bin, aber der Verwalter hat mich am Tor abgewiesen.«

»Wann wurden Sie geboren?«

Sie lacht, aber es ist ein bitteres Lachen. »1929. Wir haben alle am ersten Januar Geburtstag. Tausende von Aboriginal-Kindern wurden am ersten Januar geboren. Das zeigt, wie viel wir ihnen bedeutet haben.«

Ich biete ihr etwas von meiner Schokolade an, aber sie lehnt ab. »Manche Leute behaupten, es sei gut gewesen, dass die Aboriginal-Kinder weggebracht wurden. Sie sagen, diese Maßnahme habe die Kinder vor alkoholabhängigen Müttern gerettet, sie hätten so eine Ausbildung erhalten und später eine Arbeit finden können.«

Sie schüttelt traurig den Kopf, aber sie ist mir wegen meiner Fragerei nicht böse. »Ich nehme es diesen Leuten übel, dass sie es mir unmöglich gemacht haben, wie eine Aboriginal zu leben. Wir haben keine Ausbildung erhalten. Auf den Farmen mussten wir hart arbeiten und haben nichts dafür bekommen außer Essen, Kleidung und vielleicht ein bisschen Tabak. Man hat uns wie Sklaven behandelt. Mein Mann und ich haben unser Leben lang geschuftet. Wir leben wie Christen; man lehrt uns, dass wir vergeben müssen, aber es ist schwer, das zu verzeihen, was die Weißen uns angetan haben.«

Zwischen uns entsteht ein peinliches Schweigen. Ich weiß nicht, was ich sagen soll.

Schließlich sagt sie: »Manchmal frage ich mich, wie mein Leben wohl ausgesehen hätte, wenn ich im Busch geblieben wäre.«

Kurz nachdem der Bus losgefahren ist, passieren wir den Rand der Großen Sandwüste, eine riesige unbewohnte Region, von roten Sanddünen durchzogen, die parallel zueinander verlaufen. Hier wurde der Weltrekord für die längste Hitzewelle verzeichnet; fast ein halbes Jahr lang fielen die Temperaturen nicht unter 100 °Fahrenheit oder 37,8 °Celsius.

Angesichts des leeren Gebiets leben der Gedanke, es in einem kleinen Flugzeug zu überfliegen, und der Pioniergeist wieder auf, der beim Lesen von Antoine de Saint-Exupérys Romanen *Nachtflug* und *Südkurier* in mir geweckt wurde. Jetzt, da ich die gewaltige Wüste sehe, bedauere ich es, dass ich nicht an meinem ursprünglichen Plan, kreuz und quer durch Australien zu fliegen, festgehalten habe. Die Wüste erinnert mich an die fünf Jahre, in denen ich mit meiner Cessna 182 über den ostafrikanischen Busch geflogen bin. Mit jener Zeit verbinde ich einige meiner schönsten Erinnerungen.

Als wir abends in Broome ankommen, wartet Gemma auf mich. Alle sind barfuß. »Die Surfer sind leicht zu erkennen«, erklärt mir Gemma. »Sie haben breite Schultern und gut entwickelte Oberkörper, aber aus ihren weiten Surfershorts schauen spindeldürre Beine heraus.« Und dann fügt sie hinzu: »Ich habe deine Gesellschaft vermisst.«

»Ich habe dich auch vermisst.« Ich bin froh, dass ich ein vertrautes Gesicht sehe und mich nicht wieder mit einer neuen Gruppe Fremder anfreunden muss. Jedes Mal, wenn ich ganz allein an einem mir unbekannten Ort eintreffe, komme ich mir wie ein Trauerkloß vor, so als hätte ich überhaupt keine Freunde. »Wie hast du dir hier die Zeit vertrieben?«, frage ich Gemma, als sie mir die Stadt zeigt.

»Äh, ich bin einen endlosen Strand entlang auf einem Kamel geritten. Und ich habe in einem Open-Air-Kino unter dem Sternenhimmel einen Film gesehen. War ein komisches Gefühl, als die Flugzeuge auf dem Weg zum Flughafen über uns hinweggeflogen sind. Trotzdem habe ich irgendwie bedauert, dass ich nicht in Exmouth geblieben und mit dir auf Walhaifang gegangen bin. Hast du welche gesehen?«

Ich erzähle Gemma, wie ich die Hoffnungen all derer zunichte gemacht habe, die 300 Dollar für eine Walhaiexkursion ausgegeben hatten.

»Irgendwie überrascht mich das nicht, Andrew.«

»Wieso denn?«, frage ich gekränkt.

»Du bist ... na ja ... etwas Besonderes«, antwortet sie ausweichend.

»Wie meinst du das?«

»Also, äh, weißt du ... wenn es um das große Ganze geht, bist du gut, aber kleine Dinge entgehen dir«, murmelt sie. »Du bist nicht Teil des Programms und so.«

»Ich will auch gar nicht Teil des Programms und so sein.«

»Das ist nicht zu übersehen«, sagt sie fast unhörbar.

»Was willst du damit sagen?«, beharre ich.

»Äh, du brauchst jemanden, der ein bisschen praktisch veranlagt ist. Dein Kopf ist meistens in den Wolken, und deine Füße haben keinen Bodenkontakt.«

»Willst du damit sagen, dass ich ein Träumer bin?«, frage ich rhetorisch.

»Äh, ja.« Sie zuckt hilflos mit den Schultern.

Wer ein Träumer ist, ist eben ein Träumer, daran kann wohl niemand etwas ändern, glaube ich.

Wir fahren in die Jugendherberge. »Ich habe ein nicht fettes Nudelgericht für dich gekocht.« Sie versucht, den Träumer aufzuwecken. »Äh, und nebenbei gesagt, das Innere von deinem T-Shirt ist außen, und du hast es verkehrt herum an. Ist das Absicht?«

Wenn sie noch einen Satz mit »Äh« anfängt, werde ich sie Emma nennen. »Gemma, wann beginnt deine Abenteuerreise durch die Kimberleys?«

»Sie holen mich morgen Früh um fünf ab.« Sie wartet, bis ich den Brocken geschluckt habe. »Willst du mitkommen? Sie haben einen 24-Stunden-Buchungsservice, falls du Interesse hast. Der Trip dauert acht Tage.«

»Ich habe noch nichts von Broome gesehen«, antworte ich mit vollem Mund. Es ist das erste nicht fette Essen seit Monaten.

»Hier gibt's nicht viel zu sehen. Cable Beach, die Kamele, das Open-Air-Kino. Broome ist ganz nett, aber es ist die Partystadt der Westküste und sehr touristisch.« Sie weiß, welche Knöpfe man bei mir drücken muss. »Bestimmt bekommst du noch einen Platz, wenn du beim Buchungsservice anrufst.« Mit diesen Worten reicht sie mir einen farbenprächtigen Prospekt, den sie rein zufällig zur Hand hält. »Auf der ersten Seite steht die Telefonnummer.«

»Es ist halb zehn, und sie holen dich schon morgen Früh um fünf ab«, protestiere ich.

»Der Buchungsservice ist 24 Stunden besetzt«, wiederholt sie. »Ich hab's überprüft.«

»Das Reisebüro ist in Darwin, und der Zeitunterschied beträgt anderthalb Stunden. Dort ist es schon Mitternacht.«

4 Die Kimberleys

Gemma und ich schlafen in einem Raum. Früh am Morgen wird unser unregelmäßiges Schnarchen durch einen unserer fünf Zimmergenossen unterbrochen, der angetrunken durch die Tür torkelt und sich lärmend auf einem *Didgeridoo* versucht. Gemma, die in dem Etagenbett neben dem angehenden Ethnomusiker liegt, bedeutet ihm in unmissverständlichen Worten, auf der Stelle damit aufzuhören. Gegen vier Uhr werde ich erneut geweckt. Mein Etagenbett wackelt so stark, dass ich zunächst ein Erdbeben vermute. Erschrocken luge ich über die Bettkante und blicke auf den sich ruckartig bewegenden Hintern des Zimmergenossen, der unter mir schläft, und ein Paar Frauenbeine, die sich um ihn schlingen. Um fünf Uhr stehen Gemma und ich auf. Ich will ins Bad, aber die Tür lässt sich nur ein paar Zentimeter öffnen. Auf den Fliesen hat sich jemand in einer Pfütze aus Erbrochenem zusammengerollt und schläft.

Benommen warten wir vor der Jugendherberge darauf, dass wir abgeholt werden. Wir sitzen unter einer Laterne, damit ich die Hochglanzbroschüre studieren kann, in der die bevorstehende »Abenteuerreise« geschildert wird. Den gefälligen Werbesprüchen zufolge fahren wir in eine der »entlegensten Regionen der zivilisierten Welt«. Die Kimberleys verfügen über die geringste Bevölkerungsdichte der Erde; auf einer Fläche, die dreimal so groß ist wie England, leben nur 25.000 Menschen.

Noch vor Sonnenaufgang hält unser Allradfahrzeug mit großem Getöse vor der Herberge. »Bruce«, stellt sich unser Führer mit festem Händedruck vor. »Aber für euch einfach Croc, von Crocodile Dundee. So nennen mich alle.« Er hat sonnengebleichtes rostbraunes Haar, seine Augen sind ungewöhnlich blau, und sein Kinn ist so viereckig, dass er wie die Karikatur eines Quadratschädels aussieht.

»Anscheinend will jeder Aussie im Outback so sein wie Croc Dundee. ›Crock O'Blödmann‹ passt besser zu ihm«, flüstert Gemma mir zu, als er unsere Rucksäcke aufs Dach wirft und sie unter einer Plane befestigt.

Unser Wagen, ein in Australien hergestellter Oka, ist so viereckig wie Crocks Kinn. Er hat die Form eines Schuhkartons; das quadratische Design wird nur von der um 45° abgeschrägten Windschutzscheibe aufgelockert. Die Karosserie ruht auf vier hohen Rädern, die sich fast in der Mitte des Fahrgestells befinden, und der Dachgepäckträger ist so beladen, dass es aussieht, als begäben wir uns auf eine Transkontinentalexpedition. Die Tatsache, dass wir früh aufgestanden und noch immer von tiefschwarzer Nacht umgeben sind, verstärkt diesen Eindruck. Als Gemma die Tür zur separaten Fahrgastkabine öffnet, wird per Hydraulikantrieb automatisch eine Treppe ausgefahren. Ich klettere in die Fahrerkabine. Man sitzt dort so hoch wie in einem Landrover mit Vorderradantrieb und so entspannt und bequem wie in einem Flugzeug.

Crock schwingt sich auf den Fahrersitz. Alle Teile seines säuberlich aufeinander abgestimmten Khaki-Outfits, sogar der Gürtel, tragen das Firmenlogo. »Aus steuerlichen Gründen«, erklärt er. »So kann ich meine Klamotten als Arbeitskleidung absetzen.« Crock trägt einen Aussiehut, Blundstone-Stiefel, weiße Socken und sehr kurze, durchblutungshemmend enge Shorts. Überall sonst auf der Welt würde man einem Menschen, der mit so knappen Shorts, knöchelhohen Stiefeln und weißen Socken durch die Gegend läuft, krassen Stilbruch und absolute Geschmacksverirrung vorwerfen.

Wir fahren zu einer anderen Jugendherberge, wo wir eine halbe Stunde auf eine Mitreisende warten, die Crock erst wachrütteln muss. Ihre Füße stecken in Schuhen mit Plateausohlen, so dick wie das Londoner Telefonbuch. Ansonsten trägt sie Schlaghosen, die sich um ihr Gesäß spannen, und eine nicht dazu passende Lederjacke mit überdimensionalem, abgerundetem Revers. Der Koffer, den sie mit beiden Händen schleppt, prallt immer wieder gegen ihre Knie. Ganz offensichtlich ist sie weder eine Rucksackreisende noch eine gutgelaunte Frühaufsteherin. »Spice Girl« tauft Gemma die Neue spontan. Ihr Äußeres spricht zwar dagegen, doch aus ihrem Akzent schließen wir, dass Spice Girl Australierin ist.

Ganz das Gegenteil scheint der chinesischstämmige Kanadier zu sein, dessen strahlende Augen uns durch seine Brille entgegenleuchten, als er vor seinem Quartier freudestrahlend auf uns wartet. Er steckt in einer angesagten, coolen Designer-Outdoormontur und sagt: »Super! Wow!«, als er sieht, wie die automatische Treppe ausfährt. An einer Hüfte baumeln ein Leatherman-Multitool und ein Schweizer Armeemesser, an der anderen eine Maglite-Taschenlampe. Er sagt so oft »Super! Wow!«, dass wir ihm keinen *nom de voyage* verpassen müssen, weil er sich schon selbst getauft hat.

Bei der nächsten Unterkunft steigt eine junge Frau zu, deren Rucksack mit den Flaggen all der Länder zwischen Indien und Australien bestickt ist, die sie bereist hat. Sie ist seit sechs Monaten unterwegs und so erschöpft, dass sie selbst im Gehen schläft. Sie sagt irgendwas zu Crock, aber der versteht es nicht.

»Wie bitte?«, fragt er und bewundert ihre Schönheit.

Sie wiederholt ihre Frage.

»Mach dir meinetwegen keine Sorgen, ich hatte eine Vasektomie.« Crock öffnet die Tür zur Fahrgastkabine, und die automatische Treppe bietet ihre Dienste an. »Steig ein!«, sagt er und reicht ihr eine Hand.

»Was ist eine Vasektomie?«, fragt die Schlaftrunkene mit leichtem deutschem Akzent, als sie sich hinten im Oka neben Gemma setzt. Sie sieht aus wie Marilyn Monroe mit kupferrotem Haar.

»Das Gleiche wie eine Lobotomie«, flüstert Gemma ihr zu, als sich die Tür schließt. »Aber die Lobotomie hat bei ihm nichts gebracht, deshalb haben sie es noch mal mit einer Vasektomie versucht, und das hat geholfen.«

Als die Deutsche auf dem bequemen Sitz Platz genommen hat, schläft sie sofort ein. »Unsere Sleeping Beauty«, so nennt Gemma ihre Nachbarin, »scheint die Nacht durchgefeiert zu haben.« Wir halten ein letztes Mal vor einem Hotel, wo zwei Amerikanerinnen mittleren Alters zusteigen. Im Partnerlook haben die beiden sich mit einer Khakikluft und dazu passenden Khakibuschhüten ausstaffiert, von deren Krempen Fliegennetze herunterhängen. Sie könnten die weiblichen Gegenstücke zu Laurel und Hardy sein, doch der Vergleich hinkt, weil die eine groß und dünn und die andere klein und dick ist statt groß und dick sowie klein und dünn. Mit ihren Antifliegenschleiern und Desert-Storm-Kostümen sehen sie aus wie Witwen, die an einem Manöver teilnehmen.

Die Kleine, Korpulente hat eine laute Stimme, die gut zu ihrem großflächigen Gesicht und dem Mund passt, den sie anscheinend nicht halten kann. Sie wirkt zwar wie ein zu kurz geratener weiblicher Hardy, erinnert mich aber auch an einen stimmgewaltigen Ochsenfrosch. Ihre große, hagere Begleiterin gleicht einem in die Länge gezogenen Laurel. »Dr. Dizzy« – so hat sie sich, wenn ich sie richtig verstanden habe, vorgestellt – hat einen Doktor in Ozeanografie und ist in physischer Hinsicht, bis hin zu ihrem steiflippigen Mund, das Gegenteil von ihrer Freundin, die von Gemma und mir fortan »Big Face« genannt wird. Es ist nicht leicht, den Gesichtsausdruck von Dr. Dizzy durch den Fliegenschleier klar zu deuten, aber anscheinend zuckt sie jedes Mal, wenn Big Face ihr gigantisches Mundwerk aufreißt, genauso zusammen wie wir. Die beiden reisen seit zwei Wochen gemeinsam durch Australien, und die Spannungen zwischen ihnen sind deutlich zu spüren.

Ich bin fest entschlossen, mich nicht allzu intensiv in die Gruppe einzubringen. Ich werde mich, soweit wie möglich, im Abseits postieren und die Rolle eines Beobachters einnehmen. Und da ich bisher nur als Individualreisender unterwegs gewesen bin, finde ich es spannend, die Gruppendynamik zu studieren.

Nach ungefähr 200 Kilometern auf dem Great Northern Highway stellt sich heraus, dass die Lichtmaschine des Oka nicht einwandfrei arbeitet, denn die Batterie wird nicht aufgeladen. Die Kimberley-Version von Crocodile Dundee hält an einer Tankstelle und macht sich auf die Suche nach jemandem, der den Schaden beheben kann.

Während wir warten, kaufe ich zwei lokale Tageszeitungen. Auf der *Kimberley District Times* prangt die Schlagzeile: »*Sorry Day* – emotionaler Unsinn«. Neben dem Artikel ist das Foto eines lächelnden weißen Abgeordneten aus Kalgoorlie zu sehen, der sich gegen den *Sorry Day* ausgesprochen hat:

> Der gestrige *National Sorry Day* war nichts anderes als ein »aufgrund von weißen Schuldgefühlen ins Leben gerufener Unsinn, der den Aboriginals und ihrem Anliegen weniger als nichts genützt hat«, sagte Graeme Campbell, Abgeordneter aus Kalgoorlie.
>
> Als die *Times* am Montagabend in Druck ging, deutete einiges darauf hin, dass viele Eltern beabsichtigten, ihre Kinder von der Schule fern zu halten, oder ihnen zumindest nicht erlaubten, an den Feierlichkeiten anlässlich des *National Sorry Day* und der Versöhnungswoche teilzunehmen.

In der anderen Zeitung, *The Kimberley Echo*, ist ein Foto abgedruckt, das eine Aboriginal neben einem stämmigen weißen Mann zeigt, der wie der Archetyp eines rechtskonservativen Farmers aussieht. Aber seine Hand ruht auf ihrer Schulter. Sie haben beide an einem Kurs über die Aboriginal-Kultur teilgenommen. Ich sitze draußen auf dem Bordstein im Sonnenlicht und lese den Leitartikel:

> Es mutet ironisch an, dass der *Sorry Day*, der die Gesellschaft einigen sollte, zu einer Spaltung geführt hat.
>
> Zum Teil führten sprachliche Gründe zu diesem Bruch, denn das Wort *sorry* wird auf unterschiedliche Weise verstanden. Für die Aboriginal people bedeutet es Trauer, während die Weißen es als Schuldbekenntnis auffassen.
>
> Doch der *National Sorry Day* war nicht ein Tag des weißen Schuldbekenntnisses, sondern als Symbol für alle Australier gedacht, die Leiden anzuerkennen, die die Politik in der Vergangenheit verursacht hat, die furchtbaren Leiden all jener Kinder, die über einen Zeitraum von 150 Jahren (bis in die 1970er-Jahre hinein) zwangsweise von ihren Familien entfernt wurden. Die Anerkennung sollte die Grundlage für eine geeinte und glückliche Zukunft sein.
>
> Es ist bedauerlich, dass manche sich davor fürchteten, den Schmerz und die Trauer zu teilen, und nicht an den Feierlichkeiten teilnahmen.

Crock geht an mir vorbei. »Worum ging's eigentlich beim *Sorry Day*?«, teste ich ihn.

»Wie war das, *mate*?« Wenn er es mit Männer zu tun hat, sagt er nicht »Wie bitte?«

»Der *Sorry Day*, worum ging's da?«

»*Sorry Day*?«

»Ja.« Ich halte ihm die Zeitung unter die Nase, damit er die Schlagzeilen lesen kann.

»Keine Ahnung, *mate*, nie davon gehört. War der angekündigt?« Er verschwindet, um weiter einen Mechaniker zu suchen.

Ein Toyota Landcruiser, auf dessen Türen »Kimberley Land Council« steht, hält ganz in meiner Nähe. Ein Mann steigt aus, um zu tanken. Ich grüße ihn. Er sieht unseren Abenteuerreisewagen, schließt aus meinen bohrenden Fragen, dass ich ein sympathischer und ebenso naiver wie weichherziger Ausländer bin, und hält mir einen Vortrag. »Wissen Sie, wir Aboriginal people werden in unserer Heimat wie Bürger zweiter Klasse behandelt. Wenn wir unser Land zurückhaben wollen, müssen wir beweisen, dass wir von hier stammen. Was denken die Weißen, wo wir herkommen? Aus dem All? Wir müssen nachweisen, dass wir aus diesem Land stammen, sonst können wir unsere Gebiete nicht zurückfordern, Land, das uns schon gehört hat, bevor die Weißen kamen.«

»Netter Kerl, was, *mate*?« Crock hat gehört, was der Mann gesagt hat, und seine Frage hat einen gemeinen Unterton. Komisch – das Wort *mate* kann sehr kameradschaftlich klingen, aber manchmal ist es wie ein Schlag in den Magen.

Ein Mechaniker ist nicht aufzutreiben; trotzdem fahren wir weiter. Wir rattern über die Gibb River Road, eine gut instand gehaltene Sandpiste durch die Kimberleys. Die Erde ist rotbraun, der Busch grün und die Straße so schnurgerade wie der Kondensstreifen eines Düsenflugzeugs, der einen leeren Himmel in zwei Hälften teilt. Die sonderbaren Boabbäume sehen fast genauso aus wie die afrikanischen Baobabs. Wir holpern über die Piste bis nach Tunnel Creek, wo wir eine große Höhle besichtigen. Nicht ohne Zögern dringen wir tief ein, wenngleich Crock uns mit Taschenlampen ausgerüstet hat. Super!Wow! ist zusätzlich mit einer Halogen-Stirnlampe bewaffnet, seiner Maglite, einer Minilampe, die in sein Armeemesser integriert ist, und einem leuchtenden Kompass, den er um sein Handgelenk trägt. Crock zeigt sich darüber verwundert, dass

Super!Wow kein zusammenklappbares Bajonett und kein aufblasbares Floß bei sich hat.

»Die Höhle ist fast einen Kilometer lang, gut zwölf Meter hoch und 15 Meter breit und wurde durch Sickerwasser geformt, das durch kleine Risse im Kalkstein gerieselt ist«, werden wir von Crock belehrt. Von der Decke wachsen Stalaktiten und aus dem Boden Stalagmiten; zu hören sind nur das Tropfen des Sickerwassers und unsere eigenen Stimmen, sonst nichts. »Wir müssen durch einen Tümpel waten«, sagt Crock beiläufig.

Die Luft ist überraschend kalt. Das Wasser auch. An manchen Stellen ist die Gumpe knietief. Ich sehe mich nach Gemma um. Ihr reicht das Wasser bis zu den Hüften. Big Face geht es nicht anders.

»Was ist das?«, schreit Big Face; ihr ohnehin lautes Stimmorgan klingt in der Höhle noch voluminöser. Der zitternde Strahl ihrer Lampe fällt auf ein drei Meter langes Krokodil, das am Rande des Tümpels sitzt, den wir gerade durchwaten.

»Ein Krokodil!«, ruft jemand schrill.

»O Gott! Was machen wir jetzt?« Gemmas Frage richtet sich an niemand Bestimmten.

Alle verfügbaren Taschenlampen sind auf das Tier gerichtet; es öffnet die Augen, rührt sich aber nicht vom Fleck. Das Krokodil sitzt im hellen Licht, während der Rest der Höhle in gespenstische Dunkelheit getaucht ist. Hier könnten noch mehr Reptilien sein – hinter uns, neben uns, unter Wasser ...

»Das ist ein Süßwasserkrokodil«, erläutert Crock cool; er hat sich Zeit gelassen, bevor er uns mit dieser Information versorgt. »Die gibt es nur in Australien.«

»Hör mal, es ist mir völlig egal, was für ein Krokodil das ist«, lässt Spice Girl sich schnippisch und mit australischem Akzent vernehmen, »oder wo man die Viecher finden kann. Es ist einfach ein verdammtes Krokodil, und es starrt mich an.«

Crock erklärt uns: »Wenn ihr auf das Krokodil zugeht, reicht euch das Wasser nur zu den Knien, solange ihr ihm nicht allzu nahe kommt. Wenn ihr euch aber nahe ranwagt, dann steht ihr bis zu den Hüften im Wasser, und wenn ihr euch ganz nahe ranwagt, reicht es euch bis zum Kinn.«

»Was soll das heißen?« Sleeping Beauty sieht zum ersten Mal hellwach aus.

»Er meint, wenn du näher rangehst, beißt es dir die Waden weg und dann die Oberschenkel. Und wenn du dich noch näher herantraust, frisst es alles unterhalb deines Kinns«, interpretiert Gemma, der das Wasser sowieso schon fast bis zum Hals steht.

Crock stapft auf das andere Ufer zu. Wir bleiben wie angewurzelt stehen und lassen das Tier keine Sekunde aus den Augen. Es könnte auch aus Gummi sein, so reglos verharrt es auf seinem Platz. Aber dann gleitet es plötzlich mit erstaunlicher Geschwindigkeit ins Wasser. »Das Krokodil beobachtet uns jetzt unter Wasser«, kommentiert Crock den Standortwechsel. »Also, wenn ich ein *wirklich* guter Führer wäre, dann würde ich jetzt vielleicht mit ihm kämpfen und es an die Oberfläche zerren, damit ihr ein Foto machen könnt. Aber leider sind nicht mehr viele *wirklich* gute Führer übrig, und ich habe diesbezüglich keinen Ehrgeiz.« Er stapft weiter auf das Ufer zu. »Es sind die am schnellsten wachsenden Krokodile der Erde. Wenn ihr wieder zu Hause seid, ist das zwei Meter große Reptil drei Meter lang, und wenn ihr dort in eure Stammkneipe geht, schon vier Meter lang.«

»Warum hast du uns nicht gesagt, dass wir hier auf Krokodile treffen?«, fährt Spice Girl ihn wütend an, als sie sich wieder auf trockenem Boden befindet und nicht mehr auf Crocks Beistand angewiesen ist.

Spice Girl hat Überseeerfahrung. Von ihrem zehnten bis zum 20. Lebensjahr hat sie in England gewohnt und viel von Europa gesehen. Aber sie ist noch nie durch Australien gereist, und es ist das erste Mal, dass sie aus Melbourne oder Sydney herauskommt. Sie befindet sich genau so wenig in ihrem Element wie wir.

»Ich wollte euch überraschen«, antwortet Crock.

»Hast du noch mehr Überraschungen auf Lager?«, erkundigt sich Gemma.

»Seht mal, da oben.« Der Strahl seiner Taschenlampe wandert aufwärts. Tausende von Fledermäusen hängen kopfüber von der Höhlendecke.

»Ach, zum Teufel!«, entfährt es Spice Girl. »Was ist das denn?«

»Fledermäuse. In der Höhle leben fünf verschiedene Arten. Ungefähr ein paar Millionen sind hier drinnen zu Hause«, kostet Crock ihr Entsetzen aus.

Wir sind jetzt halb durch die Höhle hindurchgegangen. An einer Stelle ist die Decke eingestützt, sodass Tageslicht in den Tunnel fällt. Die Öffnung ist von Pflanzen gesäumt, die in die Höhle hineinhängen. Baumwurzeln, die durch den Kalkstein gewachsen sind, reichen von der Decke bis in die Gumpen hinein; ein unheimlicher Anblick.

»Wie weit ist es noch?«, fragt Gemma nervös.

»Die Hälfte haben wir hinter uns. Hier hat sich der berühmte Aboriginal Jundumurra, auch *The Pigeon* genannt, versteckt. Er hat die Weißen terrorisiert. Man konnte sich nicht erklären, warum er immer wieder spurlos in den Bergen verschwand, bis man auf die Höhle stieß. Irgendwann sind sie ihm dann hierher gefolgt und haben ihn am anderen Eingang erschossen. Crock lässt seinen Lampenstrahl über ein erotisches Aboriginal-Gemälde an der Decke wandern. Es zeigt einen Mann mit überdimensionalen Geschlechtsorganen.

»Wie sind die Maler da bloß hochgekommen?«, wundert sich Super!Wow!. Trotz mehrerer Schichten Hightech-Bergsteigerwäsche zittert er unkontrolliert.

»Geister haben sie hinaufgetragen und gehalten«, behauptet Crock.

»Klar, und Schweine können fliegen«, lautet Gemmas Kommentar.

Wir müssen umkehren und zurückgehen, weil wir nicht zum anderen Eingang durchkommen. Als wir wieder vor der Gumpe mit hüfthohem Wasser stehen, ist das Krokodil nicht auf seinem Platz. Wir erforschen die dunklen Ränder und das Wasser mit unseren Lampen, können das Tier aber nicht entdecken.

»Steckt es irgendwo unter Wasser?« Gemma klingt besorgt. »Falls ja, bitte ich jemanden von euch, mich huckepack zu nehmen. Ich bin kleiner als ihr, das Wasser reicht mir bis zum Kinn.«

»Noch nicht«, witzelt Spice Girl und leuchtet dabei den Boden um sich herum ab, um herauszufinden, wo die Gefahr lauert.

»Keine Sorge. *Freshies* greifen keine Menschen an, es sei denn, sie fühlen sich provoziert.« Als Crocks Worte verhallt sind, stehen wir noch immer widerwillig am Rande des Tümpels.

»Und woran merken wir, dass sie sich provoziert fühlen?«, fragt Gemma folgerichtig.

»Sie greifen dich an«, antwortet Crock.

»Und was passiert, wenn da Salzwasserkrokodile drin sind?« Gemma spielt alle Möglichkeiten durch.

»Dasselbe.«

»Jemand sollte dein Drehbuch umschreiben.« Mit den Worten watet Gemma in das kalte Wasser.

Wir überleben den Rückweg durch den Tunnel, schieben dann den Oka an und fahren zum Campingplatz bei der Windjana-Schlucht. Crock fährt den Wagen rückwärts auf eine kleine Anhöhe, damit wir ihn am nächsten Morgen nicht wieder anschieben müssen. Kurz darauf steht er auf dem Dach und wirft unsere *swags* herunter.

«Wie funktioniert das Zeugs?«, fragt Spice Girl, während sie versucht, ihren *swag* zu entfalten, der ungefähr wie ein Schlafsack aussieht. Sie trägt immer noch ihre Schlaghosen, ihre Lederjacke und die Schuhe mit den Plateausohlen.

»Du bist Aussie, du solltest dich damit auskennen«, meint Crock zu ihr.

»Na hör mal! Komm mir bloß nicht mit dem Schwachsinn«, erwidert sie ärgerlich.

»Sie ist eine harte Nuss«, flüstert Gemma mir zu. »Halte lieber Distanz zu ihr.«

Um Gemmas Getuschel zu unterbinden, wirft Crock einen *swag* nach ihr. Sie duckt sich. Spice Girl bekommt endlich eine Antwort. »Du musst die äußere Leinenhülle auseinander falten und dort ausbreiten, wo du schlafen willst. Da drinnen ist dein Schlafsack. Das ist dein *swag*, dein Bett, dein Zimmer, dein Zuhause für diese Nacht. Es sei denn, du willst hier oben bei mir schlafen.«

»Das könnte dir so passen«, lehnt Spice Girl ab. Sie rollt ihr Bett aus, ihr Zimmer, ihr Zuhause für diese Nacht, und nachdem sie hineingeschlüpft ist, fragt sie Crock in einem versöhnlichen Tonfall. »Kann man den *swag* irgendwie aufblasen? Er ist unglaublich hart.«

»Äh, gibt es hier Schlangen?«, fragt Gemma. Sie hat neben einer Hai- und einer Krokodil- auch eine Schlangenphobie.

»Nein«, lügt Crock.

»Und warum schläfst du auf dem Wagendach, während wir auf dem Boden übernachten müssen? Gibt es hier irgendetwas, vor dem du Angst hast?«, bohrt Gemma weiter.

Eins muss man Crock lassen: er kann hervorragend, blitzschnell und ohne jede Hilfe Spaghetti bolognese kochen. Nach dem Essen, während wir mit dem Abwasch beschäftigt sind, erzählt er uns: »Auf der vorletzten Reise ist uns eine Achse gebrochen. Wir mussten zwei

Tage warten, bis eine neue geliefert wurde. Zum Glück hatten wir jede Menge Alk dabei. Also haben wir einfach unser Lager vor dem Oka aufgeschlagen und uns zugesoffen, bis die Ersatzteile kamen.«

»Ich übernachte zum allerersten Mal draußen«, gesteht Spice Girl bescheiden und unterbricht Crock, der uns gerade detailliert schildert, wie er auf einer Tour bei zwei dänischen Mädchen zum Zuge gekommen ist. »Ich hoffe, ich kann schlafen.« Sie schiebt ihren Teller zur Seite und kriecht in ihren *swag*, der sich gefährlich nahe am Lagerfeuer befindet. Dann wirft sie Crock einen flehenden Blick zu. »Ich würde mich weitaus besser fühlen, wenn ich auch auf dem Dach des Oka läge.« Spice Girl hat nicht allzu lange die Unnahbare gespielt.

»Nicht genug Platz, *mate*«, wimmelt Crock sie ab.

Der stille chinesische Kanadier, der als Währungskaufmann bei einer Bank in Toronto arbeitet, sinnt gedankenverloren über etwas nach. Er kniet neben seinem Spitzenklasse-Rucksack, der so fleckenlos rein ist, als habe er ihn gerade bei einem elitären Bergsteigerausrüster aus dem Regal gezogen, fummelt an den Verschlüssen herum und fragt: »Wo kann ich hier meinen Pyjama anziehen?«

Uns verschlägt es die Sprache. Jeder hält in seinem Tun inne – außer Sleeping Beauty, die bereits in ihrem *swag* liegt und fest schläft.

»Was meinst du?«, wundert sich Crock.

»Hier sind keine Umkleidekabinen oder etwas Ähnliches«, antwortet Super!Wow! und sieht sich mit ernstem Gesicht um.

»Nimm dein Handtuch und wickle es dir um die Hüfte.« Gemma mustert ihn im Feuerschein, um herauszufinden, ob er es ernst meint oder nicht.

»Wie denn?« Unglaublich. Unser Währungsfachmann ist vollkommen ratlos.

Er besitzt nämlich kein altmodisches Handtuch, sondern einen kleinen Lappen von der Größe eines Taschentuchs, der aus allerneustem, hoch absorbierendem Leichtgewichtsynthetik besteht. Gemma leiht ihm ihr großes Lowtech-Handtuch und zeigt ihm, wie man es sich um die Hüften schlingt.

»Jetzt kannst du dich darunter umziehen. Siehst du? So geht das. Weißt du das wirklich nicht?« Sie kann es einfach nicht fassen.

»Nein.«

»Im Ernst? Ich meine, du nimmst mich nicht auf den Arm, oder so?«

»Ja. Ich meine, nein. Ich nehme dich nicht auf den Arm.«

»Wie hast du dich denn bisher umgezogen?«, fragt Gemma, immer noch ungläubig staunend.

»Ich weiß nicht. Bis jetzt waren immer irgendwo Umkleidekabinen.« Auch Super!Wow! hat noch nie unter freiem Himmel geschlafen.

Big Face und Dr. Dizzy scheinen dagegen ihr ganzes Leben gemeinsam im Freien verbracht zu haben. Während die beiden in ihre *swags* schlüpfen, redet Big Face pausenlos über all die Plätze in den Rocky Mountains, auf denen sie zusammen gecampt haben. Ihr Redefluss reißt erst ab, als sie einschläft; er versiegt mitten im Satz, wird aber prompt durch lautes Schnarchen ersetzt.

Ein Lachender Kookaburra weckt mich, bevor die Sonne aufgeht. Ich sammle Holz; zünde ein Feuer an und setze Wasser auf. Crock erwacht in seinem Nest auf dem Wagendach. »Das war eine Zwei-Hunde-Nacht, *mate*.«

»Was soll das heißen?« Gemma liegt noch wohlig in ihrem Schlafsack und starrt mit großen Augen auf Crocks vakuumverpackten Hintern, als er sich die Leiter hinuntermanövriert.

»Das ist eine Maßeinheit der Aborigines für Kälte. Wenn du draußen übernachtest, brauchst du entweder einen Hund, der sich neben dir zusammenrollt, oder zwei. Es gibt also Ein-Hunde- und

Zwei-Hunde-Nächte.« Irgendetwas, das uns verborgen bleibt, lässt Crock grinsen, während er Billy-Tee zubereitet. Dann packt er einen Gegenstand aus, der an einen Laib Brot erinnert. *Damper*, so nennt er ihn, wird aus Mehl und Wasser gebacken. Wir kauen auf dem *damper* herum und spülen es mit Billy-Tee herunter. »Vom *damper* bekommt ihr Verstopfung, und der Billy-Tee bewirkt, dass ihr auf 100 Schritte Entfernung durch ein Nadelöhr pinkeln könnt«, sagt er, als es bereit zu spät ist, aus Rücksicht auf unsere Verdauungsorgane auf das Frühstück zu verzichten.

Als Crock unsere Sachen auf dem Wagendach festzurrt und sich dabei nach vorn beugt, starrt Gemma auf seinen Schritt. »Hast du die superknappen Shorts gesehen, in die dein Freund sich gezwängt hat?«, flüstert sie mir zu. »Ich kann nicht nur genau erkennen, wie viele Hoden er hat, was ohnehin ziemlich klar ist; auch sein bestes Stück zeichnet sich deutlich ab. Mit großer Wahrscheinlichkeit ist er beschnitten.«

Crocks Beispiel folgend, läuft auch Spice Girl heute in winzigen Shorts herum. Sie bedecken ihre orangenhäutigen Pobacken nur spärlich, die traurig aus ihren Hot Pants herabsacken. Ihre weißen Strümpfe hat sie bis über die Knie hochgezogen.

»Du siehst albern aus.« Aufgebracht rückt Gemma die Baseballkappe zurecht, die verkehrt herum auf ihrem Kopf sitzt, als sie Spice Girl erblickt. »Als ob du für Reizwäsche oder so Reklame manchen würdest. Hast du nichts Anständiges zum Anziehen? Und warum hast du deine Socken so hochgezogen?«

»Für den Fall, dass es hier Schlangen gibt.«

»Strümpfe schützen nicht vor Schlangenbissen«, sagt Gemma fachmännisch. Sie spritzen dir ihr Gift in die Augen, und dann stirbst du. Und mit deinen weißen Socken bietest du einen lächerlichen Anblick, wenn dich deine Eltern aus dem Leichenschauhaus abholen. Soll ich dir eine Jeans leihen?«

»Du bist zu klein.«

»In meinen Jeans sähst du weniger albern aus als in deinem Outfit.«

Das Einzige, was die Hitze erträglicher macht, ist die Trockenheit der Luft. An der Lennard River Gorge, einer Schlucht, springen wir aus dem staubig heißen Bus und warten auf Super!Wow!, der sich erst noch mit überlebenswichtigen Ausrüstungsgegenständen für potentielle Notfälle ausstattet. Auf dem Weg zur Schlucht müssen wir eine fast vertikale Felswand hinunterklettern. An einem Ende der Schlucht stürzt Wasser in ein Felsbecken, das sich von da aus treppab in zahlreiche andere Becken ergießt. Crock macht sich auf einem Felsen lang und schläft sofort ein. Der Rest von uns springt in das betäubend kalte, aber erfrischende Nass.

»Uuuuh!«, schreit Spice Girl, als sie in der Mitte des natürlichen Swimmingpools wieder auftaucht. »Da ist 'ne Schlange drin!« Es sieht aus, als sei sie am Grunde des Beckens auf ein Trampolin gesprungen und gleich wieder hinauskatapultiert worden, so schnell ist sie wieder draußen. Die »Schlange« kriecht auf der anderen Seite aus dem Wasser und sonnt sich. Es handelt sich um einen gut einen Meter langen Bindenwaran. Er ist nicht allein; ein paar seiner Artgenossen tummeln sich in der Nähe herum: Unsere Anwesenheit beunruhigt sie in keiner Weise.

Gemma liegt auf einem warmen Felsen und kichert.

»Was gibt‘s da zu kichern?«, erkundige ich mich. Es tut gut, sich nach dem kalten Wasser in der Sonne aufzuwärmen.

»Mir tropft Wasser aus einem Ohr, und ich liebe das Gefühl«, antwortet sie.

Sie kichert oft und gern, das mag ich an ihr. »Sag mir, wenn kein Wasser mehr drin ist, dann fülle ich etwas nach, um dich glücklich zu machen.«

»Ich bin glücklich.« Sie kichert wieder. »Was hältst du von Crock?«

Ich schaue mich um. Er ist außer Hörweite, und seinem rhythmischen Atem nach zu urteilen befindet er sich im Land der Träume. »Ein guter Koch. Wie findest du ihn?«

»Ganz okay, wenigstens nicht so hyperaktiv wie die Führer in Kakadu.«

»Hyperaktiv?«

»Na ja, er baggert nicht die ganze Zeit Frauen an, so wie die anderen.« Sie dreht ihren Kopf auf die andere Seite, damit das Wasser aus dem linken Ohr tropfen kann, und fängt wieder an zu kichern.

»Unter hyperaktiv versteht man etwas anderes«, belehre ich sie. »Außerdem konnte er während der letzten Reise bei zwei dänischen Mädchen landen und ist voll auf seine Kosten gekommen. Crock hat uns erzählt, dass sie am Abend vor der Abreise in einer Bar waren und jeder 150 Dollar auf den Kopf gehauen hat. Wahrscheinlich muss er sich immer noch davon erholen.«

Crock schläft wie ein Toter. Als er schließlich wieder zum Leben erwacht, sieht er auf seine Uhr. »Okay, Leute, wir müssen los, wenn wir unseren nächsten Lagerplatz erreichen wollen, bevor es dunkel wird.«

Die anderen machen sich auf den Rückweg zum Oka und klettern die Felswand hinauf. Ich bleibe noch, weil ich ein bisschen für mich sein möchte; ich kann sie leicht einholen. Als ich ihnen nacheile, stolpere ich über Spice Girl; sie ist allein, steht vornüber gebeugt auf dem Pfad, die Schlangenschutzsocken noch immer über die Knie gezogen. »Alles okay?«, frage ich.

»Ich kippe gleich um«. Ihre Stimme ist kaum hörbar, ihr Gesicht hinter ihrem braunen Haar verborgen, das kraftlos von ihrem geneigten Kopf hängt.

Ich setze sie auf einen Stein und biete ihr Wasser aus meiner Flasche an. »Du bist ausgetrocknet.« Trotz ihrer vielen Sommersprossen ist sie blass wie ein Gespenst.

»Genau das wollte ich Crock begreiflich machen. Aber er hat nur gesagt, er müsse was am Oka reparieren, und ist weitergegangen.« Sie murmelt noch ein paar unverständliche Worte, wird ohnmächtig und kippt zur Seite. Ich lege sie ausgestreckt auf den Boden; ihre Hände und Füße zucken.

»Ich flöße dir ein bisschen Wasser ein.« Ich halte die Flasche an ihren Mund und drücke ihren Kopf sanft nach hinten. «Hörst du mich?« Sie nickt. »Gut. Trinke so viel, wie du kannst.«

»Was tust du da?«, ruft Gemma, die hoch über uns auf einer Klippe steht. Verdammt, was glaubt sie denn, was ich hier tue? Denkt sie, ich habe mit Spice Girl eine heiße Affäre?

»Sie ist ohnmächtig geworden. Bring eine Flasche Wasser!«, rufe ich zurück.

Kurz darauf spurtet Gemma mit Super!Wow!s *Camelback*-Trinkrucksack den Pfad herunter.

»Wo ist Crock?«, ist meine erste Frage.

»Er liegt unter dem Oka«, antwortet Gemma, während sie Spice Girl mustert.

»Was veranstaltet er da?«

»Er hat gesagt, er muss was reparieren, aber wenn du mich fragst, ich glaube, er schläft. Er hat sich Super!Wow!s aufblasbares Kissen ausgeliehen und bewegt sich kaum. Der Rückweg muss ihn ziemlich mitgenommen haben.«

Ich helfe Spice Girl den steilen Pfad hinauf. Es ist Mittag und sehr heiß. Im Wagen ist es sogar noch unerträglicher. Wir packen die Rucksäcke zur Seite, die auf der Rückbank verstaut sind, damit Spice Girl sich dort hinlegen kann. Ich tränke Super!Wow!s hoch absorbierendes Synthetiktuch mit Wasser und breite es auf ihrer Stirn aus.

Crock kommt schlaftrunken unter dem Oka hervorgekrochen. »Was ist denn los?« Gemma lag mit ihrer Vermutung richtig; er hat eine Siesta gehalten.

»Spice Girl, ich meine Linda, hat das Bewusstsein verloren«, klärt ihn Gemma auf und wirft einen schuldbewussten Blick in den Wagen, um zu sehen, ob Spice Girl sie gehört hat. »Jetzt geht es ihr wieder besser.«

Crock dirigiert uns, während wir den Oka anschieben. Als wir die holperige Piste hinunterrattern, werden wir so hin und her geschleudert, dass wir das Gefühl haben, in einem fahrbaren Wäschetrockner zu sitzen. Der Oka schlingert und gerät manchmal in eine solche Schräglage, dass er umzukippen droht. Irgendwann sind wir wieder auf der Gibb River Road. Statt einen Campingplatz anzusteuern, hält Crock auf dem Seitenstreifen. Hier zweigt die Sandpiste ab, die zur Napier Range führt; von dieser Stelle aus blickt man auf ein Tal, das der King Leopold Range vorgelagert ist. Wer an diesem Aussichtspunkt seinen Blick schweifen lässt, sieht eine große Leere. Das zerklüftete Terrain der Kimberleys und die drückend heißen Sommer haben bewirkt, dass diese Ecke Australiens fast gänzlich unerschlossen geblieben ist.

Die für das Abendessen notwendigen Vorbereitungen werden aufgeteilt. Gemma und ich sind für das Lagerfeuer verantwortlich. Nachdem wir ein paar dicke Äste aus dem Busch gezogen haben, zeige ich ihr, wie man zunächst Reisig und dünne Zweige in Brand setzt, abwartet, bis eine starke Glut entstanden ist, und erst dann dickere Stöcke und Äste nachlegt. Wir essen gemeinsam am Feuer. Als die anderen ihre *swags* ausbreiten, warte ich, bis Big Face einen Schlafplatz gewählt hat, und suche mir dann eine weit von ihr entfernte Stelle. Gemma folgt mir. »Wenn sie nicht redet, schnarcht sie«, sagt sie schroff, aber wahrheitsgemäß.

Am Himmel hängt eine strahlende Mondsichel. »Weißt du, warum wir keinen Vollmond haben?«, frage ich Gemma, nachdem wir in unsere *swags* geschlüpft sind.

»Was soll die Frage?« Gemma wendet mir ihr Gesicht zu.

»Ich meine, warum haben wir manchmal Vollmond, Halbmond oder Viertelmond, und warum ist heute nur eine dünne Sichel zu sehen?«

»Weil die Erde einen Schatten auf den Mond wirft«, antwortet sie; ihr irischer Akzent ist so stark wie immer.

»Das wäre eine Mondfinsternis. Ich habe im letzten Jahr eine Umfrage gemacht: 97 Prozent aller Befragten sagen das Gleiche wie du, zwei Prozent hatten Erklärungen, die in die richtige Richtung gehen, aber nur ein Prozent wusste wirklich Bescheid. Eine Mondfinsternis tritt nur alle paar Jahre auf und nicht jede Nacht.«

Gemma schweigt; sie starrt auf den Mond, ihr Kopf ruht in ihren Handflächen. »Okay. Warum sehen wir also heute nur eine Sichel?«

»Wo ist die Sonne untergegangen?«, frage ich.

»Da drüben.« Gemma zeigt mit den Füßen auf die besagte Stelle.

»Und wo ist der Mond?«

»Da. Ungefähr dort, wo die Sonne zuletzt am Himmel stand.«

»Wie kann dann die Erde zwischen dem Mond und der Sonne sein?«

»Das ist nicht möglich.«

»Genau. Also ...?«

»Also sehen wir die Rückseite des Mondes, die zum größten Teil im Schatten liegt?«

»Ja. Wenn jetzt Vollmond wäre, würde der Mond sich am gegenüberliegenden Horizont befinden und der Sonne direkt gegenüberstehen. Und wenn der Mond bei Vollmond aufgeht, versinkt die Sonne genau im gleichen Moment. Aber selbst, wenn nur eine Sichel zu sehen ist, kannst du bei klarem Himmel den Umriss des ganzen Mondes vage erkennen. Siehst du ihn?«

»Liegt das vielleicht am Sonnenlicht, das von der Erde reflektiert wird? Es ist zwar nicht so hell wie direktes Sonnenlicht, aber es reicht, um die Rückseite des Mondes ein bisschen zu beleuchten.«

»Eigentlich ganz simpel, oder?«

»Ja.«

»Erzähle das allen, die du kennst«, predige ich weiter.

»Ich werde zu einer Mondevangelistin mutieren.«

»Mach keine Witze, Gemma. Ich meine es ernst. Die Menschen sollten das wissen, so wie sie wissen sollten, dass man sich *Stud Delay* nicht in den Mund sprüht.«

Als ich aufwache, fällt mein Blick auf die King Leopold Range. Ein grenzenloser, blutroter Horizont kündigt die Sonne an, die bald darauf den ockerfarbenen Staub, der in der Luft hängt, dunkelrot tönt. Am schwarzblauen Himmel sind die meisten Sterne erloschen, nur die Planeten schimmern noch hell. Einer der Himmelstrabanten hat einen winzigen Mond an seiner Seite. Ich rüttele Gemma wach. »Sieh mal, da ist ein Planet, und du kannst mit bloßem Auge seinen Mond erkennen. Ich habe es nur einmal im Himalaja erlebt, dass man das ohne Fernglas sehen kann.«

»Du hast Monde im Gehirn.« Gemma reibt sich den Schlaf aus den Augen.

»Nein, ich meine es ernst. Ich wette, das ist Jupiter mit einem seiner Monde.«

Auf der andern Seite des Lagers summt ein Wecker, dessen Besitzer nicht aufwacht; es dauert einige Zeit, bis das nervige Geräusch verstummt.

Als alle Sterne verschwunden sind und nur die Planeten sichtbar bleiben, glaubt Gemma mir. »Ich wusste nicht, dass man den Mond eines anderen Planeten sehen kann.« Wir bewundern das Schauspiel, dann sind auch die Planeten verblasst.

Spice Girl bleibt in ihrem *swag* begraben, bis das Frühstück fertig ist. Als sie aus den Tiefen ihres Schlafsacks auftaucht, macht sie ihrem Ärger Luft. »Hey, hört mal, wessen Wecker war das heute

Morgen?«. Erstaunt stelle ich fest, dass sie schon ihre Schlaghosen und die braune Lederjacke anhat. Crock gibt zu, dass es sein Wecker war. »Ich will nicht am frühen Morgen von so einem Mist geweckt werden«, teilt sie ihm mit.

Spice Girl scheint heute vollkommen neben sich zu stehen.

»Was ist los?«, fragt Crock.

»Ich kann nicht du-weißt-schon.«

»*Jimmy Riddle?*«

Nein, das andere.«

»Ah, *Johnny Jack*. Warum nicht?

«Keine Ahnung. Ich brauche eine Toilette dazu.« Sie hockt im Schneidersitz auf ihrem *swag* und schmollt. »Ich war zuletzt auf dem Klo, bevor wir losgefahren sind.«

»Warum bist du nicht auf die Toilette gegangen, als wir auf dem Campingplatz waren?«, wundert sich Big Face.

»Es muss ein Klo mit Wasserspülung ein«, antwortet Spice Girl mürrisch.

Wir schieben den Oka an und entscheiden demokratisch, dass derjenige, der vorn bei Crock sitzt, die Musik auswählen darf. Big Face ist so klein, dass wir ihr helfen müssen, in die Fahrerkabine zu klettern. Ich knie auf allen vieren, sie steigt auf meinen Rücken, und die anderen hieven sie an Bord. Big Face hat ein paar Kassetten aus den 1960er-Jahren dabei und trällert glücklich mit Joni Mitchell, Willy Nelson und Cat Stevens.

Spice Girl zuliebe halten wir an der Mount-Barnett-Raststätte, wo die Toiletten »*water driven*« sind. Bis zur nächsten Raststätte sind es 400 Kilometer. Ich frage die sympathisch aussehende Frau hinter der Ladentheke: »Wem gehört das alles hier?«

»Die Raststätte gehört zu einer Rinderfarm, die sich im Besitz der hiesigen Aboriginal-Community befindet. Der Laden auch.« Sie spricht nicht mit dem breiten australischen Akzent wie alle anderen in dieser Gegend; so, wie sie klingt, stammt sie wohl eher aus einer großen Stadt an der Ostküste.

Dr. Dizzy steht hinter mir. Sie hat ihren Fliegenschleier gelüftet; es ist eines der wenigen Male, dass ich ihr Gesicht unverhüllt zu sehen bekomme. »Was genau meinen Sie mit ›Aboriginal-Community‹?«

»Gute Frage«, stimme ich ein, »der Begriff geht einem so leicht von der Zunge, aber wer oder was verbirgt sich eigentlich dahinter?«

»Wären Sie vor 100 Jahren durch diesen Landstrich gereist, hätten Sie genauso viele verschiedene Sprachen und Kulturen kennen gelernt, wie wenn Sie in der Zeit Europa durchquert hätten.« Während sie uns das erzählt, hilft sie einem kleinen Kind, das Wechselgeld für ein paar Schokoriegel nachzuzählen. »Damals existierte hier keine Aboriginal-Community im strengen Sinne. Die Menschen, die heute auf dieser Farm zusammenleben, stammen aus verschiedenen Clans, die sich nicht unbedingt freundlich gesonnen waren, obwohl sie miteinander auskommen mussten, um zu überleben.«

»Und die bewirtschaften jetzt die Farm?«, fragt Dr. Dizzy, während ich mein Schokoladeneis bezahle.

»Ich betreibe den kleinen Laden hier, der die Funktion hat, der Community ein Einkommen zu sichern, damit sie sich selbst versorgen kann. Und mein Mann hilft, die Rinderfarm zu managen. Früher haben wir unser Gehalt von ATSIC bezogen, aber jetzt werden wir aus den Profiten bezahlt, die hier erwirtschaftet werden.«

»ATSIC?«, hakt Dr. Dizzy nach.

»Die *Aboriginal and Torres Strait Islander Commission* in Canberra.« Sie bemerkt den verständnislosen Blick von Dr. Dizzy und erklärt: »ATSIC wurde 1990 gegründet. Man hat zwei Behörden zusammengelegt, das Ministerium für Aboriginal-Angelegenheiten und die Kommission zur Unterstützung der Aboriginals. In meinen Augen ist die Tatsache, dass wir nun von der finanziellen Unterstützung durch die Regierung unabhängig sind, ein Schritt in Richtung Selbstbestimmung.«

Ein nobler Gedanke, aber ich bin skeptisch; vielleicht gibt es noch andere Gründe, warum sie sich von den Finanzspritzen der Regierung unabhängig machen, die sie uns verschweigt.

»Bilden Sie Angehörige der Community aus, damit sie Ihren Job übernehmen können?« Ich hege den Verdacht, dass der Laden neben dem Gehalt, das sie beziehen, eine zusätzliche Einnahmequelle für die Weißen darstellt.

»Ja, ich habe ihnen beigebracht, als Verkäufer zu arbeiten und den Laden zu führen. Aber sie erscheinen nicht regelmäßig zur Arbeit, und so kann man kein Geschäft betreiben.« Sie mildert die unterschwellige Kritik an ihren Brötchengebern ab, indem sie hinzufügt: »Es gehört nicht zu ihrer Kultur, sich regelmäßigen Arbeitszeiten und festgelegten Tagesabläufen zu unterwerfen oder routinemäßig Dienstleistungen anzubieten. Dagegen hat die Teilnahme an Zeremonien oder Beerdigungen für die Aboriginals eine wichtige soziale Funktion. Aber das bedeutet, dass sie keiner regulären Vollzeitbeschäftigung nachgehen können. Zudem geraten sie in Schwierigkeiten, wenn sie hinter der Kasse stehen und jemand aus ihrer Community oder ein Familienangehöriger etwas kaufen will, aber kein Geld hat, um es zu bezahlen. Wenn jemand aus der Community an der Kasse steht, gerät er unter großen Druck. In ihrem Kulturkreis teilt man das, was man hat, mit den anderen.«

Spice Girl hat inzwischen ihr großes Geschäft auf dem WC erledigt; sie kommt in den Laden, hält sich im Hintergrund und spitzt die Ohren. Mit ihr ist eine Gruppe Kinder hereingekommen, die alle barfuß, nackt und vollkommen unbefangen sind. Sie grüßen die Frau hinter der Theke; rennen herum, suchen sich Sachen, die sie kaufen wollen, und scheinen rundum glücklich zu sein. »Die Lebensmaxime in der Community, dass man alles mit allen teilt, war in der Vergangenheit überlebenswichtig für die Aboriginals«, fährt sie fort. »Aber in der materialistischen Welt der westlichen Konkurrenzgesellschaft ist es für einen traditionellen Aboriginal schwer, sich als Individuum zu behaupten. Sie haben auch einen ganz anderen Zeitbegriff. Ob sich etwas gestern oder vor 5.000 Jahren in der Traumzeit ereignet hat, spielt für sie keine Rolle; es gehört alles der Vergangenheit an. Für die Zukunft gilt dasselbe.«

Eines der Kinder legt einen Geldschein auf die Theke und stapelt Schokoladenriegel, andere Süßigkeiten und einige Flaschen Limonade daneben. Der Junge legt weitere Leckereien dazu, bis die Frau ihm sagt, mehr könne er für sein Geld nicht kaufen. Als der Kleine gegangen ist, sagt sie zu uns: »Bei ihnen ist es grundsätzlich nicht so, dass sie das kaufen, was sie für sich wollen, und dann das Wechselgeld in Empfang nehmen. Sie kaufen so viel, wie sie für ihr Geld bekommen, und dann gehen sie raus und teilen alles mit ihren Freunden.« Noch ein Junge kommt an die Theke und verhält sich wie sein Vorgänger. Die Frau addiert geduldig die Preise der Süßigkeiten, bis ihr Gegenwert den fünf Dollar entspricht, die das Kind in der Hand hält. »Wir haben eine Patentochter, eine Aboriginal aus dieser Community. Wir haben sie auf eine Schule in Perth geschickt. Sie macht sich sehr gut, und wir hoffen, dass sie zurückkommt und die Farm leiten wird.« Sie drückt mir das Wechselgeld für mein Eis in die Hand, während sie uns das erzählt.

»Es gibt also Hoffnung?«, interessiert sich Dr. Dizzy und legt einen Schokoladenriegel auf den Tisch.

Ich schätze, dass die Patentochter keine Lust haben wird, an solch einen entlegenen Ort zurückzukehren, nachdem sie in einer großen Stadt gelebt hat.

»Einer unserer Ältesten hat das Gefühl, dass die jungen Aboriginals, die über 18 sind, einer Generation angehören, die sich sehr schwer tun wird. Erst die Jüngeren haben vermutlich eine Chance, die beiden unterschiedlichen Lebensweisen miteinander zu verbinden. Aber es werden noch 30 Jahre vergehen, bis sie das geschafft haben.«

Ich beiße von meinem Eis ab und denke an das, was der Buskapitän gesagt hat, als wir aus Alice Springs hinausfuhren. »Es wird immer wieder beklagt, dass die Aboriginals gepachtetes Weideland zurückerhalten, weil sie doch nur in ihren Communitys herumsitzen und nichts damit anfangen.«

»Vielleicht sind wir die Dummen, wenn wir so geschäftig durchs Leben hetzen und so hart arbeiten«, antwortet sie, ohne direkt auf meine Frage einzugehen. »Außerdem ist es wahrscheinlich besser für die Umwelt, wenn sie nichts mit dem Land anfangen. Vermutlich reicht es schon, dass die Community entscheidet, was mit den Ländereien passiert, das ist zumindest ein Schritt in Richtung Selbstbestimmung.«

Mir liegen noch viele Fragen auf der Zunge, die ich der Frau stellen möchte. Sie ist gebildet und weiß viel über die *Aboriginal people* und ihre Anliegen. Doch Big Face vereitelt die Gelegenheit, sie betritt den Laden, hört ein wenig zu und redet dann über die Navajo-Indianer ihrer Heimat, ohne sich darum zu scheren, ob das jemanden interessiert. Bald darauf hat sie das Gespräch an sich gerissen und hält einen Vortrag über die Urbevölkerung Nordamerikas. Statt die Chance zu nutzen, mehr über das Land zu erfahren, durch das wir gerade reisen, ergeht sie sich in einer Suada über ihre eigene Zivilisation.

Dr. Dizzy kann das Bedürfnis ihrer Reisegefährtin, unablässig über sich selbst zu reden, und ihre Unfähigkeit, anderen zuzuhören, nicht mehr ertragen. Wutschnaubend stürmt sie aus dem Laden. Sie ist gerade fort, da reißt Crock die Ladentür auf und ruft: »Wir müssen weiter!« Wir folgen ihm brav, stellen dann aber überrascht fest, dass wir nicht losfahren können, weil er den Oka noch nicht aufgetankt hat.

Big Face unterhält sich mit einer Gruppe Jungen und Männer, die alle Jeans, Stetson-Hüte und Cowboystiefel tragen. Sie haben herausgefunden, dass Big Face Amerikanerin ist, und wollen nun von ihr wissen, welcher Baseballmannschaft sie die Daumen drückt und wie der aktuelle Tabellenstand aussieht. Gemma und Super!Wow! spielen mit einer Bande kleiner Kinder, und Spice Girl verschwindet wieder auf der »*water-driven*«-Toilette. Der Gedanke, alles nicht Ausgeschiedene für die nächsten 400 Kilometer bei sich behalten zu müssen, hat sie in Panik versetzt. Sleeping Beauty hört ihre Mailbox ab. Ihr in Deutschland schmachtender Freund hat ihr ein paar Nachrichten hinterlassen.

»Weißt du, warum Crock uns aus dem Laden gelotst hat?«, fragt Gemma mich. »Er ist eifersüchtig. Mit der Flora und Fauna im Busch kennt er sich ganz gut aus, aber außer den klischeehaften Traumzeitgeschichten, mit denen er sein Buschimage aufpoliert, weiß er so gut wie nichts über die Aboriginals. Das Thema interessiert ihn auch nicht sonderlich. Er ist schon des Öfteren durch diese Community gefahren, hat aber nicht die geringste Ahnung, was hier los ist. Und er will es auch gar nicht wissen.«

»Und woher weißt du das?«

»Ich habe ihm ein paar Fragen gestellt, die er nicht mal ansatzweise beantworten konnte; er hatte überhaupt keine Lust, sich auf ein Gespräch darüber einzulassen.«

Wir steigen ein und nehmen Kurs auf den Ort, an dem wir heute übernachten werden. Spice Girl sitzt neben mir; sie hat das Bedürfnis, Klartext mit mir zu reden. »Weißt du, was dein Problem ist, Andrew? Du versuchst zu sehr, die Aborigines zu verstehen. Dabei erhältst du ein einseitiges Bild. Ich habe gehört, was du im Laden gesagt hast. Du siehst in ihnen nur die benachteiligte Urbevölkerung. Aber ich kenne viele Aborigines, die mit ihrem Leben in Melbourne gut klarkommen. Ich habe viel Zeit mit ihnen verbracht, habe sie in Pubs und Restaurants getroffen. Es ist nicht nur alles eine Frage der Enteignung, weißt du. Es gibt eine Menge Aborigines, die nicht in das stereotype Bild passen, das du offensichtlich von ihnen hast.«

Vielleicht hat sie Recht.

»Ich bemühe mich zumindest, die Situation zu verstehen. Und das ist doch wohl besser, als wenn man das Problem vollkommen ignoriert«, schieße ich zurück.

»Leute wie du, die einen Unterschied zwischen Aborigines und anderen Australiern machen, vergrößern das Problem nur. Die Überzeugung, ein Opfer zu sein, ist für manche Aborigines das ganze Kapital, das sie besitzen; ihr einziges Kapital. Und stellt es nicht eine Ironie dar, dass die Opferrolle, ihr einziges Machtinstrument, sich eher für sie auszahlt, als wenn sie initiativ werden?«

In diesem Punkt stimme ich absolut mit ihr überein.

»Hast du je darüber nachgedacht, was in deinem Teil der Welt passiert ist?«, legt Spice Girl nach.

Ich antworte nicht, und niemand sagt etwas. Selbst Big Face hält den Mund und hört zu.

»Also, für mich seid ihr eine Heuchlerbande. In der Zeit, in der unsere furchtbaren Siedler Aborigines vergiftet und erschossen haben, unaussprechliches Leid verursacht und diese Völker quasi ausgerottet haben, haben Amerikaner Afrikaner gekidnappt und mit Schiffen über den Atlantik gebracht. Die Schwarzen, die das überlebt hatten, wurden verkauft. In meinen Augen ist das schlimmer als das, was wir getan haben. Also hör auf, den Moralapostel zu spielen und mit dem Zeigefinger auf uns zu deuten.«

Wieder sagt keiner etwas; im Rückspiegel kann ich sehen, wie Crock von einem Ohr bis zum anderen grinst.

Spice Girl frustriert uns noch ein bisschen mehr. »Ich sage dir, es ist diesem Land verdammt unmöglich, die Aborigines in irgendeiner Weise zu kritisieren, ohne dass du für einen bescheuerten Rassisten gehalten wirst.« Keiner erwidert etwas darauf, denn niemand will einen verbalen Faustkampf mit Spice Girl ausfechten. Sie provoziert uns weiter. »Man hat eine *Königliche* Kommission eingesetzt, die sich mit den Todesfällen inhaftierter Aborigines beschäftigt hat. Und weißt du, was dabei rausgekommen ist?«, fragt sie rhetorisch. »Die verdammte Untersuchung hat gezeigt, dass in den Gefängnissen nicht mehr Aborigines sterben als andere Insassen. Aber das Vorurteil, dass Aborigines häufig Opfer von brutaler Polizeigewalt werden, sitzt so verdammt tief, dass man das Ergebnis der Kommission als rassistisch eingestuft hat. Das ist absoluter Schwachsinn. Der Bericht zeigte sogar, dass Aborigines, die in Haft sitzen, einem geringeren Sterberisiko ausgesetzt sind, als diejenigen, die sich auf freiem Fuß befinden. Es stimmt zwar, dass mehr Aborigines als Weiße in den Zellen der Polizei sterben, aber das liegt daran, dass mehr Aborigines in Haft sind.«

»Und genau darum geht es«, nehme ich den Faden auf. »Warum sind denn mehr Aborigines in Haft?« Sie antwortet nicht. »Die *Aboriginal people* leiden unter den historischen Altlasten, wie Enteignung, Rassismus und Benachteiligung«, formuliere ich in einer Sprache, die ich mir während meines Studiums und meiner Arbeit für die Vereinten Nationen und anderen Hilfsorganisationen in der Dritten Welt angeeignet habe.

»Aborigines landen im Gefängnis, weil sie in voller Absicht das Gesetz brechen. Zum Beispiel, indem sie Steine nehmen und die Fenster einer Polizeiwache einwerfen, damit sie verhaftet werden und der Verantwortung ihrer Familie gegenüber nicht mehr nachkommen müssen«, wirft Spice Girl mir an den Kopf. »So lange, wie sie weder für sich noch für ihre Familien Verantwortung übernehmen, werden sie immer die Benachteiligten sein. Man kann nicht ewig alles auf die Geschichte und den Rassismus schieben. Außerdem, ich glaube nicht, dass die meisten Australier Rassisten sind; das gilt besonders für die jüngere Generation.«

Spice Girl lebt in Melbourne; es kann sein, dass sie die Verhältnisse dort richtig einschätzt, aber bei der Reise durch Queensland und durch das Outback hatte ich nicht den Eindruck, dass eine liberale Haltung die Norm ist.

Ich schweige und mit mir alle übrigen. Niemand sagt ein Wort, bis wir an einem sandigen Flussbett halten. Crock bereitet unser Essen zu, während die anderen unsere Ausrüstung abladen. Gemma und ich machen uns auf die Suche nach Feuerholz. Als wir zum Oka zurückkommen, erwartet uns eine Überraschung. Super!Wow! wollte Kleinholz machen; er ist auf einen Ast gesprungen und glaubt, sich dabei den Fuß gebrochen zu haben. Crock sagt, er solle nicht so ein *wuss* sein.

»Was ist ein *wuss*«, fragt er mich flüsternd.

»Ein Weichei«, klärt Big Face ihn auf, die immer alles mitbekommt, was um sie herum gesprochen wird. Vielleicht hätten wir sie passender Big Ears nennen sollen.

Die schlechte Stimmung verfliegt, als Gemma vor dem Essen einen Tetrapak mit Wein öffnet, der schnell getrunken wird. Ganz in irischer Manier öffnet sie gleich darauf einen zweiten Karton. Ich bekomme rasende Kopfschmerzen von Wein, der viel Schwefel enthält, und so verzichte ich. Super!Wow! macht sein gebrochener Fuß zu schaffen; er nimmt eine ganze Schachtel Schmerztabletten und fällt ins Koma. Auch Sleeping Beauty ruht bereits in ihrem *swag*. Big Face und Dr. Dizzy haben sich für die Nacht mit ihren Fliegennetzen in den Busch verzogen. Crock, Gemma und Spice Girl trinken um die Wette. Ich liege in meinem *swag* am Feuer und döse; mit halbem Ohr höre ich, wie Spice Girl über mich herzieht.

Mein ursprünglicher Plan, den Außenstehenden zu spielen und die Gruppendynamik von der Seitenlinie aus zu verfolgen, ist gründlich fehlgeschlagen. Resigniert ziehe ich meine Schlafstatt in den Busch, bis die anderen außer Sicht- und Hörweite sind.

Das letzten Worte, die ich vernehme, stammen von Gemma und sind vermutlich an Spice Girl gerichtet. »Bist du eigentlich immer so ein Miststück oder nur, wenn du betrunken bist?«

Am nächsten Morgen – genau zu der Zeit, in der Crock weiterfahren wollte –, sammele ich trockene Zweige und lasse es absichtlich ordentlich krachen, als ich sie zu Feuerholz zerkleinere. Das Geräusch von splitterndem Holz reißt meine Reisegefährten schnell aus ihren Träumen. Ich verwende die drei leeren Weinkartons, um das Feuer zu entfachen.

Die friedlichen Geräusche des Outback, das Gurren der Tauben, das Krächzen der Elstern und der Gesang der Beos verstummen, als Crock die Stereoanlage des Oka aufreißt und die *Toyotas Country and Western Music Award Selection* die Idylle zerstört. Als die preisgekrönte Musikauswahl verklungen ist, hören wir Crocks Lieblingslied. Ted Egan singt *Our Coach Captain*, »Unser Buskapitän«.

Die meisten Leute, die eine solche Reise durch die Kimberleys buchen, freuen sich darauf, dass sie der Zivilisation mit ihrem Lärm und Stress entkommen und ein relativ unberührtes und unverdorbenes Fleckchen Erde entdecken dürfen. Es ist eine Gelegenheit, mit der Natur zu kommunizieren und ein bisschen Ruhe und Frieden zu finden. Doch für Crock Dundee ist es nur ein weiterer Arbeitstag. Uns bleibt nichts anderes übrig, als in seinem Wagen, auf seiner Tour, so viel Musik zu hören, wie er will.

Wir verlassen unseren Lagerplatz mit drei Stunden Verspätung. Ich sitze ganz hinten neben Gemma im Oka. Super!Wow! ist sich inzwischen sicher, dass sein Fuß gebrochen ist.

»Manchmal fragt man sich, wer hier mehr Rechte hat; derjenige, der für diese Reise bezahlt hat oder der dafür bezahlt wird«, sagt

Gemma. Mit ein paar Schmerztabletten bekämpft sie ihren Kater. Für den Rest des Tages sind wir Crocks Musik ausgeliefert, die uns mit voller Lautstärke in den Ohren dröhnt.

Am Abend bereitet er Scharfgebratenes in einem Wok zu. Nach dem Essen fülle ich den Wok mit Wasser, das ich für den Abwasch erhitzen will. Als ich versuche, die Pfanne über das Feuer zu stellen, schütte ich versehentlich Wasser in die Glut und lasse den Wok fallen, wobei sich die restliche Flüssigkeit über die glutroten Äste ergießt. Der heiße Dampf trifft auf meine Hände und mein Gesicht und verschwindet in einer Wolke aus weißer Asche. Ich quieke wie ein Schwein am Spieß.

»Was ist los?«, fragt Gemma sofort.

»Ich habe mir die Hände verbrannt.«

So wie bei Super!Wow! entdeckt Crock auch an meiner Notlage komische Seiten. »Dein ganzes Gesicht und dein Bart sind voller Asche, *mate*«, lacht er. »Du siehst aus wie ein alter Mann.«

Ich beiße mir auf die Zunge, tauche meine Hände in einen Eimer mit kaltem Wasser und warte darauf, dass der Schmerz nachlässt. Super!Wow! humpelt zu mir herüber. »Lass deine Hände da drin, bis ich eine Salbe gefunden habe«, rät er mitfühlend. Es schmerzt höllisch; zudem finde ich es beunruhigend, in dieser Situation mitten im Niemandsland zu sein, weit weg von jeder medizinischen Versorgung. Ich habe schwere Verbrennungen an den Fingern erlitten. Sie werden bereits steif, da sich die verbrühte Haut zu straffen beginnt. Der fürsorgliche Super!Wow! kommt wieder angehinkt. Er hat einen gut sortierten Erste-Hilfe-Kasten dabei, bestreicht die verbrannten Stellen mit einer Salbe und verbindet jeden Finger einzeln. In seinem Teddypyjama humpelt er um mich herum, sorgt wie eine Mutter für mich und rollt meinen *swag* aus. Bevor er sich selbst hinlegt, stellt er zwei Schalen mit kaltem Wasser links und rechts von meinem Nachtlager auf.

»Lass deine Hände so lange wie möglich da drin und achte drauf, dass die Verbände die ganze Nacht feucht bleiben. So kannst du verhindern, dass die Verbrennungen schlimmer werden.«

»Danke.« Mit den Händen in den Wasserschalen liege ich hilflos in meinem *swag*. Ich werde nie wieder über seinen Teddypyjama lästern oder über seine Hightechausrüstung.

Versprochen.

Am Morgen hinkt Super!Wow! zu mir herüber, um zu sehen, wie es mir geht. Er nimmt die Verbände ab, damit die aufgeweichte Haut an der Luft trocknen kann. Meine Finger sind mit Wasserblasen übersät. Es gelingt mir nicht, sie abzuknicken.

Die Sandpiste ist beschaffen wie ein endloses Waschbrett. Crock scheint mit dem Oka über die Bodenwellen fliegen zu wollen, so schnellt fährt er. Das Heck des Fahrzeugs schlingert beunruhigend, die Räder wirbeln Staubfontänen auf. Unsere Fahrgastkabine gleicht einer Müllkippe, und das ganze Durcheinander ist mit diversen Sedimentschichten roten Talkumpuders bedeckt. Die Einzigen, die noch lächeln, sind Spice Girl und Crock. Man kann deutlich sehen, dass sie gegrinst haben, denn der Teil ihrer Zähne, der dabei bloßgelegt wurde, ist ockerfarben. Als wir das Ende der Gibb River Road erreichen und endlich auf einer relativ ebenen Asphaltstraße sind, hält Crock an, um das Fahrgestell zu inspizieren. »Mist«, hören wir ihn unter dem Oka sagen. »Kann jemand von euch schweißen?«

»Was ist los?«, fragt Dr. Dizzy gereizt.

»Die Blattfeder vorn rechts ist gebrochen.« So, wie wir über die holperige Strecke hinweggerast sind, ist das kein Wunder, lieber Crock. »Und ein Kreuzgelenk an der Lenkspindel ebenso.« Crock hat uns erzählt, dass er früher Möbel transportiert hat. Wahrscheinlich hat er mit seiner wilden Fahrweise solche Mobiliarmassen in Kleinholz verwandelt, dass man ihn in den Busch verbannt hat, wo er sich nun darin übt, Touristen platt zu machen.

Mit der gebrochenen Blattfeder können wir leben. Ein gebrochenes Kreuzgelenk an der Lenkspindel kann allerdings jederzeit zur Folge haben, dass die Steuerung versagt.

»Okay, Leute, ihr müsst eure Sicherheitsgurte anlegen.« Crock klingt, als wäre er der Pilot eines manövrierunfähigen Flugzeuges, das zur Notlandung ansetzt.

»Wie lange müssen wir angeschnallt bleiben?«, fragt Sleeping Beauty.

»Kommt darauf an, wie er sich macht, *mate*.« Er stellt lässig einen Fuß auf die Stoßstange des Oka und wirft sich in Pose. »Wir versuchen, es bis Diggers Rest zu schaffen. Das ist eine Rinderfarm.« Sein Blick verliert sich in der Ferne, und wir starren alle in seine blauen Augen und warten darauf, dass er über unsere Zukunft entscheidet. »Da sind Mechaniker. Mal sehen, vielleicht können wir alles wieder zusammenschweißen. Wir müssen das reparieren, sonst kommen wir nicht mehr weit.«

Ich überlege, ob ich zu Fuß weitergehen soll, sage Crock aber nichts davon, weil er mich wahrscheinlich sofort beim Wort nehmen würde. In den Kimberleys langsam zu verdursten ist ein unangenehmeres Schicksal, als in einem steuerlosen Oka in den Tod zu rasen. Also halte ich den Mund. Dr. Dizzy fügt der Liste von Zwischenfällen, die sie regelmäßig in ein Notizbuch überträgt, im Geiste schon einmal eine weitere Panne hinzu. Sie fürchtet, dass wir mit so viel Verspätung in Darwin eintreffen, dass Big Face und sie ihr Flugzeug verpassen. Unter ihren Anti-Fliegen-Buschhüten reden sie sich wie besessen in Wahnvorstellungen hinein.

Der Oka holpert brav seines Wegs, und wider Erwarten hält das Kreuzgelenk bis Diggers Rest. Als Crock vor dem Farmgebäude hält und wir den Wagen fluchtartig verlassen, befinden wir uns in einem traurigen Zustand. Die beiden Amerikanerinnen stehen am Rande eines Nervenzusammenbruchs. Der Kanadier hat einen gebrochenen Fuß. Ich habe acht Gliedmaßen, die an zu lange gekochte Würstchen erinnern, deren Haut gleich zu platzen droht. Spice Girl leidet unter Verstopfung, und Gemma hat so einen Kater, dass sie wie ein Zombie aussieht. Und unsere Sleeping Beauty scheint die Schlafkrankheit zu haben, obwohl es die hier nicht gibt. Wir wecken sie, um ihr zu sagen, dass wir unser Ziel erreicht haben. Zwei Emus mit hungrigen Augen und scharfen Schnäbeln stolzieren um uns herum und klimpern mit den Wimpern.

Doch verglichen mit der Mannschaft dieser Rinderfarm am Ende der Welt sind wir in einem guten Zustand. Sie verhält sich, als stehe sie unter Narkose, und in gewisser Weise entspricht es auch der Wahrheit. Die Arbeiter, inklusive ihres Chefs, leiden so unter den Nachwirkungen eines Zechgelages, dass sie sich kaum bewegen können. Gemma sieht zwar aus wie eine lebende Leiche, wirkt aber gegen diese Leute wie eine hyperaktive Turnerin. Der Einzige, der auf seinen Füßen stehen kann, ist Brownie, ein Mischling mit strahlend grünen Augen. Leere Schnaps-, Bier- und Weinflaschen liegen überall verstreut.

»Erwartet nicht, dass hier draußen alles im Großstadttempo abläuft«, untertreibt Crock, als wir unser Gepäck ausladen.

Big Face bestraft die betäubten *jackeroos* und *jillaroos*, die Cowboys und Cowgirls, indem sie der hilflosen Zuhörerschaft ihre widrigen Lebensumstände in detaillierter Form schildert. Wir haben das schon in allen Einzelheiten über uns ergehen lassen müssen.

Das Farmhaus ist ein einfaches, quadratisches Backsteingebäude; es ist von einer Veranda umgeben, die von allen als Wohnfläche genutzt wird. Eine Anzahl halb komatöser Viehtreiber und Frauen hängt auf Sofas und Sesseln aller Größen, Formen und Farben herum, aus deren durchgesessenen Bezugsstoffen Sprungfedern herausschauen. Trotz eines Verbands um den Kopf ist Brownie der aktivste von allen. Ein paar junge Frauen unterhalten sich, ohne dass ich eine Spur von Aussie-Akzent wahrnehme. »Die Holländerin da drüben hat auch eine Abenteuertour gemacht und ist hier hängen geblieben«, flüstert Crock uns zu. »Die kriegt man so leicht wie eine Einbeinige in der Wüste.« Einbeinig oder nicht, sie steht langsam auf, holt zwei Dosen Bier aus dem Kühlschrank und reicht eine der Frau neben sich. »Und der Stammbaum des Abobastards da ist nicht größer als ein kleiner Busch«, lautet Crocks Kommentar zu Brownie.

Eine der handlungsfähigeren *jillaroos* füttert ein Kalb. Das Tier nuckelt an einer Flasche mit Milch, die sie ihm verabreicht, und sie selbst an einer Flasche Bier. »Das ist aber ein schöner Hund, den Sie da haben. Was ist das für eine Sorte?«, frage ich mit südtexanischem Akzent.

Sie sieht mich ungläubig an. Ich bin in ihren Augen ein Großstadttrottel, aber dass ich einen Jungstier für einen Hund halte, ist unfassbar. »Sie rückt ihren Buschhut zurecht und sagt in einem authentischeren Akzent: »Das ist ein Kalb, *mate.*«

»Ein Kalb?« Ich gehe auf die Knie und mustere das Tier von oben bis unten. »Nie davon gehört. Was für eine Hunderasse ist das?«, frage ich, und tätschele den Kopf des Rindernachwuchses. »Sieht 'n bisschen aus wie ein Bernhardiner.«

Die Viehtreiber sind ein lakonischer Menschenschlag. Auf eine lange Frage folgt eine einsilbige Antwort. Selbst Big Face hat Schwierigkeiten, ein Gespräch in Gang zu bringen. Nachdem sie ein paar Minuten auf die Leute eingeredet hat, sehen all diejenigen, die nicht die Kraft haben, aufzustehen und davonzuwanken, total benommen aus.

Wir rollen unsere *swags* vor dem Haus aus. Der Vorhof ist von einer Mauer eingefasst und für die Emus unzugänglich; hier müssen wir nicht fürchten, dass sie unsere Augen für essbare Maden oder Raupen halten. Gemma legt ihren *swag* neben meinen. Crock schläft heute Nacht zum ersten Mal nicht auf dem Wagendach. Als er sein mobiles Schlafgemach entrollt, sehen wir, dass er einen luxuriösen, mit babyblauen Laken ausgekleideten Doppelbett-*swag* besitzt.

Die Fliegen sind grauenvoll. Kein Wunder, dass die Aboriginals sich mit einer Salbe eingerieben haben, die einen so üblen Gestank verbreitete, dass selbst die Fliegen die Flucht ergriffen. Gemma liegt auf dem Bauch und stützt sich auf ihre Ellbogen. »Äh, Andrew, ist das eine Schlange?« Keine *swag*-Länge von uns entfernt, aalt sich ein langes Reptil in der Morgensonne.

»Ja«, antworte ich.

Im Nullkommanichts ist Gemma verschwunden; als sie zurückkommt, hat sie einen sich sträubenden Viehtreiber im Schlepptau.

»Was ist das?« Gemma deutet auf das fragliche Geschöpf.

»Das ist eine schwarze Peitschenotter«, antwortet der Outbackcowboy.

»Aber die ist ja mindestens ein paar Meter lang!«

»Richtig. Und schnell ist sie auch.«

»Ist sie giftig?«, setzt Gemma ihr Kreuzverhör fort

»Nur, wenn sie dich beißt.«

Spice Girl hat das WC besetzt, vor dem einige von uns warten. Ein Stapel billiger Pornohefte liegt auf dem Boden. Die fleckigen Fotos von Körperteilen, die aus allen möglichen Blickwinkeln aufgenommen wurden, bannen kurzfristig meine Aufmerksamkeit. Die meisten dieser lebensnahen Abbildungen weiblicher Geschlechtsteile würden eher in ein Handbuch für Gynäkologen passen.

Die Mannschaft der Rinderfarm ist heute etwas besser in Form, aber nicht viel. Immerhin schafft es einer der Arbeiter, die Blattfeder und das Kreuzgelenk zu schweißen. Super!Wow! stützt sich auf Krücken, die er sich ausgeliehen hat, Spice Girl auf ihre Plateausohlen, und ich kann nur meine Schulter einsetzen – trotzdem schaffen wir es, den Oka anzuschieben. In dem Moment, in dem der Motor anspringt, verliert Spice Girl eine Plateausohle. Sie zetert so, dass man meinen könnte, sie habe sich die Finger bis auf die Knochen verbrannt oder sich einen Fuß gebrochen.

Manchmal gewinnt man, manchmal verliert man. Diese Gruppe hat Crock definitiv verloren, und daher hat er diese Reise schon so gut wie abgehakt. Er dreht den Lautstärkeknopf bis zum Anschlag, als Spice Girl ihre Led-Zeppelin-Kassette in den Recorder schiebt; und Van Morrison schmettert G-L-O-R-I-A, während wir in unserem kleinen Lärmkokon durch die Bungle Bungles brettern. Gemma dreht ihren Walkman voll auf und flüchtet sich in Klänge von Andrew Lloyd Weber. Ich greife zu meinen Ohrstöpseln aus Wachs.

Sleeping Beauty brüllt in mein linkes Ohr. »Bis du auf den Ayers Rock gestiegen?«

Ich entferne einen Ohrstöpsel. »Nein«, brülle ich zurück. »Und du?«

»Ich auch nicht. Schien mir nicht richtig zu sein.«

Sie hat den Satz kaum beendet, da fällt sie wieder in Tiefschlaf. Aber es war immerhin ein Versuch, Konversation zu machen.

Mitten in den Bungle Bungles verlassen wir unsere mobile Diskothek, um eine weitere Serie Schluchten zu besichtigen. Spice Girl hat kein zweites Paar Schuhe dabei, und da ihr eine Plateausohle fehlt, ist eines ihrer Beine nun ein paar Zentimeter kürzer als das andere. Irgendwelche Flüche auf den Lippen, hinkt sie an der Seite von Super!Wow!, der sich auf seinen geborgten Krücken schwungvoll vorwärts bewegt, durch das Gelände. Ich setze mich an die Spitze des Zugs und schlüpfe in die Rolle eines einsamen Forschers, der die Gegend vor einem Jahrhundert entdeckt. Ohne meine Fantasie allzu sehr anstrengen zu müssen, »entdecke« ich die Cathedral Gorge, eine enge Schlucht, deren rote Felswände so hoch sind wie eine Kathedrale. Am Ende der Klamm stoße ich auf eine Höhle. Ich wage mich in den Bereich, der noch vom Tageslicht erhellt wird. Der Tunnel, der in den Fels führt, ist auch so hoch wie ein Gotteshaus. Um mir einen Nervenkitzel zu verschaffen, gehe ich so weit hinein, bis ich nichts mehr sehen kann. Ich bleibe stehen und warte, bis sich meine Augen an die Dunkelheit gewöhnt haben. Nach ein paar Minuten stoße ich weiter vorwärts; mit ausgestreckten Händen, die eventuelle Hindernisse ertasten sollen, bevor ich mir den Kopf daran aufschlage, setze ich vorsichtig einen Fuß vor den anderen. Ich habe das Gefühl, dass der Tunnel sich zusammenzieht, als wolle er mich schlucken. Der Weg beschreibt eine Kurve; an die Felswand gepresst, taste ich mich voran, bis eine Hand an die gegenüberliegende Wand stößt. Es ist stockfinster. Ich spüre, dass die Tunnelwände nicht ganz zusammenlaufen, und zwänge mich in den engen Spalt. Als ich nicht mehr weiter kann, leere ich meine Lungen vollständig und presse mich noch ein Stück tiefer hinein. Nach ungefähr einem Meter sitze ich fest. Es wird nicht leicht werden, mich aus dieser Klemme zu befreien. Reglos stehe ich da und höre, wie Wasser in eine Pfütze tropft. Ich habe mich so weit in den Spalt gequetscht, dass ich kaum noch atmen kann. Angesichts der Grenzerfahrung, die mir nun zuteil wird, weil ich Lust auf einen Nervenkitzel hatte, überkommt mich ein makabres Gefühl der Zufriedenheit.

»Agghhh!« Ein schleimiges Etwas von der Größe eines Baseballs landet auf meiner Nase. Ich schüttle den Kopf und ramme mein Gesicht in den Felsen. »Autsch!« Das Etwas, was immer es ist, fällt auf meine Schulter. »Ughhh!« Ich bin eingeklemmt, es ist unmöglich zu entkommen. Das Ding auf meiner Schulter bewegt sich. Das kann keine Ratte sein, Ratten sind nicht schleimig. Fledermäuse auch nicht. Es hat sich glitschig angefühlt, wie ein Reptil; vielleicht ist es eine Schlange oder eine Kröte. Ich schüttele nochmals den Kopf, und jetzt hüpft es von mir herunter und lässt mich in Ruhe. Bevor das Etwas es sich anders überlegt, befreie ich mich aus dem festen Griff der Höhlenwände und trete blinden Auges den Rückzug an. Als der Tunnel wieder breiter wird, höre ich Stimmen; kurz darauf sehe ich die Lichtkegel von Taschenlampen.

Als ich bei ihnen angelangt bin, habe ich mich wieder im Griff. »Ich wusste, dass du dich hier drinnen versteckst«, behauptet Crock. Er führt uns zu der Felsspalte, aus der ich mich gerade befreit habe. Ich wäre nicht weiter gekommen. Der Strahl von Crocks Lampe wandert über riesengroße grüne Frösche, die an den Wänden hängen. Diese Kreaturen sind nicht nur absolut harmlos, sondern auch wunderschön – aus einiger Entfernung und bei Licht betrachtet.

Als wir zurück zum Oka gehen, fällt mir auf, dass Crock ein langes Crocodile-Dundee-Messer an seinem Gürtel hängen hat. Vielleicht gehört es am Ende jeder Tour zu seiner Standardausrüstung, aber ich glaube, er hat den Säbel für den Fall bei sich, dass die Eingeborenen, also wir, noch rebellischer werden.

Dr. Dizzy und Big Face entscheiden sich dafür, die Reise zu verkürzen und das Postflugzeug zu nehmen, das aus den Bungle Bungles direkt nach Darwin fliegt. Hinter Crocks Rücken munkeln sie, dass der Oka ihrer Einschätzung nach nie in Darwin ankommen wird, geschweige denn so rechtzeitig, dass sie ihren Rückflug erreichen. Crock trägt ihre Entscheidung mit Fassung.

Wir sind dabei, als die beiden Amerikanerinnen, die Fliegenschleierhüte immer noch auf den Häuptern, ihr Gepäck in den Gepäckraum der Maschine stopfen. Die einmotorige Cessna steht auf einem kleinen Rollfeld, das man dem Busch abgetrotzt hat. Als sich der Vogel von der staubigen Piste in die Luft schwingt, winken wir. Ohne das pausenlose Gerede von Big Face ist unsere Gruppe auffallend stiller.

»Wahrscheinlich stürzen sie in eine Schlucht, versinken in einer Erdspalte und ertrinken in einem Fluss«, bricht Gemma das Schweigen.

»Wir haben Big Face 24 Stunden pro Tag gehört. Wenn sie geschlafen hat, mussten wir ihr Geschnarche ertragen«, sinniert Spice Girl. »Es ist wunderbar, dass wir jetzt Ruhe und Frieden haben.«

Zu Anfang der Reise wollten wir alle gern vorn neben Crock sitzen. Jetzt reißt sich niemand mehr darum. Selbst Spice Girl nicht. Crock hockt allein in der Fahrerkabine, während wir in unserem Schweinestall auf den Sitzen lümmeln, deren Rückenlehnen wir so weit wie möglich abgesenkt haben. In Broome waren wir noch aufgeregt, hatten uns darauf gefreut, in das wildeste, am dünnsten besiedelte Gebiet der Erde zu reisen, doch die große, weite Welt ist inzwischen auf den rechteckigen Innenraum des Oka zusammengeschrumpft. So wird es wahrscheinlich allen Gruppenreisenden ergehen. Ich könnte jetzt auch in Afrika oder Arizona sein, es würde keinen Unterschied machen. Eigentlich habe ich mich auf die Fahrt in diese entlegene Ecke eingelassen, um Australien aus nächster Nähe zu erleben, aber ich bewege mich nur mit anderen Touristen in einem Kokon, aus dem es kein Ausbrechen gibt. Es sei denn, man flüchtet mit dem Postflugzeug.

Auf der staubigen und gewundenen Piste durch die Bungle Bungles begegnen wir berittenen Viehtreibern, die einige hundert muhende Rinder durch ein Gelände mit großen Felsbrocken treiben. Das Vieh zertrampelt den Boden und hüllt uns in eine Staubwolke, die sich als eine weitere Schicht rotbrauner Partikel auf uns niederlässt. Die Pferde tänzeln hinter und seitlich der Herde. Die knallenden Peitschen und die Rufe der Treiber runden das australische Klischeebild ab. Gar nicht weit von hier verläuft die sagenumwobene, 1.600 Kilometer lange Canning Stock Route durch die Große Sandwüste, eine der trockensten Regionen Australiens.

Turkey Creek ist ein isolierter Außenposten, eine 250 Einwohner starke Community, die eine Tankstelle, eine Landebahn, ein paar Unternehmen, die Hubschrauberrundflüge anbieten, eine Schule und eine Telefonzelle vorweisen kann. Sonst gibt es nichts in einem Umkreis von mehreren hundert Kilometer. Ein mit Vieh beladener Road Train donnert vorbei und lässt Turkey Creek und uns erneut in einer roten Staubwolke versinken. Mein Vater hat heute Geburtstag. Als ich darauf warte, ihm per Telefon zu gratulieren, höre ich unfreiwillig, was Crock in den Hörer ruft. »Aber Babe, ich konnte mich nicht früher melden, das Satellitentelefon ist kaputt ... Ja, keine Sorge, ich bin morgen da, wenn du Feierabend hast.«

Im Oka hat sich so viel Staub angesammelt, dass ein kleines Wölkchen von blutfarbenem Talkumpuder entsteht, wenn man in der Fahrgastkabine irgendetwas berührt. Wenn wir anhalten, lässt Crock den Motor laufen, weil der Anlasser jetzt fast ganz hinüber ist. Aber es gibt auch eine gute Nachricht: Der Kassettenrecorder gibt keinen Ton mehr von sich, er leiert nicht einmal mehr.

In Kununurra eilt Crock in einen Spirituosenladen, um einige *slabs* Bier zu kaufen. Er hat verkündet, dass die Getränke »auf Rechnung des Hauses« gehen. Doch wir nehmen an, dass *er* einen ausgibt, weil er so viel Geld gespart hat; er hat uns oft am Straßenrand übernachten lassen, statt, wie ursprünglich vorgesehen, Campingplätze anzufahren. Super!Wow! rückt seine goldgeränderte Brille auf seiner winzigen Nase zurecht. Er lugt durch das Fenster und verliest den Text auf einem Schild, das vor dem Pub angebracht ist. »Die Kunden werden gebeten, auf saubere Kleidung und ein gepflegtes Äußeres zu achten, wenn sie den Pub betreten.«

Spice Girl trägt Hotpants und weiße Socken, die sie zum Schutz gegen Schlangen bis über die Knie hochgezogen hat, als sie mit gekrümmter Haltung zum WC hinkt.

Ich sage leise zu Gemma: »Mal sehen, wie lange es dauert, bis man sie rausschmeißt.«

Heute plagt Spice Girl nicht nur ihre chronische Verstopfung. Sie ist sauer, weil ihr am Morgen beim Beladen des Oka ein weiterer Fingernagel abgebrochen ist. Dieses Missgeschick und der Verlust einer Plateausohle bereiten ihr unsäglichen Kummer.

Super!Wow! hat seine Teddypyjamahosen an, weil sie, im Gegensatz zu seinen anderen Hosen, weit genug sind für seinen geschwollenen Knöchel. Er humpelt zur Toilette. Ich folge ihm, nachdem Gemma mir den Reißverschluss an meiner Hose geöffnet hat. Ich kann meine Finger nicht krümmen und bin daher auf Hilfe angewiesen.

Als wir vor den Pinkelbecken stehen, schlage ich Super!Wow! vor, im Krankenhaus von Kununurra seinen Knöchel behandeln zu lassen. Aber da kommt Crock herein; er hat meine Worte gehört, sagt zu Super!Wow!, dass wir keine Zeit haben, und treibt uns alle in den Oka zurück.

Ich sitze allein auf der Rückbank und beschäftige mich abwechselnd damit, die Blasen an meinen Fingern aufzustechen und die Boabbäume zu betrachten. Sie sehen aus wie Bäume, die man entwurzelt und kopfüber wieder in die Erde gerammt hat. Mit ein bisschen Fantasie kann man Menschen in ihnen sehen; die flaschenförmigen Stämme stellen Körper dar, die Äste ihre Arme und die oberen dünnen Zweige zerzaustes Haar. Oft sind zwei große Bäume von ein paar kleinen umgeben; die Gruppen sehen aus wie Elternpaare mit Kindern. Manchmal ist es ohne weiteres möglich, ihre Körpersprache zu interpretieren: zwei Erwachsene, die sich streiten; spielende Kinder; ein ganzer Kindergarten; ein Lehrer, der seine Schüler unterrichtet; zwei Liebende, die sich umarmen.

Als wir die Grenze zwischen Westaustralien und dem Nördlichen Territorium passieren, sagt Crock, wir sollen unsere Armbanduhren anderthalb Stunden vor- und unsere inneren Uhren ein halbes Jahrhundert zurückstellen. Offensichtlich ist das ein Standardwitz von Buskapitänen und Reiseleitern, die ins Nördliche Territorium fahren. Es ist fast Mitternacht, als wir bei einer kleinen Lichtung am Straßenrand halten.

»Hier übernachten wir.« Crock wappnet sich, um jedes Aufbegehren der widerspenstigen Truppe im Keim zu ersticken.

»Warum fahren wir nicht auf den Campingplatz beim Lake Argyll? Hier sieht es aus wie auf einer Mülldeponie«, muckt Gemma auf. »Wo sind wir eigentlich?«

»Der Victoria River ist gleich da drüben«, antwortet Crock, als würde das alles erklären.

»Wie weit ist es zum Fluss?« Spice Girl will es genau wissen.

»Ungefähr einen Kilometer.« Crock wirft unsere Ausrüstung vom Dach.

»Leben *salties* im Victoria River?«, fragt Gemma. Inzwischen Aussie-erfahren, weiß sie, dass es harmlose *freshies* und Menschen fressende Salzwasserkrokodile gibt.

»Na sicher«, antwortet Crock und schleudert uns die *swags* mit so einer Wucht entgegen, dass es uns fast umhaut.

»Ich schlafe heute Nacht nicht auf dem Boden«, verkündet Spice Girl, »sondern auf dem Wagendach.« Sie wirft Crock ihren *swag* zu. Ihre Methode ist nicht besonders subtil, aber sie funktioniert. Crock wehrt sich nicht; immerhin ist es inzwischen zehn Tage her ...

»Äh, wie lange, schätzt du, braucht eines von den Viechern bis hierher zu uns?«, fragt Gemma nervös.

»Was? Ein *saltie*?« Crock hat einen leicht spöttischen Unterton, aber vor Gericht ließe sich das nie beweisen.

»Ja.«

»Sie sind bis zu 18 Stundenkilometer schnell.« Er entfaltet seinen *swag* neben dem von Spice Girl. Da oben können ihm die Salzwasserkrokodile nichts anhaben.

»Und wie lange brauchen sie dann für einen Kilometer?«, hakt Gemma mit kläglicher Stimme nach.

»Keine Ahnung. Ich bin nicht gut in Mathe.«

»Sind das nicht ungefähr 20 Minuten?«, sagt Spice Girl. Sie muss sich keine Sorgen machen, denn auch sie befindet sich außerhalb der Reichweite der *salties*. Allerdings ist sie auf dem Dach einem Krokodil namens Crock ausgeliefert.

Einen *slab* Bier und ein Spaghettiessen später liegen wir alle in unsern Betten und sind fast eingeschlafen, als Gemma plötzlich sagt: »O Gott! Nur 3,3 Minuten!«

»Was faselst du da?«, wundere ich mich.

»Die *salties* – sie brauchen nur 3,3 Minuten vom Fluss hierher.« Gemma sitzt kerzengerade auf ihrem *swag*.

Was immer Crock und Spice Girl sich von der gemeinsamen Nacht auf dem Dach erhofft haben, die 24 von uns zu fünft verkonsumierten Dosen Bier zeigen Wirkung. Spice Girl schläft tief und fest und schnarcht so zufrieden wie einst Big Face.

Um vier Uhr, nur ein paar Stunden später, weckt Crock uns. »Wir wollen doch nicht zu spät in Darwin ankommen«, heuchelt er und treibt uns an, als wir unsere Siebensachen zusammenpacken. Er will seine Freundin von der Arbeit abholen.

Bei Sonnenaufgang fahren wir durch Buschfeuer; an manchen Stellen sind die Brände so heftig, dass wir uns im Schneckentempo den Weg durch den dichten Rauch ertasten müssen. Wir kommen uns vor wie Zirkusartisten. Ich kann die Hitze der Flammen im Wageninneren spüren. Es würde mich nicht überraschen, wenn der Oka nach dieser Fahrt so mit Brandblasen übersät wäre wie meine

Finger. Gleitaare schwirren zu hunderten im Jagdfieber durch die Luft; wie Möwen, die im Sturzflug Jagd auf Fische machen, tauchen sie durch Schwärme flüchtender Insekten. Der Vergleich ist nicht gar nicht so weit hergeholt. Vor einem halben Jahr war der Wasserpegel des Katherine River 20 Meter über normal; damals hat der Fluss das ganze Gebiet überflutet, obwohl man sich dies jetzt kaum noch vorstellen kann.

Wir fahren bis zum Adelaide River, wo wir Halt machen, um »Charlie den Büffel« zu sehen, den Star aus Crocodile Dundee, aber niemand von uns hat Lust, von dem billigen Komparsen eines Hollywoodfilms angeglotzt zu werden. Wir sitzen todmüde herum, während Crock seine »Babe« anruft. Als er nach fünf Minuten wieder erscheint, ist sein Gesicht so lang wie Charlies Hörner.

»Ihr müsst heute Abend ohne mich essen gehen, Leute. Meine verdammte Ex-*sheila* hat unsere Tochter in meiner Wohnung geparkt, und mein Mitbewohner passt auf sie auf. Die Kleine ist fünf und seit zwei Tagen bei uns, weil meine Ex mit ihrem neuen Freund nach Bali geflogen ist.« Wir wussten nicht, dass er eine Tochter hat. Den romantischen Abend mit seiner derzeitigen Lebensabschnittsgefährtin kann er wohl vergessen.

Auf einmal hat Crock es gar nicht mehr so eilig, nach Hause zu kommen. Wir haben Kurs auf Darwin genommen. Der Busch wird dichter und die Flora immer tropischer, bis wir schließlich in eine landwirtschaftlich genutzte Gegend gelangen; links und rechts der Straße liegen gigantische Mangohaine und mit Heuballen übersäte Felder. Wir erreichen die Stadt zur Hauptverkehrszeit.

Super!Wow! besteht darauf, dass wir ihn am Krankenhaus absetzen; wir anderen werden zu einer Jugendherberge gefahren. Die Frau am Empfang zückt eine Dose mit Raumspray, als wir uns über den Tresen lehnen. Sleeping Beauty, Gemma und ich teilen uns ein

Zimmer. Mit einer Schräglage von 45° hinkt Spice Girl über die Straße zu einer anderen Unterkunft. Sie hat genug von uns. Ihr schwerer Koffer prallt ihr wieder gegen die Knie und verstärkt ihre Schieflage dramatisch.

Wir haben uns alle in einem Pub verabredet. Als Super!Wow! zu uns stößt, steckt sein Bein in einem Gipsverband. Der Fuß ist tatsächlich gebrochen. Er muss jetzt weiter mit seiner Teddypyjamahose herumlaufen, weil der Gips so dick ist, dass er sie nicht ausziehen kann. Es wird ihm nichts anderes übrig bleiben, als in diesem Aufzug nach Kanada zurückzufliegen. Super!Wow! ruft seine Eltern in Toronto an und erzählt ihnen, dass er sich die Fraktur während einer Abenteuerreise durch eine der abgelegensten Regionen Australiens zugezogen hat. Er verschweigt, dass ihm dieses Malheur passierte, als er auf einem Ast herumhüpfte, um Kleinholz für das Lagerfeuer zu machen. Spice Girl hat niemand, den sie anrufen kann; dieser Mangel wird kompensiert, als Super!Wow!, der keine Unterkunft mehr gefunden hat, das Angebot annimmt, in ihrem Zimmer zu übernachten.

Im Preis für unsere Tour sind ein Essen und ein Bier in Begleitung unseres Reiseleiters inbegriffen. Aber Crock ist verhindert, weil er seine Tochter hüten muss. Er hatte ohnehin genug von uns. Ohne ihn ist die Atmosphäre in der Gruppe lockerer, und so beschließen wir, noch ein bisschen auszugehen. Wir sehen aus, als wären wir zu einer Party eingeladen, auf der man mit ockerfarbener Kleidung erscheinen soll, denn wir tragen immer noch unsere ungewaschenen, mit diversen Schichten Kimberleystaub bedeckten Klamotten.

Sleeping Beauty und Gemma versuchen, mich mit Bier betrunken zu machen. Ich werde nicht betrunken, aber sehr müde. Sleeping Beauty hingegen ist das erste Mal hellwach. Super!Wow! und Spice Girl beschließen, eine Abenteuerreise nach Kakadu zu buchen. Drei weitere Tage zusammen! Man kann es kaum glauben: Die beiden sind so gegensätzlich, aber es liegt eine Romanze in der Luft. Mir war vollkommen entgangen, dass sich da etwas anbahnt.

Ich glaube, dass man von der Art, wie Leute sich beim Tanzen bewegen, darauf schließen kann, wie sie Liebe machen. Die erwachte Sleeping Beauty tanzen zu sehen ist eine Wohltat für wunde Augen. Sie fühlt sich wohl in ihrem Körper und bewegt sich rhythmisch, sinnlich und ungehemmt; sie ist kreativ und hat Spaß, auch wenn sie die Augen geschlossen hält. Spice Girl posiert; sie achtet mehr auf ihre Wirkung und ihr Aussehen, als dass sie das Tanzen genießt. Sie bewegt sich im Rhythmus der Musik, ist aber nicht bei der Sache. Unterschwellig beschäftigt sie die Frage, ob jemand bemerkt haben könnte, dass ihr eine Plateausohle fehlt. Spice Girl alias Linda legt einen eigenartigen Tanzstil an den Tag, als sie da über die Tanzfläche taumelt; bei jedem zweiten Schritt duckt sie sich, als ob jemand etwas nach ihr werfen würde. Super!Wow! stakst in seiner Pyjamahose beflissen und tapfer über den Tanzboden; sein Gehgips ist eine gute Entschuldigung für seine Steifheit. Gemma ist eine muntere kleine Hummel, die begeistert umherschwirrt. Ich versuche, meine Hüften im Takt der Musik zu schwingen, aber mir fehlt jegliches Gefühl für Rhythmus. Je nachdem, ob ein flottes oder langsames Stück gespielt wird, sehe ich aus wie ein Frosch in einem Mixer oder wie eine Marionette mit verhedderten Fäden.

Gemmas Wecker klingelt früh am Morgen. Sie steht auf, zieht sich schnell an, setzt sich zu mir auf die Bettkante und umarmt mich. Der Schirm ihrer Baseballkappe zeigt nach hinten.

»Es war schön, mit dir unterwegs zu sein, Andrew. Du wirst mir fehlen.« Sie hat das Licht nicht angeknipst, und draußen ist es noch dunkel.

Ich setze mich in meinem Schlafsack auf. »Ich fand es auch schön, mit dir zu reisen, Gemma.«

»Komisch. Ich fühle mich, als würde ich jemanden verlassen, mit dem ich richtig zusammen bin.«

»Wir sind Freunde; das ist besser, als richtig zusammen zu sein.« Ich lehne mich an die Wand. »Keine Besitzansprüche, keine Erwartungen.«

»Ich bin so traurig. Es hat Spaß gemacht, gemeinsam mit dir die Westküste zu erleben.«

»Ja, und die Kimberleys. Danke, dass du mich verteidigt hast, als Spice Girl über mich hergefallen ist.«

»Schon okay.« Ich kann ihr Gesicht nicht sehen und frage mich, ob sie weint.

»Warum bin ich so traurig?«

»Na ja, wenn man unterwegs ist, dann erzählt man sich 'ne Menge und erlebt viel zusammen. Dabei kommt man sich ziemlich nahe.«

»Ich habe dir mehr von mir erzählt als meinem Freund.«

»Ja. Ich weiß zum Beispiel, was das Schlimmste ist, das du in deinem Leben getan hast: Du hast Süßigkeiten in dem Laden an der Ecke geklaut.«

»Ich habe dir viel wichtigere Dinge erzählt.«

»Ich weiß. Sollte 'n Scherz sein.«

Erstes Tageslicht schleicht sich durch die Vorhänge. Sie fährt sich mit einem Taschentuch über die Augen. »Ich habe dir meine Adresse aufgeschrieben. Für den Fall, dass du mal nach Irland kommen solltest ...«

»Ja.«

Sie schnäuzt sich. »Grüß Sleeping Beauty von mir, falls sie jemals aufwacht.« Die schöne Deutsche liegt wie eine Tote auf einer Matratze am Boden. »Ich habe so gern mit dir geredet; das werde ich vermissen.« Sie umarmt mich noch einmal; dann wuchtet sie sich ihren Rucksack auf den Rücken und macht sich auf den Weg zum Flughafen, um ihren Flieger nach Sydney zu erwischen.

Ohne Gemma fühle ich mich einsam; wir hatten viel Spaß zusammen. In Zeiten wie diesen glaube ich, dass ich nicht dafür gestrickt bin, allein zu reisen. Andererseits wären wir uns nicht so nahe gekommen, wenn ich nicht allein unterwegs gewesen wäre. Während ich auf meinen kostenlosen Frühstückspfannkuchen warte und darauf, dass Sleeping Beauty zum Leben erwacht, studiere ich das schwarze Brett im Speisesaal, um auf andere Gedanken zu kommen.

> Wir sind zwei Jungs, fahren nach Adelaide und haben zwei freie Plätze in unserem Wagen. Ladies mit Haaren unter den Armen brauchen sich gar nicht erst zu bewerben.

Sollte ich mir vielleicht auch die Achseln rasieren?

Umgeben von anderen Rucksackleuten stochere ich in meinem Pfannkuchen herum. Sie lästern über die Macken ihrer Eltern, reden darüber, was sie studieren wollen, wenn sie wieder zu Hause sind, und quatschen über Themen, die sie alle betreffen. Für viele ist es die erste Gelegenheit, alte Paradigmen hinter sich zu lassen, aus Mustern und Rollen auszubrechen, die innerhalb der Familie und des Freundeskreises prägend waren. Es ist die Chance, eine andere Persönlichkeit auszuprobieren. Und außerdem ist es einfach cool, hier in Darwin zu sein und Pfannkuchen zu essen.

Ich liebe es, zu reisen und Leute unterschiedlichster Nationen zu treffen. Der heimatliche Klatsch und Tratsch, die überflüssigen Diskussionen über unwichtige Themen der Lokalpolitik – von all dem bleibt man verschont. Wenn ich auf Reisen bin, fühle ich mich lebendig. Mit wachsamen Sinnen bin ich für alles Neue offen. Und ich lerne gern junge Leute kennen. Sie sind voller Leben, haben noch Träume, Ideale und Visionen. Sie sind noch nicht lange auf der Welt und haben noch nicht viel erreicht; daher kommen sie nicht so leicht in Versuchung, mit dem anzugeben, was sie schon alles auf die Beine gestellt haben. Vielleicht ist das aber eher etwas, was Männer tun, und ich sollte die Sache ein wenig geschlechtsspezifischer betrachten.

Ich unterhalte mich mit einem älteren australischen Paar, das ein wenig abseits von den Rucksackleuten an einem Tisch sitzt. Sie ist Krankenschwester, er ist Lehrer. »Wir haben das letzte Jahr in einer Aboriginal-Community gelebt«, erzählt sie mir. Beide sind offensichtlich ziemlich desillusioniert. »Vor zwei Tagen hat uns der *town clerk*, er ist Weißer, rausgeschmissen, weil wir uns angeblich zu sehr mit den Mitgliedern der Community verbrüdert haben. Ist das nicht unglaublich?«

»Mehr hat er euch nicht vorzuwerfen?«, frage ich skeptisch.

»Der Lehrplan des Bildungsministeriums für das Nördliche Territorium hinkt der Zeit um 30 Jahre hinterher«, antwortet sie. » Die Geschichte der Aboriginals kommt nicht im Unterricht vor.« Sie sieht ihren Mann an und erwartet eine Bestätigung von ihm, aber der ist immer noch zu sauer, um einen Kommentar abzugeben. »Den australischen Kindern wird im Geschichtsunterricht immer noch ein verklärtes Bild vermittelt«, fährt sie fort. »Da ist von tapferen Siedlern die Rede, die den Busch bezwingen, aber kaum von den Massakern an den Aboriginals.«

»Ich dachte, dass man diesem Aspekt der Geschichte inzwischen mehr Aufmerksamkeit schenkt.«

»Nicht von Seiten der Regierung. Sehr wohl aber von Seiten der Aboriginals, die um ihre Anerkennung innerhalb der australischen Gesellschaft kämpfen. 90 Prozent der weißen Australier sind nie einem Aboriginal von Angesicht zu Angesicht begegnet, aber irgendwie glauben sie alle zu wissen, was sie von der indigenen Bevölkerung zu halten haben. Das gilt besonders für Großstädter.« Sie ist ärgerlich. »Ich wünschte, die Weißen in den Städten könnten mit

Aboriginals in Kontakt kommen, nicht nur mit den Gettobewohnern, und sie kennen und verstehen lernen – nicht als Rasse, sondern als Individuen. Mein Mann hat die Geschichte der Aboriginals in seinen Unterricht eingebaut und ist dafür bestraft worden.« Sie wirft ihm einen Blick zu, wartet wieder darauf, dass er etwas dazu sagt. »Der *town clerk* hat behauptet, wir wollten Australien diskreditieren. Nach unserem Eindruck sind der *town clerk*, der Rektor der Schule und viele andere Weiße nur des Geldes wegen dort. Sie gehen in eine Community, obwohl sie die Aboriginal hassen. Und nicht nur die, sie hassen sich auch gegenseitig. Viele sind verbittert und verhärmt.«

Als wenn er gerade aufgewacht wäre, fügt ihr Mann hinzu: »Es ist bekannt, dass *town clerks* oder Berater – nennen Sie die Leute, wie sie wollen – die Gelder, die für die Community und ihre Belange gedacht waren, in ihre Taschen gesteckt haben. Als der Schwindel aufflog, hat man ihnen gekündigt, aber bald darauf arbeiteten sie in einem anderen Landesteil für eine andere Community. Und so wandern sie von einer Community zur anderen und betrügen die Aboriginals und die Regierung um ihr Geld.«

Das Ehepaar will mit dem Greyhound zurück nach Melbourne fahren. Nach ihrer Tätigkeit in einer Community, der sie sich mit so viel Idealismus gewidmet haben, sind sie nun selbst verbittert.

Mir bleibt nicht mehr viel Zeit in Australien, und ein paar dieser kostbaren Tage muss ich in einem Greyhound verbringen, wenn ich zurück nach Sydney fahre. Mich zieht es in einen Laden mit Kunsthandwerk zurück, in dem ich gestern einige Dinge gekauft habe. Der Verkäufer sieht aus, als flösse Aboriginal-Blut in seinen Adern. Ich unterbreche ihn bei Schreibarbeiten. »Ich möchte gern mit eigenen Augen sehen, was die Aboriginals in ihren Communitys machen, aber es hat keinen Sinn, dass ich beim Northern Land Council eine Erlaubnis beantrage. Ich müsste mindestens sechs

Wochen warten, bis ich die bekommen würde, und in ein paar Wochen reise ich ab. Haben Sie eine Idee, wie ich mir aus nächster Nähe ein Bild von dem machen könnte, was in den Communitys los ist?

Obwohl er sich an mich erinnert, sieht er mich skeptisch an. Wortlos nimmt er ein Stück Papier und schreibt einen Namen und eine Telefonnummer darauf. »Miriam Rose Ungunmeer. Sie hat viel für ihre Community getan; vor ein paar Monaten ist sie für ihre Arbeit mit dem Australischen Verdienstorden ausgezeichnet worden. Das ist die richtige Ansprechpartnerin für Sie.«

Ich rufe Miriam Rose an; sie lädt mich in die Daly-River-Community ein und will dafür sorgen, dass der Communitybus mich in drei Tagen an der Jugendherberge abholt.

Spät am Abend rufe ich Gemma in ihrer Wohnung in Sydney an. »Wie sieht's aus?«

»Furchtbar. Ich habe versucht, dich in der Jugendherberge anzurufen, aber du warst nicht da. Ich vermisse das Outback schon, die Weite, meinen *swag*, das Lagerfeuer, die Sterne und Monde.« Sie klingt, als würde sie weinen. »Was hast du jetzt vor?«

»Ich fahre zu einer Community in Daly River.«

»Wo ist das?«

»Die Strecke zum Adelaide River runter und dann ein paar Stunden nach Westen, Richtung Daly River. Aber vorher unternehme ich noch eine Reise mit dem Greyhound; drei Tage durch den Kakadu-Nationalpark. Die Fahrt ist in meinem Ticket enthalten.«

»Vielleicht triffst du Super!Wow! und Spice Girl.«

»Ja, kann sein.«

»Ich habe versucht, meinen Mitbewohnern etwas über unsere Reise entlang der Westküste und durch die Kimberleys zu erzählen, aber wie soll man das, was wir erlebt haben, anderen Leuten vermitteln?«, sagt Gemma mit G.

»Ja, wie soll man das anderen Leuten vermitteln«, seufze ich.

5 Das Obere Ende

Meine dreitägige Tour durch den Kakadu-Nationalpark neigt sich dem Ende zu. Als ich in Jabiru auf den Greyhound nach Darwin warte, stolpere ich tatsächlich über Super!Wow! und Spice Girl. Sie sitzen hinten in einem Toyota, der wie ein Truppentransporter und dementsprechend unbequem aussieht. Spice Girls schwarze Schlaghosen sind zerschlissen; an einem Schuh ist die Plateausohle mit silbernem Klebeband befestigt, am anderen fehlt sie immer noch. Super!Wow! trägt schmuddelige Pyjamahosen mit Teddymuster und einen ockerfarbenen Gips. Die beiden sehen kampfmüde aus, wie verwundete Soldaten, die von der Front zurückkommen; die vielen roten, geschwollenen Mückenstiche sind ihre Schusswunden. Dass sich zwischen ihnen eine Romanze abgespielt hat, danach sieht es nicht unbedingt aus.

Auch ich fühle mich benommen. Ich habe die gleiche Tour hinter mir, bin über gewaltige Gesteinsbrocken zu den Jim Jim Falls geklettert und auf einer Luftmatratze flussaufwärts gepaddelt, um die atemberaubend schönen Twin Falls zu bestaunen. Aber die Masse Touristen, die sich bei den Wasserfällen schwimmend, tauchend und springend vergnügten, war ein Schock. Die Kraft der beeindruckenden Orte, die für die Aboriginals von so großer spiritueller Bedeutung gewesen sind, ist durch die Touristenflut und all die namenlosen Crocodile-Dundee-Tourenführer wohl verflogen. Ruhe oder Magie sucht man dort jedenfalls vergeblich.

Vor dem Gericht in Jabiru, gegenüber der Bushaltestelle, skandieren Demonstranten: »Kein Uran mehr, lasst es im Boden!«, und schwenken Banner mit der Aufschrift »Ihr wollt nur eure Gier befriedigen!« oder »Respektiert den Planeten!« und »Kein Uran mehr für euch!«

Mein Greyhound hält. Der Buskapitän, der in makellosen blauen Shorts und einem weißen Hemd mit goldenen Schulterklappen steckt, prüft, ob mein Name auf der Computerliste steht. Im Bus sitzen nur ein Dutzend Fahrgäste; ich bin der Einzige, der hier zusteigt, und nehme vorn Platz.

»Für alle, die gerade zugestiegen sind« – damit bin ich gemeint –, »mein Name ist Rob.« Unser Buskapitän wirft durch das Seitenfenster einen Blick auf die Demonstranten. »Ihr werdet die Protestler bemerkt haben, die vor dem Gericht stehen und gegen die neue Uranmine demonstrieren. Ich habe nichts dagegen, wenn Menschen für ihre Überzeugungen einstehen, aber ich mag es nicht, wenn Leute ihre Nase in Angelegenheiten stecken, die sie nichts angehen. Das sind Hippies, die aus Byron Bay oder Nimbin an der Ostküste hierher kommen. Sie überwintern hier, weil es bei ihnen zu kalt ist. Seht euch die mal an! Rastas, Hippies und ein paar alte Damen aus Melbourne, mit denen sie sich wichtig tun. Wilde, nicht gewaschen, nicht gekämmt, barfuß, und das Schlimmste ist, sie mischen sich in unsere Belange ein. Ich sage nicht, dass ich für die Uranmine bin, ich sage nur, dass die Leute von hier darüber entscheiden sollten. Drei Clans sind betroffen, und nur einer von ihnen will die Mine nicht. Die Langhaarigen werden von Umweltschützern manipuliert; sie benutzen die Aboriginals und ihre Anliegen, um Projekte zu stoppen, die auf legalem Wege nicht zu verhindern wären.«

Ich habe die letzte Nacht im Freien verbracht und war mit Leuten zusammen, die sich an der Blockade gegen die in Jabiluka geplante Uranmine beteiligen. Der dort ansässige Clan hat Demonstranten aus ganz Australien eingeladen, das Land des Kakadu-Nationalparks und die mit ihm verbundenen kulturellen Werte zu schützen. Die Aboriginals haben für die Angereisten ein Gelände zur Verfügung gestellt, auf dem ein Camp errichtet wurde. Ein Dreiviertelmond hing am Himmel, als uns ein Video über die Jabiluka-Mine gezeigt wurde. Die Demonstranten, die den Film bereits kannten, saßen um ein großes Feuer herum und unterhielten sich. Als das Video zu Ende und der tragbare Stromgenerator abgeschaltet worden war, senkte sich eine tiefe Stille über das Camp. Alle diejenigen, die nicht schon einmal verhaftet worden waren und denen keine hohe Geldstrafe drohte, wenn sie ein zweites Mal geschnappt würden, wollten am nächsten Morgen widerrechtlich in das bewachte Gebiet eindringen, auf dem die Uranmine erbaut werden soll.

Bei den Demonstranten jetzt handelt es sich um ebendiese Leute; sie skandieren Parolen und warten auf Yvonne Margarula, die Älteste des Mirrar-Clans. Sie muss vor Gericht erscheinen, weil sie des »unbefugten Betretens« von Grund und Boden beschuldigt wird, der eigentlich dem Clan gehört. Die Demonstranten protestieren dagegen, dass den Aboriginals Land fortgenommen wurde, das der Land Rights Act von 1976 ihnen formal zugesprochen hat. Gleichzeitig protestieren sie auch gegen den Uranabbau. Es gibt wohl kaum eine umweltpolitische Streitfrage, die mehr Zündstoff enthält, als eine Uranmine auf Aboriginal-Land, das an einen kostbaren Nationalpark angrenzt und zudem immer wieder überflutet wird.

Wir haben Jaribu schon hinter uns gelassen, als der Busfahrer den Faden wieder aufnimmt. »Es mag euch schwer fallen, die indigene Bevölkerung und ihren Lebensstil zu achten, wenn ihr die betrunkenen Aboriginals in der Stadt seht.«

»O nein, nicht schon wieder«, schießt es mir durch den Kopf.

»Aber man sieht auch jede Menge weißer Trunkenbolde in der Stadt, und die sind ebenso wenig typisch für die weiße Gesellschaft, wie die alkoholisierten Aboriginals ihre Kultur repräsentieren. Viele der betrunkenen Aboriginals, die ihr seht, sind von ihren Communitys ausgestoßen worden. Aber es gibt viele andere, die etwas aus ihrem Leben machen; sie leben in Communitys und versuchen, eine Brücke zwischen der traditionellen Welt und der modernen Gesellschaft zu schlagen. Und die seht ihr leider nicht. Nur die Trinker, die Leute aus den Armutsvierteln, fallen ins Auge.« Unser Buskapitän nimmt den Fuß vom Gas und hält abrupt auf dem Seitenstreifen; er öffnet die Tür, springt hinaus, hebt eine Langhalsschildköte auf und trägt sie von der Straße. Behutsam setzt er das Tier an einer Stelle ab, wo er es in Sicherheit wähnt.

Als er wieder auf dem Fahrersitz Platz genommen hat, fährt er fort. »Es ist ein Unglück, dass die *Aboriginal people*, die früher so spirituell waren, heute eine Minderheit darstellen. Viele haben alles verloren außer ihrer dunklen Haut; das gilt für die meisten derer, die in den Gettos von Redfern hausen, einem Stadtviertel von Sydney. Aber es existieren noch ein paar Communitys, deren Bewohner wild und frei leben, in einer spirituellen, magischen Welt, meilenweit von jeder Straße entfernt.« Er klappt die Sonnenblende herunter, um seine Augen vor der Nachmittagssonne zu schützen.

Wir halten in Ubirr, einem Areal mit überhängenden Felsen. Hier hat sich eine erstaunliche Vielzahl von Felsmalereien der Aboriginals erhalten. Rob führt uns herum und erklärt uns die Kunstwerke. Dieser Mann ist ein wandelndes Lexikon. »Die Oberfläche der Felsen ist heilig. Sie ist so etwas wie eine Tafel, und die Zeichnungen wurden angefertigt, um Wissen weiterzugeben, denn die Aboriginals kannten keine Schrift oder das, was wir darunter verstehen. Die ersten Menschen, die Australien erreicht haben, kamen von Norden, zu einer Zeit, als der Meeresspiegel niedriger war. Diese erste Besiedlung dieses Kontinents hat schätzungsweise vor 60.000 Jahren stattgefunden.«

»Wie kommt es, dass Sie so viel über die *Aboriginal people* wissen?«, frage ich. »Sie müssen alle Bücher gelesen haben, die über sie geschrieben wurden.«

Er lacht. »Ja, aber ich war auch mit einer verheiratet.«

»War?«

»Meine Frau ist gestorben.«

Als wir wieder in den Bus steigen, frage ich ihn: »Kennen Sie *Aboriginal people* in Darwin?«

»Nicht so viele wie in Alice; dort lebt die Familie meiner Frau. Ich habe früher als Busfahrer in Darwin gearbeitet, und im Busdepot bin ich immer auf Aboriginals getroffen. Sie haben mich um Geld gebeten, damit sie sich etwas zu essen kaufen konnten. Wenn sie ihren Magen füllen wollen, habe ich ihnen zur Antwort gegeben, dann sollten sie zu mir nach Hause kommen, dort würden sie etwas erhalten. Und tatsächlich; abends warteten zwei auf mich vor meinem Haus. Heute bitten sie mich nicht mehr um Geld, ab und zu kommen sie vorbei und erhalten von mir etwas zu essen. Wenn man sie kennen lernt, stellt man fest, dass es großartige Menschen sind; aber die meisten Leuten sehen nur Trinker in ihnen.«

Wir machen noch einen Zwischenstopp bei einem Museum, in dem ich etwas darüber erfahre, wie die hiesigen *Aboriginal people* sich bemüht haben, den Abbau von Bodenschätzen auf ihrem Land zu verhindern. Insbesondere gegen die Ranger-Uranmine hatte der dort ansässige Clan Widerstand geleistet. Auf einer Karte des Kakadu-Nationalparks und von Arnhem-Land finde ich folgenden Hinweis:

Sucht auf der Karte nach Gegenden mit großen
Uranvorkommen.
Ihr entdeckt, dass sie meist auf
Buladjang (Krankheitsland) liegen.

Seit etlichen zehntausend Jahren wissen die Aboriginals, dass die uranreichen Regionen gesundheitsschädlich sind, und daher haben sie solche Gebiete gemieden. Jetzt gräbt die »zivilisierte« Welt nach dem Erz, um Atombomben zu bauen und Atomkraftwerke zu betreiben, obwohl das Problem der Endlagerung ausgedienter Uranbrennstäbe noch immer nicht gelöst ist.

Rob nimmt nicht den Arnhem Highway; wir verlassen den Park auf einem anderen Weg und fahren nun in südwestlicher Richtung über den Kakadu Highway.

Heute Abend bin ich in Darwin. Morgen kehre ich der Stadt wieder den Rücken und verbringe ein paar Tage in der Daly-River-Community. Danach steige ich in Adelaide River in den Greyhound und trete die 5.500 Kilometer lange Rückreise nach Sydney an. Die Asphaltpiste führt zunächst durch das Herz dieses leeren Kontinents und schlängelt sich dann an der herrlichen Ostküste entlang. Ich werde in meinen Schlafsack kriechen, um mich vor den Unbilden der Klimaanlage zu schützen, und meinen Kopf auf ein aufblasbares Kissen betten. So lasse ich mich dann ganz entspannt und ohne jede Anstrengung durch Weiten tragen, dessen Durchquerung noch vor etwas mehr als 100 Jahren wagemutige, um nicht zu sagen, vermessene Forscher mit dem Leben bezahlten. Nur gelegentlich wird das Rattern eines in die Straße eingelassenen Rindergitters das gleichmäßige Summen der Reifen unterbrechen, wenn wir mit 100 Stundenkilometern durch den Tag und durch die Nacht brettern.

Mehrere Buschbrände machen den feurigen Sonnenuntergang noch imposanter. Brauner Rauch verdunkelt den Horizont. Immer wieder fahren wir blind durch dichten Qualm, der von brennendem Grasland aufsteigt. Es ist der Beginn von *Wurrgeng*, der kühleren Jahreszeit, in der die Aboriginals früher in verschiedene Landesteile gewandert sind, um dort Brände zu legen, bevor *Gurrung*, die Trockenperiode, einsetzt. Die niedrigen Buschfeuer ließen die Feuchtgebiete weitgehend unbeschadet und verbrannten nur die trockenen Areale. So wurde verhindert, dass natürliche Brände unkontrolliert wüteten und sich großflächig ausbreiten konnten. Die grünen Oasen, die so erhalten blieben, ermöglichten es zudem vielen Tieren des Outback, zu überleben.

Ein Besucherzentrum ist die letzte Station auf unserer Tour; *Window on the Wetlands* ist ein Aussichtspunkt über die Feuchtgebiete. Unter den Fahrgästen, die aus dem Bus aussteigen, befindet sich ein Aboriginal. Ich stelle mich ihm vor und erfahre, dass er Samson heißt. Samson ist groß und kräftig; sein Körperbau wird seinem Namen gerecht. Ich lade ihn am Kiosk auf einen Kaffee ein.

»Stammst du aus der Gegend hier?«

»Ja, ich bin im Busch aufgewachsen, nicht weit von Humpty Doo. Die nächste Haltestelle. Ich habe dort die Missionsschule besucht.« Er wendet sich an die Frau hinter der Ladentheke. »Wendy, meine Leute haben mir gesagt, dass man hier Fotos von uns sehen kann.«

»Sieh mal oben im Computer nach.«

Während meine Mitreisenden Kaffee trinken, gelangen Samson und ich über eine Treppe in einen Raum, in dem man durch große Fenster einen herrlichen Ausblick auf die Feuchtgebiete hat. Die Beleuchtung ist nicht eingeschaltet, was die Aussicht noch eindrucksvoller zur Geltung bringt. An einem Ende des Horizonts geht die Sonne unter, und am anderen zeigt sich schon der Mond. »Hier sollen irgendwo Fotos von meinen Leuten sein«, sagt Samson, »aber wo?« Mein Blick fällt auf Computer und Kopfhörer, die für Touristen gedacht sind. »Wie funktioniert das?« Samson deutet auf einen Bildschirm, auf dem verschiedene Icons zu sehen sind. Ich klicke das Symbol mit der Bezeichnung »Das Volk von Kakadu« an. Auf dem Monitor erscheinen ein paar Schwarz-Weiß-Fotos von *Aboriginal people* aus dem letzten Jahrhundert. Samson lacht, als er die Bilder sieht. »Das sind meine Leute.«

»Woher weißt du das?«

Er deutet auf ein Foto. »Sieh mal. Die Narben auf den Armen und der Brust sind die Zeichen unseres Clans.«

Ich drücke auf eine Taste, damit die nächste Seite erscheint. Die Farbfotos, die wir jetzt sehen, stammen aus jüngerer Zeit.

»Das ist mein Onkel!«, ruft Samson. »Wie hast du das gemacht?«

»Was meinst du? Dass jetzt andere Fotos erscheinen?«

»Ja.«

Nachdem ich es ihm erklärt habe, drückt er mit spitzem Zeigefinger auf die Taste. Im selben Moment erscheinen andere Fotos auf dem Bildschirm; Samson zieht den Finger schnell zurück, als hätte er sich verbrüht. »Das ist meine Schwester!« Er lacht, berührt die Taste wieder und macht mit mir eine Zeitreise durch die Geschichte seiner Familie. Die krächzenden Kopfhörer, aus denen unverständliche Kommentare zu den Bildern tönen, ignorieren wir. Es ist eine groteske Szene: Ein im Busch aufgewachsener Aboriginal bedient einen Computer, um mir seine Familienfotos zu zeigen. Ich sehe aus dem Fenster. Die Sonne versinkt hinter einer dichten Wolke aus braunem Rauch, die über dem Inferno lodernder Buschbrände hängt. Der Raum wird immer dunkler, wir sind allein.

Ich klicke den Icon *Bush Tucker* an.

»Das schmeckt sehr gut.« Jedes Mal, wenn Samson auf die Taste drückt, erscheint die Abbildung eines Gerichts aus der Outbackküche. »Das kannst du hier im Restaurant bestellen.«

Er wendet sich von dem Monitor ab, richtet den Blick nach draußen und deutet auf einen Punkt am brennenden Horizont. »Als ich ein kleiner Junge war, haben wir Goannas gejagt, Langhalsschildkröten und Kängurus.« Wir stehen Seite an Seite vor dem Bildschirm; unsere Gesichter werden von dem künstlichen Licht beleuchtet, als wir durch das gespenstische Bild, das sich von uns auf den Fenstern spiegelt, auf die urzeitliche Wildnis starren.

»Jetzt fahre ich einen Lastwagen für die Community in Jaribu. Ich habe eine grüne Uniform. Die Touristen fragen mich viele Dinge. Sie denken, dass ich Ranger bin oder so was. Ich will ins Touristengeschäft und einen Geländewagen kaufen. Dann könnte ich die Touristen hierher bringen, mit ihnen *Walkabout* gehen und ihnen etwas über die Traumzeit erzählen. Und ich kann ihnen beibringen, wie man jagt. Ich habe immer noch meinen Speer, meine *Woomera* und meinen Bumerang.«

Miriam Rose hat dafür gesorgt, dass der Fahrer mich vor der Jugendherberge abholt. Er fährt werktags mit dem Minibus der Community nach Darwin und transportiert Güter und Menschen. Seine Fahrgäste sind ein Gemisch aus Leuten, die Termine im Krankenhaus haben, Schülern, die auf Privatschulen gehen, und Mitgliedern der Community, die einen Einkaufsbummel machen wollen. Als wir am Krankenhaus halten, steigen neun Leute ein, Erwachsene und Kinder. Sie lächeln, begrüßen mich, fragen nach meinem Namen und wollen wissen, woher ich komme. Sie sind fröhlich und unbefangen.

Von Darwin aus fahren wir südwärts, Richtung Adelaide River, wo wir an einer Tankstelle halten. Es ist schon dunkel. Der Fahrer bleibt beim Tankwart, und ich gehe in die Raststätte, um ihm einen Kaffee zu holen. Dort wendet sich einer der Aboriginals an mich. »Bruder, ist es okay, wenn ich ein Bier trinke?«

Ich zucke mit den Achseln. »Das weiß ich nicht.«

Er steht vor dem Kühlregal mit dem Bier. »Der Fahrer sagt, man soll kein Bier trinken, Bruder.«

»Tja, dann ist es wohl besser, wenn du keins trinkst.«

Der Fahrer kommt herein und sagt, dass wir jetzt weiterfahren können. Als wir im Bus sitzen, bemerkt er, dass zwei weibliche Fahrgäste fehlen. Ärgerlich macht er sich auf die Suche nach ihnen.

»Wie lange müssen wir warten?«, fragt ein Aboriginal, der auf der Rückbank sitzt.

»Keine Ahnung«, antworte ich. Er kann die Situation sicher besser einschätzen als ich.

Das Rätsel um die beiden vermissten Frauen ist gelöst. »Sie haben Freundinnen getroffen, in einer anderen Raststätte, 100 Meter die Straße runter«, informiert uns der Fahrer. »Die beiden haben sich spontan dafür entschieden, in Adelaide River zu übernachten. Sie hätten mir Bescheid sagen sollen.« Er konfisziert ein paar Dosen Bier, die jemand in den Bus geschmuggelt hat. Drei weitere Männer steigen ein; damit sie Sitzplätze finden, hebe ich ein kleines Mädchen mit Gipsarm von der Bank hinter mir und setze sie neben mich. Auf einer kleineren Straße geht es jetzt nach Westen. Unsere Scheinwerfer schneiden eine enge Schneise in die Finsternis des australischen Busches.

Das Mädchen neben mir wirkt sehr zerbrechlich. Ihre weit aufgerissenen Augen heben sich deutlich von ihrer dunklen Haut ab; konzentriert blickt sie auf die Straße und nimmt jede Einzelheit auf. Obwohl auf der Vorderbank genug Platz ist, lehnt sie sich an mich. Als sie wenig später einschläft und ihr Kopf auf meinem Arm ruht, frage ich mich, was dieses Kind wohl träumt. Ich kann mir vorstellen, dass ihre Träume viel lebhafter sind als meine, intuitiver, aufregender; wahrscheinlich spuken Tiere und Geister in ihrem Kopf herum. Diese Menschen, deren Leben bis vor kurzem noch so mit der Natur verbunden war, haben sicher Zugang zu Einsichten, die uns im Laufe von Jahrhunderten, in denen wir immer »zivilisierter« wurden, verloren gegangen sind.

Wir halten am Five Mile Camp; ein paar Frauen und Kinder steigen aus und werden von der Dunkelheit verschluckt.

»Ist das die Daly-River-Community?« Ich bin verwirrt, weil nicht alle den Bus verlassen haben.

»Nein, das ist ein Therapiecamp für Alkoholabhängige. Mitglieder der Community, die ein Alkoholproblem haben, kommen hierher, um therapiert und sich ihres Problems bewusster zu werden. Sie kommen zusammen mit ihren Familien; die Kinder gehen hier zur Schule, so verpassen sie keinen Unterricht.«

Als wir die Daly-River-Community erreichen, fallen die Autoscheinwerfer auf ein Schild neben dem Rindergitter, auf dem steht, dass Alkohol innerhalb der Grenzen der Community nicht gestattet ist. Wir fahren zunächst an einem Rollfeld vorbei und dann an Häusern; manche sind sehr stattlich, andere kleiner. Überall öffnen sich Türen, Kinder stürmen heraus, um uns zu begrüßen; mit fröhlichen Gesichtern rennen sie lärmend neben dem Minibus her. Als wir anhalten, strecken sich dem Mädchen neben mir durch das offene Fenster viele Arme entgegen. Ich hebe die Kleine aus dem Bus, die Kinderschar schnattert aufgeregt, und alle betasten ihren Gips. Dann laufen sie lachend und kichernd nach Hause.

Keiner der Passagiere bedankt oder verabschiedet sich beim Fahrer. Als ich mich laut darüber wundere, sagt er: »In den Sprachen vieler *Aboriginal people* existieren die Wörter ›bitte‹ oder ›danke‹ nicht. Dass man etwas gibt, ist für sie normal.« Er zuckt mit den Schultern und fährt weiter. »Man gewöhnt sich daran.«

Am Morgen führt mich die Frau des Fahrers durch die Daly-River- oder Nauiya-Community, wie sie von den Bewohnern genannt wird. Es ist Samstag, und die Kinder müssen nicht zur Schule; neugierig und ohne Scheu kommen sie auf mich zu und fragen mich nach meinem Namen. Obwohl es schwierig wäre, eine Community zu finden, die noch entlegener ist als diese, herrscht hier die Wochenendatmosphäre eines städtischen Vororts. Die alten Missionshäuser, die jetzt von Aboriginals bewohnt werden, sind von englischem Rasen umgeben. Die Siedlung besitzt ein gepflegtes *Footy*-Spielfeld, eine große Gemeindehalle, eine Schule, eine Ambulanz und eine Kirche, Gemeinschaftsküchen, einen Gemischtwarenladen, ein Schwimmbecken, einen Dieselgenerator und eine Autowerkstatt. Ich bin überrascht, in einer so entlegenen Gegend eine Enklave mit so vielen Einrichtungen zu finden. Auch die Zahl der Nicht-Aboriginals, die hier arbeiten, erstaunt mich. Außer dem weißen Fahrer und seiner Frau wohnt hier noch ein anderes weißes Paar; die beiden betreiben den Laden. Die Fahrzeuge und der Generator werden ebenso von Weißen gewartet. Auch der Platzwart, der Finanzbuchhalter, der *town clerk* und das medizinische Personal sind Weiße. Im Laden werde ich einem Maori vorgestellt, dem Koordinator der Sportprogramme. Er will gerade Wildschweine und Wallabys jagen gehen.

Überall in der Community sind Aboriginals bei der Arbeit, mähen Rasen oder arbeiten in der Autowerkstatt.

»Wer bezahlt all diese Leute«, will ich wissen.

»ATSIC, die Aboriginal-und-Torres-Strait-Insulaner-Kommission, bezahlt das nicht-indigene Personal, und die Löhne der meisten indigenen Arbeiter werden über das *Community Development Employment Program*, kurz CDEP, finanziert.«

»Und welche Summe erhält die Community für das alles?

»Die Behörden stellen eine Liste der Leute auf, die einen Anspruch auf Arbeitslosenunterstützung haben; bei uns sind das 130 Männer und Frauen. Diese Zahl wird mit dem Arbeitslosengeld multipliziert, das sie erhalten würden. Das ist dann die Summe, die der Community zur Verfügung gestellt wird. Die Leute bekommen keine Arbeitslosenunterstützung, und der Community bleibt es überlassen, wie viele Menschen sie beschäftigt und wie viel sie ihnen für ihre Arbeit bezahlt.«

Das klingt nicht gerade so, als würden die Aboriginals eine Million Dollar pro Jahr bekommen, wie mein Nachbar im Greyhound an der Westküste behauptet hatte.

Meine Führerin arbeitet in der Galerie; dort ist eine Künstlerin aus einer anderen Community zu Besuch, die mir stolz einen Bericht zeigt, den der Lehrer ihrer Tochter geschrieben hat.

Richelle im gudgel langaskul im sumtain lisin la tija. Wen im wandim help im aldei askin langa im titja blanga help. Richelle im gin recognize sumbala kala wen im titja shoim la im. Richelle sabi nomo sabi da sheip neim blanga len mo en bla wek langa skul.

Ich verstehe kaum ein Wort, aber als die Mutter den Text vorliest, wird mir klar, dass er in der Kreolsprache der Aboriginals geschrieben ist »Was bedeutet das?«, frage ich.

»Richelle ist ein braves Mädchen in der Schule, und manchmal hört sie auf ihren Lehrer. Wenn sie Hilfe braucht, bittet sie ihren Lehrer um Hilfe. Richelle kennt die Namen der Farben, auf die ihr Lehrer deutet. Sie kennt fast alle Zahlen und Formen. Richelle kommt jeden Tag zur Schule und lernt und arbeitet immer besser.«

Am Abend bin ich bei der Leiterin der Galerie und ihrem Mann zum Essen eingeladen. Meine Gastgeberin ist irritiert, als unser Mahl durch ein zaghaftes Klopfen an der Haustür unterbrochen wird. Sie geht, um zu öffnen, und kommt mit Bridget zurück, einer Malerin. Bridget fragt, ob sie zwei Bilder in der Galerie ausstellen kann, die sie verkaufen möchte. Die Dame des Hauses verspricht ihr, dass wir sie gleich nach dem Essen besuchen werden. Eine Stunde später gehen wir zu ihr; Bridgets Haus ist schlicht möbliert, aber sauber und ordentlich. Sie zeigt uns ihre Bilder.

»Wie teuer sind sie?« Ich stelle diese Frage, nachdem ich ihr einige Komplimente hinsichtlich der künstlerischen Qualität ihrer Arbeiten gemacht habe.

Zögernd antwortet sie: »Ich denke, dass sie 600 Dollar wert sind. Ich habe an jedem Bild drei Wochen gearbeitet.« Sie hat eine sanfte Stimme. Anders als bei vielen anderen Aboriginals ihres Alters bemerke ich an ihr keine Spuren von Alkoholmissbrauch. Trotz ihrer Schüchternheit strahlt sie Charakterstärke aus.

»Sind Sie hauptberuflich Künstlerin?«

Ihr Nein klingt wie »Nau«. »Ich bin Lehrerin im Five Mile Camp, dem Therapiezentrum.

»Und das ist Ihre Tochter?« Ich deute auf das junge Mädchen, das sich mit uns in dem Zimmer aufhält.

»Nein, meine Enkelin.« Sie kichert.

Ein kratzendes Geräusch irritiert mich. »Was ist das?«

Bridget spitzt die Ohren und sagt ein paar Worte in ihrer Sprache zu ihrer Enkelin. Die Kleine sucht tastend nach etwas hinter dem Kühlschrank und zieht eine Langhalsschildkröte hervor. Sie hält das Tier an seinem langen Hals, als wäre er der Henkel eines Eimers.

Bridget begutachtet die Schildkröte. »Wir haben sie heute bekommen. Sie schmecken hervorragend. Möchten Sie zu uns kommen und sie mit uns essen?«

Auf dem Rückweg zu meinen Gastgebern kommen wir am Nauiyu Nambiyu Club vorbei. Die Kleiderordnung ist hier weitaus lockerer als in allen anderen Clubs oder Bars, die ich in Australien gesehen habe.

Unsere Gäste sollten mindestens
mit einer Shorts und
einem Unterhemd bekleidet sein.

An der Wand neben dem Schild hängt die Liste der »Verbannten«. Sie verzeichnet die Namen all derer, die Hausverbot haben, und den Zeitraum, in dem sie dem Lokal fern bleiben müssen.

»Wofür bekommt man Hausverbot?«, frage ich die Galeristin.

»Meistens wegen Beleidigung des Barkeepers oder, was schlimmer ist, der Ältesten. Wenn man einen der Ältesten beschimpft, ist die Strafe am höchsten; sie entscheiden nämlich darüber, wie lange das Hausverbot gilt.«

»Ich dachte, dies wäre eine trockene Community.« Auf den Tischen stehen diverse leere Bierflaschen.

»Ja, das stimmt. Aber man darf hier bis zu sechs Flaschen *Beer Light* trinken. Der Club ist kleine schlechte Idee; so haben die Leute einen Ort, an dem sie sich treffen können. Außerdem ist es fast unmöglich, von sechs Flaschen *Beer Light* betrunken zu werden. Und da man hier etwas trinken kann, gerät man nicht so schnell in Versuchung, die Community zu verlassen, um sich woanders zu betrinken.«

Es ist Samstagabend; ein paar Männer spielen im Club Poolbillard, andere sitzen draußen, trinken Bier und unterhalten sich mit Frauen. Die Atmosphäre ist angenehm, und es gibt keinerlei Anzeichen dafür, dass einer der Anwesenden im Alkoholrausch ist.

Die Bedienung ist eine Weiße. »Sie sollten angeln gehen, solange Sie hier sind«, rät sie mir. »Im Fluss wimmelt es von fetten Baramundi. Aber Sie müssen sich vor den *crocs* in Acht nehmen. Die Biester sind verdammt groß und haben keine Angst. Als wir das letzte Mal rausgefahren sind, ist ein Krokodil an uns vorbeigeschwommen, das länger war als unser Boot. Mindestens fünf Meter lang. Sein Kopf war so groß wie mein ausgestreckter Arm. Es ist nicht abgehauen. Hat mit dem Schwanz das Wasser gepeitscht und uns aus seinem Revier vertrieben. Sie wissen bestimmt, dass sie jetzt unter Schutz stehen.«

»Die *salties*?«

»Ja.«

»Wir sind doch mindestens 100 Kilometer vom Meer weg.«

»Ja, aber sie kommen trotzdem hierher. Hier leben auch *freshies*. Ist die einzige Gegend in ganz Australien, wo sie Seite an Seite leben, eh. Sie liegen bei uns in der Sonne, zu Dutzenden. Wenn Sie den Fluss ein kleines Stück hinunterfahren, sehen Sie hunderte auf den Sandbänken. Aber die richtig großen, die cleveren, die verstecken sich in den Büschen. Wenn Sie wollen, können Sie sich von jemandem ein Boot ausleihen. Aber vergessen Sie nicht, um Erlaubnis zu fragen. Letzten Monat hat man einen Typen 14 Tage lang ins Gefängnis gesteckt, weil er sich, ohne zu fragen, ein Boot geliehen hat. Das ist ein schweres Verbrechen. Derselbe Kerl hat mal seiner Frau ein Messer in den Bauch gerammt, und da haben sie ihn nur zum Arbeitsdienst in der Community verknackt.«

»Ach, den meinst du. Aber die Frau hat auch immer nur genörgelt«, rechtfertigt die Galeristin die Gewalttat, als sei es vollkommen in Ordnung, auf eine Nervensäge einzustechen.

»Kann sein, aber musste sie das Messer rausziehen, eh?«, sagt die Bardame mit Nachdruck.

Sie deuten auf einen Mann mit wildem weißem Haar; er redet auf zwei Frauen ein, auf die fast die gleiche Beschreibung zutrifft. »Sehen Sie die Delle in seiner Stirn?«, fragt mich die Bedienung. Die auffällige Delle sieht eher wie ein Loch aus, als habe jemand seinen Finger in ein Stück Black-Wax-Käse gestoßen. »Er hatte im Pub zu viel getrunken und ist runter zum Wasser, um sich ein bisschen zu erfrischen. Ein *croc* hat zugebissen und ihm das Loch in der Stirn verpasst. Er ist mit einem Loch im Schädel davongekommen, weil er so voll war wie die Brieftasche eines Arztes; in seinem Suff hat er dem Krokodil einen Finger ins Auge gerammt, und da hat es von ihm abgelassen. Echt wahr. Letzte Weihnachten hat einer versucht, über den Fluss zu schwimmen, um in den Pub zu gelangen. Der hat nicht so viel Glück gehabt. Hab ihn nie wieder gesehen.«

Nein, danke. Ich werde das Angeln auf dem Fluss lieber anderen Leute überlassen, denke ich und kratze mir selbstvergessen meinen relativ dellenfreien Kopf.

Am Montagmorgen bin ich mit Miriam Rose in ihrem Büro an der Schule verabredet. Sie ist groß und hat etwas Gebieterisches. Ihr Arbeitszimmer ist voll gestopft mit Sportpokalen, die sie gewonnen hat, als sie noch Schülerin dieser Schule war. Miriam Rose bittet mich, ihr gegenüber Platz zu nehmen. Es ist zunächst nicht leicht, sie dazu zu bringen, über sich selbst zu reden. Sie ist zurückhaltend, fast vorsichtig. Sie ist sich nicht sicher, wo meine Sympathien liegen, und reagiert mit Bedacht auf meine Fragen. Ich frage sie, wie die Daly-River-Community entstanden ist.

Sie fährt mit der flachen Hand über den zwischen uns stehenden Tisch. »Als die Mission gegründet wurde, haben sich zehn Clans verschiedener Sprachen und Kulturen, die von überall herkamen, hier niedergelassen. Auch heute werden in der Community noch zehn unterschiedliche Sprachen gesprochen. Um uns untereinander zu verständigen, benutzen wir einen gemeinsamen Dialekt.«

Ihre Sekretärin kommt herein, um zu fragen, ob wir Kaffee oder Tee trinken möchten.

»Als ich hier zur Schule gegangen bin, haben die Katholiken die Mission geleitet. Ich durfte meine Sprache damals nicht sprechen. Wir wurden gezwungen, uns anzupassen, Englisch zu lernen und uns in die Lebensweise der Weißen zu integrieren.« Miriam blickt auf eine Landkarte an der Wand. »Es gab mindestens 250 verschiedene Sprachen in Australien, als die Weißen sich auf dem Kontinent niederließen, und 500 bis 600 unterschiedliche Dialekte.«

Dieser Satz erinnert mich daran, wie unwissend ich war, als ich nach Australien kam und dachte, die Aboriginals seien ein Volk und nicht eine Vielzahl verschiedener Gruppen und Clans.

»Unsere Sprachen sind in Vergessenheit geraten, die Sprachen, die noch lebendig sind, sind wichtig für uns und ein wesentlicher Bestandteil unserer Identität«, fügt sie mit Nachdruck hinzu. »Das hat seine Wurzeln in der Zeit, als man unseren Clan an seiner Sprache und seinem Dialekt erkennen konnte; so wussten wir, wer wir in diesem Land waren. An unserer Schule werden nachmittags vier Dialekte unterrichtet, von Lehrern, die damit aufgewachsen sind.

Miriam ist überzeugt von dem, was sie sagt. »Darum geht es an dieser Schule. Ich möchte, dass unsere Kinder das bewahren, was von unserer Ursprünglichkeit noch übrig ist, damit unsere Kultur, unsere Sprache und unsere Identität erhalten bleiben. Nach der Schule und an den Wochenenden gehen die Ältesten mit den Jungen auf die Jagd. Die Mädchen lernen Kunsthandwerk, Musik und wie man sich im Busch ernährt.« Nachdenklich fährt sie wieder mit der Hand über den Tisch. »Wir müssen darum kämpfen, den Bildungsstandard auf einem hohen Niveau zu halten. Als Sie ein Kind waren, haben Sie in einer Umgebung gelebt, die Ihnen gute Voraussetzungen zum Lernen und Studieren geboten hat; Räume, in denen es still war, Tische und viele Bücher. Die Kinder hier haben das nicht, und ihre Eltern müssen so eine Umgebung schaffen. Die meisten dieser Eltern wurden, so wie ich, im Busch geboren. Wir haben einen langen Weg hinter uns.« Ich sage nichts, stelle keine Frage, damit sich alles Weitere aus der Stille entwickeln kann.

Sie hört auf, mit der Hand über den Tisch zu fahren, und sieht mich an. »Wissen Sie, was ich den Kindern sage? Ich sage ihnen: ›Hört zu, was ich kann, könnt ihr auch.‹ Es ist wichtig für sie, dass sie ein Vorbild haben. Ich habe die Schule verlassen, als ich 16 war, aber jetzt beende ich meine Magisterarbeit, und bald mache ich meinen Doktor.« Sie sieht aus dem Fenster. Ihr Gesicht hat einen stolzen Ausdruck, als sie auf die Kinder blickt, die in ihre Klassenzimmer gehen.

»Schüler, die hier ihren Schulabschluss machen, wollen die Community nicht verlassen. Sie können sich frei entfalten und müssen sich nicht dafür schämen, ein Aboriginal zu sein. Aber sie haben hier kaum Möglichkeiten; eigentlich haben sie nur die Wahl zwischen dem Geschäft mit dem Tourismus, der Kunst oder der Arbeit auf einer Farm.« Ich kritzele das, was sie sagt, so schnell wie möglich in mein Notizbuch.

Sie fragt mich nach meiner Reise durch Australien.

Ich schildere Miriam, was ich gesehen habe, was mir aufgefallen ist, und erzähle ihr ehrlich von meinen Gefühlen. Dass es ein Schock für mich war, zu sehen, in welchem Zustand ihr Volk sich befindet, und dass viel von dem, was ich wahrgenommen habe, in starkem Kontrast zu den naiven Vorstellungen steht, die ich bei meiner Ankunft hegte. Meine Freimütigkeit bewirkt, dass auch sie sich öffnet. Ich habe ohne Umschweife gesagt, was ich denke und fühle, und es ist fast so, als hätte ich dadurch eine Geheimtür geöffnet, durch die sie mir nun Einlass in ihre Welt gewährt.

Jetzt spricht Miriam mit mir; sie sieht mich an und starrt nicht mehr auf den Tisch oder aus dem Fenster. Ihre Hände sind zur Ruhe gekommen. »Ich wurde unter einem Baum geboren. Meine Mutter hat mir den Ort gezeigt, wo ich gespielt und nach wildem Honig gesucht habe. Ich habe ein ganz besonderes Gefühl für die Stelle. Der Ort, an dem ich geboren wurde, das bin ich. Ich werde nie müde, dorthin zurückzukehren. Meine Verwandten erzählen von den Ursprüngen dieser Orte. Ihre Geschichten und Lieder sinken still in meinen Geist, und ich bewahre sie tief in meinem Inneren.« Sie spricht wie in Trance; als ob sie ein Gedicht rezitieren oder eine Rede halten würde, schildert sie Gedanken, die ihr sehr vertraut sind.

»Die Geschichte meiner Vorfahren ist von großer Bedeutung für mich. Die Pfade, die wir benutzt haben, die Plätze, auf denen unsere Zeremonien stattfinden, sind ein Teil von mir, von dem, was ich bin. Bei unseren Zeremonien ehren wir das Bewusstsein, das unserem Leben zugrunde liegt, als etwas Heiliges. Ich betrachte gern die bemalten Körper, sehe gern den Tänzern zu und lausche gern den *Didgeridoos* und Klanghölzern. Während einer Zeremonie fühle ich mich nie allein. Manchmal, bei einem *corroboree*, bevor die Tänze beginnen, sitzen wir im Kreis und hören den Sängern und Sängerinnen zu, wenn sie die Geschichte erzählen. Alle sind entspannt. Wir fühlen uns sicher und sind glücklich. Wir sind alle zusammen, und alles ist gut.« Sie starrt eine Zeit lang gedankenverloren aus dem Bürofenster, dann fährt sie wehmütig fort: »Wir haben unsere Traumzeit, und unsere Traumzeitgeschichten sind unsere Wurzeln. In dem Maße, in dem man uns von unseren traditionellen Orten verdrängt hat, haben wir den Zugang zur Traumzeit verloren und somit unsere Wurzeln. Ich möchte, dass wir den Zugang zu unserer Traumzeit wiederfinden, und ein Teil des Bemühens darum ist der Erhalt unserer Sprache. Sie sagt uns, dass wir hierher gehören, dass wir eine Verbindung zu diesem Land besitzen, die bis zur Entstehung des Kontinents zurückreicht. Sie sagt uns, dass wir nicht ausgelöscht wurden.«

Miriam ist innerlich sehr bewegt, als sie das sagt. Doch sie fürchtet sich nicht vor der Stille, die immer dann eintritt, wenn sie zwischen ihren Worten lange Pausen macht. Ich kritzele weiter in meinem Notizbuch herum und habe so eine gute Entschuldigung dafür, dass ich schweige.

»Ich habe viel Sympathie für Menschen, die ihre Zeremonien verloren haben, ihre Lieder und Tänze, ihre Kultur und ihre Sprache. Alles, was ihnen geblieben ist, ist ihr Materialismus. Aber wir haben eine spirituelle Welt, eine, auf die wir uns beziehen können, und deshalb sind wir reicher.« Sie blickt durch das Fenster, sieht die gepflegten Beete auf dem Schulhof. »Der Busch ist Teil meines Lebens, er hat mich zu dem gemacht, was ich bin.« Miriam starrt so lange aus dem Fenster, dass ich mich zu fragen beginne, ob sie vergessen hat, dass ich hier sitze. Endlich redet sie weiter. »Ich halte mich in der Nähe von *billabongs* auf, um mich zu heilen, um meinen Geist zu erneuern. Wir haben das nötiger als andere.« Sie wendet sich mir zu und sieht mir in die Augen. »Wir haben die wundervolle Gabe, dass wir die Natur zu würdigen wissen. Wenn ich draußen bin, auf der Jagd, unter Bäumen, auf einem Hügel oder bei einem *billabong*, dann weiß ich mich in der Gegenwart Gottes. Und das geht nicht nur mir so. Meine Leute sind von einem Zeitpunkt vor ihrer Geburt bis nach ihrem Tode in eine innige, persönliche Beziehung mit dem Land und all seinen Merkmalen eingebunden.«

Sie wendet sich von mir ab und blickt wieder nach draußen. Schließlich sagt sie: »Wir waren immer sehr spirituelle Menschen.«

»Was meinen Sie genau damit?« Ich sehe von meinem Notizbuch auf. »Was meinen Sie mit spirituell?«

Sie antwortet, ohne zu zögern. »Spiritualität, das ist Bewusstsein und Verantwortlichkeit, das Wissen um seinen Platz und um seine Rolle in der Welt. Es geht um das Bewusstsein, dass all das, was gewesen ist, was ist und was sein wird, in einer Wechselbeziehung zueinander steht. Es geht darum, dass der Mensch seine Verantwortung für die Vergangenheit, Gegenwart und für die Zukunft erkennt. Viele von uns haben dieses Verantwortungsbewusstsein verloren. Wir haben uns verloren, und wir müssen uns wiederfinden. Das versuche ich meinen Leuten hier zu vermitteln.«

Miriam wartet weder, bis ich alles notiert habe, noch braucht sie eine Pause zum Nachdenken.

»Es liegt noch keine 50 Jahre zurück, dass wir hier mit Weißen in Kontakt kamen. Vorher hatten viele von uns noch nicht mal einen Weißen gesehen. Wir hatten nicht genug Zeit, um uns in der neuen Gesellschaftsordnung zurechtzufinden. Es ist eine Konsumwelt, und wir passen nicht hinein. Unsere Leute sterben, spirituell und physisch.

Ich will sie nicht unterbrechen.

Mit gedämpfter Stimme spricht sie weiter. »Unsere Kultur hat uns gelehrt, still zu halten und zu warten. Wir beschleunigen die

Dinge nicht, wir lassen sie ihrem eigenen Rhythmus folgen, wie die Jahreszeiten. Wir beobachten den Mond in jeder seiner Phasen und warten auf den Regen, damit er unsere Flüsse füllt und die durstige Erde tränkt. In der Abenddämmerung bereiten wir uns auf die Nacht vor, und bei Sonnenaufgang stehen wir auf. Wir beobachten die Früchte des Buschs und warten, bis sie reif sind, bevor wir sie ernten. Wir warten darauf, dass unsere jungen Leute wachsen, und begleiten sie mit Initiationszeremonien durch die einzelnen Stadien. Wenn ein Verwandter stirbt, trauern wir lange. Wir lassen unsere Trauer zu und erlauben ihr, langsam zu heilen. Wir warten auf den richtigen Zeitpunkt für unsere Zeremonien und Zusammenkünfte. Wir beeilen uns nicht gern. Es gibt nicht Wichtigeres als das, womit wir gerade beschäftigt sind, nichts Dringenderes, was uns veranlassen könnte, etwas schnell hinter uns zu bringen.« Sie wendet sich ab und sieht wieder aus dem Fenster; ihr Blick verliert sich in der dichten Vegetation an den Ufern des Daly River.

Als sie weiterspricht, äußert sie Gedanken, die mal mehr, mal weniger zusammenhängen. Immer wieder entstehen Pausen, aber nicht, weil sie nach Wörtern suchen muss. Sie ist eloquent und spricht zugleich mit Bedacht. »Meine Leute und ich, wir leben an einem Fluss. Wir können den Fluss nicht antreiben. Wir müssen mit ihm fließen und seine Dynamik verstehen.« Sie seufzt und wendet mir ihr Gesicht zu. »Aber in der Welt da draußen dreht sich alles so schnell. Alles hat sich so rasant entwickelt. Wir bitten die Menschen außerhalb unserer Community, Geduld mit uns zu haben, auf uns zu warten, uns Zeit zu geben, damit wir nachkommen können. Wir haben gelernt, die Sprache der Weißen zu sprechen. Wir haben gehört, was sie zu sagen haben. Aber beide Seiten sollten voneinander lernen und sich zuhören. Meine Leute wünschen sich, dass die Australier sich Zeit nehmen und ihnen zuhören. Wir hoffen, dass die Menschen sich näher kommen, und wir hören nicht auf, uns nach zwei Dingen zu sehnen: Respekt und Verständnis. Manchen von uns ist es gelungen, sich zu etablieren; aber noch viele von uns müssen sich anstrengen, stolz auf ihre Herkunft sein, ohne sich von der modernen Gesellschaft abzuwenden. Ich bin zu 100 Prozent eine Aboriginal und zu 50 Prozent eine Weiße. So müssen wir sein, wenn wir überleben wollen.«

»Das ergibt zusammen aber keine 100 Prozent.« Ich nehme sie wörtlich.

»Das ist der Punkt. Obwohl ich mich zu 50 Prozent als Weiße sehe, habe ich Angst davor, nach England zu fahren, weil es so weit von zu Hause weg ist.« Sie lacht ironisch. »Man hat mich zu einer Konferenz nach Tasmanien eingeladen. Ich hatte eine schreckliche Angst davor, hinzureisen; ich kenne so viele grauenvolle Geschichten darüber, wie unsere Leute dort gejagt wurden, bis keine *Aboriginal people* mehr übrig waren.« Sie hält inne; das Entsetzen, das der bloße Gedanke an den Völkermord in ihr hervorruft, steht ihr ins Gesicht geschrieben.

Ich will das Gespräch in eine positivere Richtung zurücklenken. »Was bedeutet es Ihnen, dass Sie mit dem *Order of Australia* geehrt wurden?«

Sie wählt ihre Worte mit Sorgfalt. »Für mich ist das ein Punkt auf einer Skala, ein formaler Maßstab für Erfolg. Ich habe hart dafür gearbeitet. Wir müssen uns profilieren, Herausragendes leisten. Aber unsere Leute haben Angst davor, sich von der Masse abzuheben. Ich wollte beweisen, dass unsere Gemeinschaft besser sein kann und zeigen, dass Frauen eine Rolle bei der Führung unserer Leute spielen können. Manchmal denke ich, Frauen haben es schwerer, sich auf einer Position wie meiner zu behaupten. In dieser Community leben auch Angehörige meines Clans, und wenn ich die Verantwortung für meine große Familie akzeptiere, gerate ich möglicherweise unter Druck, falls Interessenkonflikte entstehen.«

Ihre Sekretärin serviert uns zwei Tassen Tee. Eine davon ist so groß wie eine Schüssel. Miriam sieht meinen erstaunten Blick. »Ich liebe meinen Tee.« Sie bietet mir Kekse an.

»Jedes Mal, wenn ich in der Stadt bin und dort einen von uns sehe, habe ich das Gefühl, dass wir uns ohne Worte austauschen. Können Sie sich das vorstellen?« Sie lacht. »Das ist wahr. Es gibt eine Verbindung zwischen uns, wie Telepathie.« Mit schelmischem Blick führt sie ihre große Tasse an die Lippen. »Ich weiß nicht, wie wir das schaffen, aber wir können auf ganz besondere Weise miteinander kommunizieren. Das ist für uns völlig normal.« Sie beobachtet mich, will sehen, wie ich reagiere. »Ihnen fällt es vielleicht schwer, das nachzuvollziehen. Wir hingegen tun uns mit anderen Dingen schwer.« Miriam Rose stellt ihre Tasse wieder auf den Tisch.

»Um Ihnen ein Beispiel zu nennen: Manchmal nehme ich Kinder mit nach Darwin. Oft fragen sie mich dann: ›Wie machst du das? Du gehst einfach so in einen Laden und in ein Restaurant. Wie schaffst du es, dass die weißen Leute mir dir reden, dich bedienen?‹ Für uns ist das eine größere Herausforderung als die Verständigung ohne Worte.«

»Und was antworten Sie den Kindern?«

»Ich sage ihnen: ›Ihr müsst den Weißen in die Augen schauen und einfach ihr selbst sein.‹«

Nach einer Pause fährt sie fort: »Wenn ich mit meinem Mann in die Stadt gehe, dann reden die Leute nicht mit mir, sondern mit ihm. Er ist ein Weißer.« Sie umschließt ihre Tasse mit beiden Händen und bläst hinein. »Möglicherweise glauben sie, dass ich kein Englisch kann; aber ich denke mir dann: ›Nun ja, es ist nicht unbedingt ein Vorteil, ein Weißer oder ein Mann zu sein.‹« Sie kichert, stellt ihre Tasse ab und klatscht vor Vergnügen in die Hände. Ihr Lachen wirkt ansteckend. Es kommt so aus dem Herzen, dass man einfach mitlachen muss.

Jegliche Schwere ist verflogen, obwohl Miriam wieder ernst wird, als sie weiterredet. »Wir müssen uns in die Zukunft aufmachen, aber dazu brauchen wir ein festes Standbein in unserer Vergangenheit. In den letzten 200 Jahren haben uns andere gesagt, was wir tun sollen. Jetzt müssen wir tun, was gut für uns ist. Die Menschen werden auch auf uns hören müssen. Wir haben das Recht, eigene Fehler zu machen.« Miriam steht auf und wühlt in den Papieren. »Die Mission wollte uns dieses Stück Land zurückgeben, mit allen Gebäuden und der gesamten Infrastruktur. Aber die Community hat entschieden, es zunächst zu pachten, damit wir in Ruhe entscheiden können, welcher Clan ein Anrecht auf das Land hat.« Sie sieht einige Akten durch, während sie mir das erzählt.

Ich betrachte sie dabei und frage mich, wie die Aboriginals von Daly River es schaffen wollen, sich fest in ihrer Tradition zu verankern und gleichzeitig in die moderne Welt hineinzuwachsen. Selbstbestimmung in dem Sinne, dass die Aboriginals ihr Leben in die Hand nehmen und ihren politischen Status sowie ihre ökonomische, soziale und kulturelle Entwicklung verändern, scheint hier verwirklicht worden zu sein. Ich kann mir vorstellen, dass dies ein außergewöhnlich schwieriger Prozess war und ist. Viele andere wären wahrscheinlich mit der Aufgabe überfordert, aber Miriam Rose hat genügend Kraft und Macht, um sie zu bewältigen. Sie hat sich entschieden, in welche Richtung sie ihre Community führen will, welche Erfahrungen die Menschen machen sollen, zumindest in der kleinen Enklave.

Während sie immer noch nach Unterlagen sucht, sage ich zu ihr: »Ich höre überall, dass Sie eine mächtige Frau sind.« Daran besteht kein Zweifel; sie wirkt charismatisch, strahlt Vertrauen und Zuversicht aus.

Miriams Sekretärin kommt herein und deutet an, dass jemand auf sie wartet. »Sagen Sie, dass ich später mit ihnen reden werde.«

Sie lächelt mich an; wahrscheinlich handelte es sich bei dem Auftritt der Sekretärin um eine Standardprozedur, die Miriam helfen soll, Besuchszeiten zu verkürzen. Ich spüre, dass Miriam sich mit mir wohl fühlt. Jetzt geht sie auf meine Bemerkung ein.

»Ja, ich möchte mächtig sein, um Menschen zu helfen. Ich strebe Macht nicht an, damit die Menschen sich vor mir fürchten. Ich möchte die Nicht-Aboriginals dazu ermutigen, uns zu helfen, an uns zu glauben und das Beste aus uns herauszuholen. Ein Nicht-Aboriginal kann einen von uns am einfachsten zerstören, indem er schnell zu viel von ihm verlangt; und das gilt besonders für die Aboriginals in den entlegenen Regionen. Wie bin ich zu dem Ruf, mächtig zu sein, gekommen?«, fragt sie mich rhetorisch. »Ich schlage die Leute nicht. Ich bin nett und freundlich. Aber ich sage ihnen das, was ich denke, ins Gesicht. Ich habe Lehrer, die keine Aboriginals waren, gebeten, die Community zu verlassen, wenn sie nicht mit dem einverstanden waren, was wir tun. Früher habe ich solche Situationen gefürchtet, aber das ist vorbei. Man muss den Leuten sagen, was Sache ist, und man muss konsequent sein, besonders mit Kindern. Ob Lob oder Tadel, alles muss immer entschieden und klar sein. Wenn ein Kind nicht zur Schule erscheint, dann gehe ich zu ihm nach Hause und frage, warum das so ist. Und sie wissen genau, dass ich das in so einem Fall tue.«

Endlich hat sie gefunden, was sie suchte – einen Zeitungsausschnitt mit einem Foto, das sie bei der Verleihung des *Order of Australia* zeigt. Man hat mir erzählt, dieser kleine Artikel sei der einzige Pressebericht über ihre Ehrung. Es ist eine Schande, dass die Erfolgsstory so wenig öffentliche Aufmerksamkeit gefunden hat; die negativen Berichte über *Aboriginal people* werden indessen endlos wiedergekäut. »Die anderen sind zur Verleihung nach Canberra gefahren«, werfe ich ein, » aber Sie haben Ihren Orden hier entgegengenommen.«

»Der Orden gebührt nicht mir, sondern der ganzen Community. Es war richtig, dass er hier überreicht wurde, damit meine Leute an den Feierlichkeiten teilnehmen und das Gefühl mit mir teilen konnten, dass wir etwas erreicht haben.«

Ich schreibe, so schnell ich kann. Nachdem ich drei Monate lang durch Australien gereist bin, habe ich endlich das gefunden, wonach ich die ganze Zeit gesucht hatte. Der Abschied wird mir nicht leicht fallen. Morgen breche ich nach Adelaide River auf, um den Bus nach Katherine zu erwischen; von dort aus reise ich über Alice, Adelaide und Melbourne nach Sydney.

»Bleiben Sie ein Jahr bei uns«, schlägt Miriam vor, als ob sie meine Gedanken gelesen hätte. »Sie könnten über uns schreiben.«

»Das klingt sehr verführerisch.« Vor zehn Jahren hätte ich die Chance, ein Jahr lang hier zu leben, sofort ergriffen.

Miriam überlässt es mir, was ich mit ihrem Vorschlag anfange, und sagt nichts mehr. Stattdessen führt sie mich in ein Klassenzimmer. Als wir eintreten, sitzen die Kinder auf dem Boden. Dann springen sie auf, toben um mich herum, wollen mir die Hand geben und fragen mich nach meinem Namen. Miriam stellt mich dem Lehrer und der Klasse vor und geht. Ich stehe vor der Tafel und versuche mir ein Bild davon zu machen, wie gut die Kinder lesen und rechnen können. Zweifellos sind sie nicht so weit fortgeschritten wie gleichaltrige weiße Schüler in den Städten. Die Aboriginal-Kinder müssen sich das Wissen der Weißen und das ihrer eigenen Leute aneignen. Sie haben das doppelte Pensum zu bewältigen. Doch selbst, wenn sie das schaffen, ist ihre Zukunft ungewiss. Wenn ich sie während meiner improvisierten Unterrichtsstunde etwas frage, melden sie sich eifrig und rufen »Andrew! Andrew!«, als stelle das Aussprechen meines Namens einen wichtigen Schritt dar bei der Überbrückung der Kluft, die zwischen uns besteht – was auch nicht von der Hand zu weisen ist.

Als ich mich nach einer Stunde verabschiede, steht jedes Kind unaufgefordert auf und umarmt mich. Jede Umarmung schafft eine Verbindung.

Am nächsten Morgen werde ich von Miriams Mutter Mary und zwei ihrer Freundinnen, Molly und Maureen, eingeladen, mit ihnen in den Busch auf Nahrungssuche zu gehen. Alle drei Frauen haben silbergraues Haar, obwohl Molly und Maureen eine Generation jünger sind als Mary. Ihre welken Gesichter zeigen deutliche Spuren des Alkoholismus. In schlichte Baumwollkleider gehüllt, gehen sie im Zickzackkurs barfuß durch den trockenen Busch, auf der Suche nach *tucker*. Sie bleiben stehen und zeigen mir, wie man aus Fasern der Mirripin-Palmen *dilly bags* und Fischernetze flechtet. Sie schneiden die Palmwedel ab und rollen sie mit den Handflächen auf ihren Oberschenkeln, bis daraus eine seilähnliche Schnur geworden ist. Dann sammeln sie orange und rote Knollen, mit denen sie die Schnüre färben wollen.

Wir dringen immer weiter in den dichten Busch vor; plötzlich bleibt Maureen stehen, blickt in die Ferne und ruft: »Molly! Molly!« Als Molly sich umdreht, deutet Maureen mit den Augen kurz auf ein Loch im Boden, aus dem Bienen herausfliegen. »Das ist *Sugar-Bag*-Bienen«, sagt sie zu mir, ohne auf die Insekten hinunterzusehen, als ob die Bienen sonst merken würden, dass man sie entdeckt hat. »Wir kommen später zurück und holen Honig«, erklären sie mir lachend, während sie sich von dieser Vorratskammer entfernen.

Mary fährt mit den Händen über einen Zweig und streift die Blätter ab. Sie rollt sie zwischen den Händen und breitet das Ergebnis auf ihren Handflächen aus. »Ist grüne Ameise. Ist gutes *bush tucker*, wie Limone.« Sie zieht eine zerquetschte Ameise aus dem Bündel und beißt ihr das Hinterteil ab. Ich mache es ihr nach. Es schmeckt wie Zitronensaftkonzentrat.

Sie zeigen mir einen Baum namens *File Wood*, aus dessen Holz die hier lebenden Clans *Woomeras*, Speere und Bumerangs anfertigen. Seine Blätter werden benutzt, um böse Geister auszuräuchern. Die Rinde des *Finger-Bark*-Baums wird zusammen mit Kängurufleisch gekocht, weil sie dessen Geschmack intensiviert; aber die Aboriginals malen auch auf der Rinde. »Dieser Baum hilft bei einer Fischvergiftung«, werde ich belehrt. »Und dieser gegen Moskitos.« Wieder ein anderer hilft gegen Kopfschmerzen. Sie gehen mit weichen Schritten, fast geräuschlos, und sind äußerst achtsam. Ich habe keine Ahnung, wonach sie suchen. Ab und an bleiben sie stehen und stochern mit Stöcken im Boden herum.

An ihrem Lieblingsangelplatz setzen wir uns und schneiden frisches Wallabyfleisch klein, das sie in ihren geflochtenen Tragetaschen, den *dilly bags*, mitgebracht haben. Der Fluss ist spiegelglatt. Sie spießen das Fleisch auf einfache Haken, schwingen ihre Angelschnüre gekonnt durch die Luft und werfen die Köder aus. Molly reicht mir eine Angelschnur, deren Haken schon mit einem Köder bestückt ist. Bewegungslos sitzen sie da, die Ellbogen auf die Knie gestützt; dünne Arme und magere Beine schauen aus ihren zarten Kleidern hervor. Zwei Tauben gurren in einem Baum über uns. Ein Gleitaar pfeift.

»Ist Garnele«, sagt Molly, als meine Angelschnur zu zucken beginnt. Als ich den Köder einhole, hängt tatsächlich ein großes, blassblaues Schalentier daran. Die Garnele lässt das Fleisch los, und ich werfe den Köder zurück in die Mitte des *billabongs*. Er landet neben zwei Holzstückchen oder Pflanzenresten, die parallel durch das Wasser treiben. »Ist *croc*«, sagt Molly unbekümmert. Ein zweiter trällernder Gleitaar schwingt sich vom Ast eines toten Baumes in die Luft und segelt über den *billabong* hinweg.

»Ist heißer Tag«, findet Molly eine halbe Stunde später. Die Luft steht, es ist absolut still. Ich fühle mich durch die Landschaft und die Atmosphäre in die Urzeit zurückversetzt. Auf der stillen Wasseroberfläche taucht ein weiteres Krokodil auf; wenig später recken zwei Langhalsschildkröten die Köpfe aus dem Wasser.

So verbringen wir den Nachmittag. Ohne viel zu sagen, hocken wir am Ufer des *billabong* und tun so, als würden wir angeln. Die Frauen bewegen sich nicht; es ist, als würden sie meditieren, was in gewissem Sinne auch stimmt. Äußerlich ruhen sie in der ihnen vertrauten Umgebung, innerlich in sich selbst. Auch ich spüre den Frieden. Das wollte ich in Australien erleben. Einen einzigen Nachmittag an einem struppigen Flussufer neben drei Aboriginal-Frauen zu sitzen ist besser als der ganze, bunt schillernde Touristenrummel; keine Fahrt mit dem Alternativen Busreisenetzwerk, keine Abenteuertour mit einem Allradfahrzeug, kein Tauchgang und kein Rundflug können damit konkurrieren. Ich hätte die drei Monate, die ich auf dem Kontinent unterwegs war, auch glücklich am Daly River verbringen können. Ich will hier nicht weg, nicht jetzt.

Die Wasser des trägen *billabong* sind fast lautlos und unbewegt; wir nehmen das kleinste Geräusch, die leiseste Bewegung war. Ein gelegentliches Blubbern, wenn Blasen aus dem schlickigen Flussgrund aufsteigen. Ein leises Plopp, wenn etwas aus dem Wasser springt. Die leicht gekräuselte Wasseroberfläche, wenn ein Fisch eine schnelle Bewegung macht. Die drei Frauen verharren reglos. Eins mit ihrer Umgebung, kommunizieren sie wortlos mit den Ameisen, den Tauben, den Gleitaaren und Krokodilen, den Wasserlilien und den Garnelen. Sie hören auf die Stille. So, wie ihre Leute es Jahrtausende lang getan haben, lauschen sie den Geräuschen des Landes, des Wassers, der Vögel, Fische, Reptilien und dem Raunen der Geister.

Weder die Ruhe noch das Warten machen sie unruhig. Der Stille zu lauschen macht sie vollkommen.

Sie sind ganz zu Hause.